*Jiddu Krishnamurti*
*Antworten auf Fragen des Lebens*

# Jiddu Krishnamurti

## Antworten
## auf Fragen des Lebens

Zusammengestellt von D. Rajagopal

Verlag Hermann Bauer
Freiburg im Breisgau

Die Deutsche Bibliothek – CIP-Einheitsaufnahme

*Krishnamurti, Jiddu:*
Antworten auf Fragen des Lebens / Krishnamurti.
D. Rajagopal (Hrsg.). [Dt. von Wulfing von Rohr]. –
1. Aufl. [1.–8. Tsd.]. –
Freiburg im Breisgau : Bauer, 1992
  Einheitssacht.: Think on these things ⟨dt.⟩
  ISBN 3-7626-0443-6
NE: Rajagopal, D. [Hrsg.]; Krishnamurti, Jiddu: [Sammlung ⟨dt.⟩]

Die amerikanische Originalausgabe erschien 1970 bei
Harper & Row, Publishers, New York, unter dem Titel
*Think on these Things – Krishnamurti*
ed. D. Rajagopal
© 1964 by Krishnamurti Writings, Inc.

Deutsch von Wulfing von Rohr.
Übersetzung autorisiert durch das
Krishnamurti-Komitee Deutschland/Österreich.

1. Auflage 1992
ISBN 3-7626-0443-6
© für die deutsche Ausgabe 1992 by
Verlag Hermann Bauer KG, Freiburg im Breisgau.
Alle Rechte der deutschen Ausgabe vorbehalten.
Einband: grafic-design-conception wiech, altdorf.
Satz: CSF ComputerSatz GmbH, Freiburg im Breisgau.
Druck und Bindung: Ebner Ulm.
Printed in Germany.

# Inhalt

# Inhalt

# Einleitung des Herausgebers

Ob er ein Gespräch oder einen Sonnenaufgang beschrieb oder einen öffentlichen Vortrag hielt – Krishnamurti schien seine Bemerkungen nicht nur unmittelbar an seine Zuhörer zu richten, sondern an jeden, der zuhören würde, gleich wo auf der Welt. Und es gibt überall Menschen, die gern zuhören wollen, denn was er sagt, ist vorurteilslos und universell und legt auf seltsam anrührende Weise die tiefsten Wurzeln unserer menschlichen Probleme frei.

Das in diesem Buch enthaltene Material wurde ursprünglich in Form von Gesprächen mit Schülern, Lehrern und Eltern in Indien präsentiert. Seine wache Tiefgründigkeit und leuchtende Klarheit wird für nachdenkliche Menschen aller Alters- und Sozialschichten auf der ganzen Welt bedeutsam sein. Krishnamurti untersucht mit charakteristischer Objektivität und Einsicht Ausdrucksformen dessen, was wir gern unsere Kultur nennen: unsere Erziehung, Religion, Politik und Tradition. Er wirft viel Licht auf solch grundlegende Beweggründe wie Ehrgeiz, Habgier und Eifersucht, die Sehnsucht nach Sicherheit und die Machtgier – die alle, wie er zeigt, verderbliche Faktoren in der menschlichen Gesellschaft sind. Nach Krishnamurti hat wahre Kultur weder etwas mit Herkunft noch mit Erziehung, Talent oder etwa mit Genie zu tun, sondern sie ist, was er so bezeichnet: » die zeitlose Bemühung, Glück, Gott und Wahrheit zu finden«. Und »wenn diese Bewegung durch Autorität, durch Tradition oder Furcht blockiert wird, kommt es zum Zerfall«, ungeachtet der Gaben oder Errungenschaften irgendeines Individuums, einer Rasse oder Zivilisation. Er weist mit kompromißloser Direktheit auf die falschen Elemente in unseren Einstellungen und Institutionen hin. Die Folgerungen aus seinen Bemerkungen sind grundlegend und weitreichend.

# Die Aufgabe der Erziehung

Ob wir uns wohl jemals gefragt haben, was Erziehung bedeutet? Warum gehen wir zur Schule, warum lernen wir die verschiedensten Fächer, warum legen wir Prüfungen ab und versuchen, bessere Noten als andere zu bekommen? Was hat diese sogenannte Erziehung zu bedeuten, worum handelt es sich dabei überhaupt? Das ist wirklich eine sehr wichtige Frage, nicht nur für Schüler und Studenten, sondern auch für die Eltern, für die Lehrer und für jeden, der diese Erde liebt. Warum unterziehen wir uns der Mühe, gebildet zu werden? Nur, um irgendwelche Prüfungen zu bestehen und Arbeit zu bekommen? Oder ist es die Aufgabe der Erziehung, uns, solange wir noch jung sind, darauf vorzubereiten, den ganzen Vorgang des Lebens zu verstehen? Arbeit zu haben und den eigenen Lebensunterhalt zu verdienen ist notwendig – aber ist das alles? Werden wir nur dafür ausgebildet? Sicher ist das Leben nicht nur ein Job, eine Beschäftigung; Leben ist etwas außergewöhnlich Weites und Tiefgründiges, es ist ein großes Mysterium, ein weites Reich, in dem wir als menschliche Wesen wirken. Falls wir uns nur darauf vorbereiten, den Lebensunterhalt zu verdienen, werden wir den Grund des Lebens verpassen. Das Leben zu verstehen ist wichtiger, als sich lediglich auf Examina vorzubereiten und Mathematik, Physik oder sonst etwas zu beherrschen.

Ob wir also Lehrer oder Schüler sind: ist es nicht wichtig, uns zu fragen, warum wir erziehen oder erzogen werden? Und was bedeutet Leben? Ist Leben nicht etwas Außerordentliches? Die Vögel, die Blumen, die grünenden Bäume, die Himmel, die Sterne, die Flüsse und die Fische darin – all das ist Leben. Leben ist der Arme und der Reiche; Leben ist der ständige Kampf zwischen Gruppen, Rassen und Nationen; Leben ist Meditation; Leben ist, was wir Religion nennen, und es umfaßt auch die subtilen verborgenen Dinge des Geistes – Eifersucht, Ehrgeiz, Leidenschaft, Furcht, Erfüllung und Angst. All dies und viel mehr ist Leben. Aber wir bereiten uns im allgemeinen nur darauf vor, einen kleinen Teil davon zu verstehen. Wir bestehen bestimmte Prüfungen, finden eine Arbeit, heiraten, haben Kinder und werden dann mehr und mehr zu Maschinen. Wir bleiben furchtsam, ängstlich und schrecken vor dem Leben zurück. Ist es also die Aufgabe der Erziehung, uns zu helfen, den ganzen Vorgang des Lebens zu verstehen, oder besteht sie nur darin, uns auf einen Beruf vorzubereiten, auf den besten Job, den wir bekommen können?

Was wird mit uns allen geschehen, wenn wir zu Männern und Frauen heranwachsen? Habt ihr jemals gefragt, was ihr tun werdet, wenn ihr erwachsen seid? Aller Wahrscheinlichkeit nach werdet ihr heiraten, und bevor ihr euch verseht, werdet ihr Mütter und Väter sein; und ihr werdet an eine Arbeit gebunden sein oder an die Küche, wo ihr allmählich dahinwelken werdet. Wird das euer ganzes Leben sein? Habt ihr euch diese Frage jemals vorgelegt? Solltet ihr sie nicht stellen? Wenn eure Familie reich ist, mag euch eine ziemlich gute Position schon sicher sein; euer Vater gibt euch vielleicht eine angenehme Arbeit, oder ihr werdet reich verheiratet; aber auch dort werdet ihr verfallen und verkommen. Seht ihr?

Sicher hat Bildung keine Bedeutung, wenn sie den Menschen nicht hilft, das weite Feld des Lebens mit all seinen Feinheiten zu verstehen, mit seiner ungewöhnlichen Schönheit, seinen Sorgen und Freuden. Ihr mögt die Abschlüsse schaffen, mehrere Titel erwerben und eine sehr gut bezahlte Arbeit finden – aber was dann? Was liegt schon daran, wenn euer Geist dabei abstumpft, müde, dumpf und dumm wird. Müßt ihr also nicht, während ihr jung seid, herauszufinden suchen, worum es im Leben wirklich geht? Und besteht nicht die wahre Funktion von Erziehung darin, in euch jene Intelligenz zu fördern, welche die Antworten auf alle diese Probleme zu finden sucht? Wißt ihr, was Intelligenz ist? Es ist sicher die Fähigkeit, frei zu denken, ohne Angst und ohne Schablone, so daß ihr beginnen könnt, selbst zu entdecken, was real, was wahr ist. Wenn ihr aber Angst habt, werdet ihr niemals intelligent sein. Jede Form von Ehrgeiz, sei sie spirituell oder weltlich, bringt Furcht und Angst hervor. Ehrgeiz hilft deshalb nicht, einen Geist hervorzubringen, der klar, einfach, direkt und infolgedessen intelligent ist.

Wißt ihr, es ist wirklich sehr wichtig, daß ihr in einer Umwelt ohne Angst lebt, solange ihr jung seid. Die meisten von uns werden ängstlich, wenn sie älter werden; wir haben Angst vor dem Leben, Angst vor Arbeitslosigkeit, Angst vor Tradition, Angst davor, was die Nachbarn oder die Ehefrau oder der Ehemann sagen könnten, Angst vor dem Tod. Die meisten von uns haben Angst in der einen oder anderen Form, und wo Angst herrscht, ist keine Intelligenz. Und ist es nicht für uns alle möglich, während wir jung sind, in einer Umgebung zu leben, in der nicht Angst, sondern vielmehr eine Atmosphäre von Freiheit herrscht – nicht etwa die Freiheit zu tun, was wir wollen, sondern den ganzen Vorgang des Lebens zu verstehen? Das Leben ist wirklich sehr schön, es ist nicht diese häßliche Sache, die wir daraus gemacht haben. Ihr könnt seine Fülle, seine Tiefe, seine außerordentliche Lieblichkeit nur schätzen, wenn ihr euch gegen alles auflehnt – gegen organisierte Religion, gegen Tradition, gegen die gegenwärtige verdorbene Gesellschaft – so daß ihr als ein menschliches Wesen selbst herausfindet, was wahr ist. Nicht zu imitieren, sondern zu entdecken – das ist Bildung. Es ist sehr leicht, sich dem anzupassen, was eure Gesellschaft oder eure Eltern und Lehrer euch sagen. Das ist eine sichere und leichte Art der Existenz; aber das ist nicht Leben, denn darin liegen Furcht, Zerfall und Tod. Leben ist: selbst herauszufinden, was wahr ist, und das könnt ihr nur, wenn es Freiheit gibt, wenn es eine ständige innere Revolution gibt, in euch selbst.

Aber ihr werdet dazu nicht ermuntert; keiner rät euch, selbst zu fragen, selbst herauszufinden, was Gott ist, weil ihr, wenn ihr aufbegehren würdet, zu einer Gefahr für alles würdet, was falsch ist. Eure Eltern und die Gesellschaft möchten, daß ihr sicher lebt, und ihr wollt auch sicher leben. Sicher zu leben bedeutet im allgemeinen, andere zu imitieren und deshalb in Furcht zu leben. Besteht aber nicht die Aufgabe der Erziehung darin, jedem von uns zu helfen, frei und ohne Furcht zu leben? Und eine Atmosphäre zu schaffen, in der keine Angst besteht, erfordert ein tiefes Nachdenken sowohl von eurer Seite wie von seiten des Lehrers, des Erziehers.

Wißt ihr, was das heißt – welch außergewöhnliche Sache es sein würde, eine Atmosphäre zu schaffen, in der es keine Furcht gibt? Und wir müssen sie schaffen, weil wir sehen, daß die Welt in endlose Kriege verstrickt ist, daß sie von Politikern geführt wird, die immerfort Macht anstreben; es ist eine Welt von Rechtsanwälten, Polizisten und Soldaten, von ehrgeizigen Männern und Frauen, die alle Positionen anstreben und sich bekämpfen, um sie zu erlangen. Dann gibt es die sogenannten Heiligen, die religiösen Gurus mit ihren Anhängern; sie wollen auch Macht und Rang, jetzt oder im nächsten Leben. Es ist eine verrückte, völlig verwirrte Welt, in welcher der Kommunist den Kapitalisten bekämpft, der Sozialist beiden widersteht, und sich jeder gegen Andersdenkende wendet, während sich jedermann bemüht, einen sicheren Hort, eine Machtposition oder Wohlstand zu erreichen. Die Welt wird zerrissen von widerstreitenden Glaubensrichtungen, von Klassen- und Kastengegensätzen, von verschiedenen Nationalitäten, von Dummheit und Grausamkeit in jeglicher Form – und ihr werdet dazu erzogen, in diese Welt hineinzupassen. ihr werdet ermutigt, euch in den Rahmen dieser katastrophalen Gesellschaft einzufügen; eure Eltern wollen das, und auch ihr wollt euch anpassen.

Besteht die Aufgabe der Erziehung also lediglich darin, euch zu helfen, euch nach dem Muster dieser verdorbenen Gesellschaftsordnung zu richten, oder besteht sie darin, euch Freiheit zu geben – die vollständige Freiheit zu wachsen und eine andere Gesellschaft, eine neue Welt zu erschaffen? Wir wollen diese Freiheit, nicht in der Zukunft, sondern jetzt – sonst werden wir womöglich alle zerstört. Wir müssen sofort eine Atmosphäre der Freiheit schaffen, damit ihr leben und selbst herausfinden könnt, was wahr ist, damit ihr intelligent werdet, damit ihr euch der Welt stellen könnt und sie versteht und euch nicht nur anpaßt, damit ihr innerlich, tief im Innern, psychisch in ständiger Revolte seid, denn nur diejenigen, die sich in ständiger Revolte befinden, werden entdecken, was wahr ist, und nicht der Mensch, der sich anpaßt, der irgendeiner Tradition folgt. Nur wenn ihr unaufhörlich nachforscht, unaufhörlich beobachtet, unaufhörlich lernt, werdet ihr Wahrheit, Gott oder Liebe finden – und ihr könnt nicht nachforschen, beobachten und lernen, ihr könnt nicht tiefgründig denken, wenn ihr Angst habt. Die Aufgabe der Erziehung besteht sicherlich darin, euch sowohl innen wie außen diese Angst zu nehmen, die das menschliche Denken, die menschliche Beziehung und Liebe zerstört.

*Frage:* Wenn jeder einzelne revoltieren würde, glauben Sie nicht, daß es dann Chaos in der Welt gäbe?

*Krishnamurti:* Hören wir erst auf die Frage, weil es sehr wichtig ist, die Frage zu verstehen und nicht einfach auf eine Antwort zu warten. Die Frage ist: falls jeder einzelne revoltieren würde, wäre dann die Welt nicht chaotisch? Aber ist die gegenwärtige Gesellschaftsordnung so perfekt, daß Chaos entstünde, falls jemand gegen sie revoltierte? Gibt es jetzt kein Chaos? Ist alles wunderschön und unverdorben? Lebt jeder glücklich, voll und reich? Steht nicht Mensch gegen Mensch? Gibt es nicht Ehrgeiz, skrupellosen Wettbewerb? Die Welt befindet sich also bereits im Chaos, das muß man als erstes erkennen. Geht nicht davon aus, daß dies eine geordnete Welt ist; hypnotisiert euch nicht mit Worten. Ob hier (in Indien), ob in Europa, Amerika oder Rußland – die Welt befindet sich in einem Prozeß der Auflösung. Wenn ihr die Auflösung bemerkt, dann steht ihr vor einer Herausforderung: Es ist eure Aufgabe, einen Weg zur Lösung dieses drängenden Problems zu finden. Und wie ihr auf diese Herausforderung antwortet, ist wichtig, nicht wahr? Falls ihr als Hindu oder Buddhist, Christ oder Kommunist darauf reagiert, ist eure Reaktion sehr begrenzt – was überhaupt keine Antwort darstellt. Ihr könnt angemessen nur dann reagieren, wenn in euch keine Furcht ist; nur wenn ihr nicht als Hindu, Kommunist oder Kapitalist denkt, sondern dieses Problem als ein ganzer Mensch zu lösen versucht. Und ihr könnt es nicht lösen, es sei denn, daß ihr gegen den Ehrgeiz und die Gewinnsucht, gegen diese ganze Sache revoltiert, auf der die Gesellschaft beruht. Nur wenn ihr nicht ehrgeizig, nicht auf Gewinn aus seid, nicht an der eigenen Sicherheit hängt – nur dann könnt ihr auf die Herausforderung reagieren und eine neue Welt schaffen.

*Frage:* Sich aufzulehnen, zu lernen, zu lieben – sind dies drei getrennte Vorgänge, oder gehören sie zusammen?

*Krishnamurti:* Natürlich sind es nicht drei getrennte Vorgänge, es ist ein einheitlicher Vorgang. Seht ihr, es ist sehr wichtig, herauszufinden, was die Frage bedeutet. Diese Frage beruht auf

Theorie, nicht auf Erfahrung; sie ist nur verbal, intellektuell, und hat deshalb keinen Wert. Ein Mensch, der furchtlos ist, der wirklich revoltiert und darum kämpft, herauszufinden, was es bedeutet zu lernen, zu lieben – ein solcher Mensch fragt nicht, ob es ein Vorgang ist oder drei. Wir reden klug und meinen, das Problem gelöst zu haben, wenn wir Erklärungen finden.

Wißt ihr, was es bedeutet zu lernen? Wenn ihr wirklich lernt, lernt ihr während eures ganzen Lebens, und dann gibt es keinen speziellen Lehrer, von dem man lernt. Dann lehrt euch alles – ein totes Blatt, ein fliegender Vogel, ein Duft, eine Träne, der Reiche und der Arme, die Weinenden, das Lächeln einer Frau, der Hochmut eines Mannes. ihr lernt dann von allem, und deshalb gibt es keinen Führer, keinen Philosophen, keinen Guru mehr. Das Leben selbst ist eurer Lehrer, und ihr seid in einem Zustand ständigen Lernens.

*Frage:* Es stimmt, daß die Gesellschaft auf Besitzergreifung und Ehrgeiz beruht; aber wenn wir keinen Ehrgeiz hätten, würden wir nicht verkommen?

*Krishnamurti:* Das ist wirklich eine sehr wichtige Frage, und sie bedarf großer Aufmerksamkeit. Wißt ihr, was Aufmerksamkeit ist? Laßt es uns herausfinden. In einem Klassenzimmer sagt euch der Lehrer, ihr sollt aufpassen, wenn ihr aus dem Fenster starrt oder jemand an den Haaren zieht. Was bedeutet das? Daß ihr euch nicht für das interessiert, was ihr gerade lernt, und euch der Lehrer deshalb auffordert, aufzupassen – was kein Aufpassen ist. Aufmerksamkeit entsteht, wenn ihr an etwas tiefes Interesse habt, denn dann wollt ihr gern alles darüber herausfinden, dann ist euer ganzer Geist, euer ganzes Wesen bei der Sache.

So ist es auch in dem Augenblick, in dem ihr seht, daß diese Frage – ob wir nicht verkommen würden, wenn wir keinen Ehrgeiz hätten – wirklich sehr wichtig ist. Dann seid ihr daran interessiert und wollt der Sache auf den Grund gehen.

Zerstört sich der ehrgeizige Mensch nicht selbst? Das muß man zuerst herausfinden, und nicht, ob Ehrgeiz richtig oder falsch ist. Schaut euch um, beobachtet alle Leute, die ehrgeizig sind. Was geschieht, wenn ihr ehrgeizig seid? ihr denkt an euch selbst, nicht wahr? Ihr seid grausam, ihr drängt andere Leute zur Seite, weil ihr versucht, euren Ehrgeiz zu befriedigen, versucht, ein großer Mann zu werden, und dadurch in der Gesellschaft zwischen den Erfolgreichen und jenen, die zurückfallen, Konflikt schafft. Es gibt einen ständigen Kampf zwischen euch und den anderen, die auch hinter dem her sind, was ihr wollt; Ist dieser Konflikt einem kreativen Leben zuträglich? Versteht ihr das, oder ist das zu schwierig?

Seid ihr ehrgeizig, wenn ihr etwas um seiner selbst willen gern macht? Wenn ihr euch mit eurem ganzen Wesen einsetzt, nicht, weil ihr irgend etwas erreichen oder mehr Profit oder größere Leistungen erzielen wollt, sondern weil ihr es einfach gern macht – dann liegt darin kein Ehrgeiz, nicht wahr? Dann gibt es keine Konkurrenz; ihr kämpft nicht mit jemand um den ersten Platz. Und sollte die Erziehung, die Bildung euch nicht helfen, herauszufinden, was ihr wirklich gern tut, damit ihr vom Anfang bis zum Ende eures Lebens an etwas arbeitet, was euch wertvoll erscheint und eine tiefere Bedeutung für euch hat? Wenn nicht, werdet ihr euch für den Rest eurer Tage elend fühlen. Da ihr dann nicht wißt, was ihr wirklich wollt, verfällt euer Geist in eine Routine, in der es nur Langeweile, Auflösung und Tod gibt. Deshalb ist es sehr wichtig, solange ihr jung seid, herauszufinden, was ihr wirklich zu tun liebt; und nur so läßt sich eine neue Gesellschaft schaffen.

*Frage:* In Indien wird das Bildungswesen, wie in den meisten anderen Ländern, von der Regierung kontrolliert. Ist es unter solchen Umständen möglich, ein Experiment auszuführen, wie Sie es beschreiben?

*Krishnamurti:* Falls es keine staatlichen Hilfen gäbe, könnte dann eine derartige Schule überleben? Das ist es, wonach dieser Herr fragt. Er sieht, daß alles in der Welt immer stärker von Regierungen kontrolliert wird, von Politikern, von Autoritäten, die unseren Geist und unser Herz formen wollen, die wollen, daß wir auf eine bestimmte Weise denken. Ob in Rußland oder in irgendeinem anderen Land, überall gibt es einen Trend zu staatlicher Kontrolle des Bildungswesens; und dieser Herr fragt, ob es möglich sei, eine Schule, wie ich sie beschreibe, ohne Regierungshilfen zu gründen.

Nun, was würden Sie sagen? Wissen Sie, wenn Sie finden, daß etwas sehr wichtig ist, wirklich wertvoll ist, dann geben Sie sich dem völlig unabhängig von Regierungen und Erlassen der Gesellschaft hin – und dann wird es Erfolg haben. Aber die meisten von uns tun nie etwas aus ganzem Herzen, und deshalb stellen wir eine solche Frage. Falls Sie und ich ganz lebendig spüren, daß eine neue Welt hervorgebracht werden kann, wenn jeder einzelne von uns sich in vollständiger innerer psychischer, spiritueller Revolte befindet – dann werden wir uns mit unserem ganzen Herzen, Geist und Körper für eine Schule einsetzen, in der es so etwas wie Angst mit all ihren Folgen nicht gibt.

Alles wahrhaft Revolutionäre wird von einigen wenigen geschaffen, die sehen, was wahr ist, und willens sind, entsprechend dieser Wahrheit zu leben. Aber um zu entdecken, was wahr ist, bedarf es der Freiheit von Tradition, was Freiheit von aller Angst bedeutet.

# Das Problem Freiheit

Ich möchte gern das Problem Freiheit mit Ihnen erörtern. Es ist ein sehr komplexes Problem, das tiefgründiges Studium und Verständnis erfordert. Wir hören viel von Freiheit, von religiöser Freiheit und der Freiheit zu tun, was man will. Umfangreiche Bücher sind von Fachleuten darüber geschrieben worden. Aber ich denke, wir können das Problem sehr einfach und direkt angehen, und vielleicht bringt uns das die wahre Lösung.

Ich frage mich, ob Sie je innegehalten haben, um das wundervolle Verglühen der Sonne im Westen zu beobachten, während der scheue junge Mond gerade über den Bäumen erschien? Zu dieser Stunde ist der Fluß oft sehr still, und alles wird von seiner Oberfläche gespiegelt: die Brücke, der Zug, der darüber fährt, der zarte Mond, und dann, während es dunkler wird, die Sterne. Das alles ist sehr schön. Und um zu beobachten, wahrzunehmen, um Ihre ganze Aufmerksamkeit etwas Schönem zu widmen, muß Ihr Geist frei von Beschäftigungen sein, nicht wahr? Er darf nicht mit Problemen, mit Sorgen, mit Spekulationen beschäftigt sein. Nur dann, wenn der Geist sehr ruhig ist, können Sie wirklich beobachten, denn nur dann ist der Geist empfänglich für außergewöhnliche Schönheit; und vielleicht liegt darin der Schlüssel zu unserem Problem der Freiheit.

Was bedeutet es nun, frei zu sein? Bedeutet Freiheit, zu tun, was uns beliebt, zu gehen, wohin man will, zu denken, was man möchte? Das tun Sie ohnehin. Nur Unabhängigkeit zu haben, bedeutet das Freiheit? Viele Leute in der Welt sind unabhängig, aber sehr wenige sind frei. Freiheit beinhaltet große Intelligenz, nicht wahr? Frei zu sein ist, intelligent zu sein, aber Intelligenz entsteht nicht einfach aufgrund des Wunsches, frei zu sein. Sie entsteht nur, wenn Sie anfangen, Ihre ganze Umgebung zu verstehen, die sozialen, religiösen, elterlichen und traditionellen Einflüsse, denen Sie ständig unterliegen. Aber die unterschiedlichen Einflüsse zu verstehen – die Einflüsse Ihrer Eltern, Ihrer

Regierung, der Gesellschaft, der Kultur, der Sie angehören, Ihres Glaubens, Ihrer Götter und Ihres Aberglaubens, Ihrer Tradition, der Sie sich ohne nachzudenken anpassen – all das zu verstehen und davon frei zu werden, erfordert tiefe Einsicht. Aber im allgemeinen unterwerfen Sie sich diesen Einflüssen, weil Sie innerlich verschreckt sind. Sie haben Angst davor, keine gute Position zu erreichen. Sie haben Angst davor, was Ihr Priester sagen wird; Sie haben Angst davor, einer Tradition nicht zu folgen, davor, etwas nicht richtig zu machen. Freiheit ist aber in Wirklichkeit ein Geisteszustand, in dem es keine Furcht, keinen Zwang und keinen Drang nach Absicherung gibt.

Möchten nicht die meisten von uns sicher sein? Wollen wir nicht hören, welch wunderbare Menschen wir sind, wie gut wir aussehen oder welch ungewöhnliche Intelligenz wir haben? Sonst würden wir ja keine Titel vor unsere Namen stellen. All das gibt uns Selbstsicherheit und ein Gefühl von Wichtigkeit. Wir alle wollen berühmte Leute sein – und in dem Augenblick, in dem wir etwas sein wollen, sind wir nicht länger frei.

Verstehen Sie dies bitte, denn es ist der wirkliche Schlüssel zum Verständnis des Problems Freiheit. Ob in dieser Welt der Politik, der Macht, Stellung und Autorität oder in der sogenannten spirituellen Welt, in der Sie sich darum bemühen, tugendhaft, edel, heilig zu sein – von dem Moment an, in dem Sie jemand sein wollen, sind Sie nicht mehr frei. Der Mann oder die Frau, wer immer die Absurdität all dieser Dinge sieht und dessen Herz deshalb unschuldig ist und nicht vom Wunsch bewegt wird, »jemand« zu sein – eine solche Person ist frei. Wenn Sie diese Einfachheit verstehen, werden Sie auch ihre außergewöhnliche Schönheit und Tiefe sehen.

Schließlich dienen ja alle Prüfungen diesem Zweck: Ihnen eine Stellung zu geben, Sie zu jemand zu machen. Titel, Stellung und Wissen ermuntern Sie dazu, etwas zu sein. Haben Sie nicht bemerkt, daß Ihre Eltern und Lehrer Ihnen sagen, daß Sie etwas aus sich machen müssen, daß Sie so erfolgreich sein müssen wie Ihr Onkel oder Ihr Großvater? Oder Sie versuchen, dem Vorbild eines Helden zu folgen, wie die Meister zu sein, die Heiligen – also werden Sie nie frei sein. Ob Sie dem Beispiel eines Meisters, eines Heiligen, eines Lehrers, eines Verwandten folgen oder sich an eine bestimmte Tradition halten – immer treibt Sie Ihr Verlangen, etwas zu sein; und nur wenn Sie diesen Umstand wirklich verstehen, gibt es Freiheit.

Die Aufgabe der Erziehung besteht also darin, Ihnen von Kindheit an zu helfen, niemand zu imitieren, sondern immer ganz Sie selbst zu sein. Und das ist am schwersten: ob Sie häßlich oder wunderschön, neidisch oder eifersüchtig sind, immer zu sein, was Sie sind und das auch zu verstehen. Sie selbst zu sein, ist sehr schwierig, weil Sie meinen, was Sie sind, sei unedel, und wenn Sie nur etwas Edles werden könnten, dann wäre das ganz herrlich; aber das passiert nie. Wenn Sie sich aber anschauen und verstehen, was Sie jetzt sind, dann liegt gerade in diesem Verständnis eine Transformation. Freiheit liegt also nicht im Versuch, etwas anderes zu werden, nicht darin, immer zu tun, was einem gerade Spaß macht, und nicht darin, der Autorität Ihrer Tradition, Ihrer Eltern oder Ihres Gurus zu folgen, sondern im Verständnis dessen, was Sie selbst von Augenblick zu Augenblick sind.

Sie sehen, Sie sind dafür nicht ausgebildet worden; Ihre Erziehung ermutigt Sie, dies oder das zu werden – aber das ist kein Selbsterkennen. Ihr »Selbst« ist eine sehr komplexe Angelegenheit; es ist nicht nur das Wesen, das zur Schule geht, sich streitet, spielt und Angst hat, sondern auch etwas Verstecktes, nicht Offensichtliches. Das Selbst besteht nicht nur aus all den Gedanken, die Sie denken, sondern auch aus all dem, was durch andere Leute, durch Bücher, Zeitungen und Ihre Führer in Ihren Geist gelegt wurde. Und es ist nur dann möglich, all das zu verstehen, wenn Sie nicht jemand sein wollen, wenn Sie nichts imitieren, wenn Sie niemand folgen – was in Wirklichkeit bedeutet: wenn Sie sich gegen die ganze Tradition auflehnen, jemand zu werden. Das ist die einzig wahre Revolution, und sie führt zu außergewöhnlicher Freiheit. Diese Freiheit zu kultivieren ist die wahre Aufgabe von Bildung und Erziehung.

Ihre Eltern, Ihre Lehrer und Ihre eigenen Wünsche möchten, daß Sie sich mit irgend etwas identifizieren, damit Sie glücklich und sicher sind. Um aber intelligent zu sein, müssen Sie dazu nicht alle Einflüsse durchbrechen, die Sie versklaven und niederwerfen?

Die Hoffnung auf eine neue Welt liegt in jenen von Ihnen, die zu sehen beginnen, was falsch ist und sich dagegen nicht nur

21

verbal, sondern tatsächlich erheben. Und das ist der Grund, warum Sie nach der richtigen Art von Bildung suchen sollten; denn nur, wenn Sie in Freiheit wachsen, können Sie eine neue Welt schaffen, die nicht auf Tradition beruht oder nicht nach der eigenwilligen Vorstellung eines Philosophen oder Idealisten geformt ist. Es kann aber so lange keine Freiheit geben, so lange Sie nur versuchen, jemand zu sein oder ein nobles Beispiel imitieren.

*Frage:* Was ist Intelligenz?

*Krishnamurti:* Lassen Sie uns ganz langsam und geduldig an die Frage herangehen und es herausfinden. Herausfinden bedeutet nicht, zu einem Schluß zu kommen. Ich weiß nicht, ob Sie den Unterschied erkennen. Im Moment, in dem Sie in der Frage, was Intelligenz sei, zu einem Schluß kommen, hören Sie auf, intelligent zu sein. Das ist es, was die meisten älteren Leute gemacht haben: sie sind zu Schlüssen gekommen. Deshalb haben sie aufgehört, intelligent zu sein. Jetzt haben Sie also gleich richtig herausgefunden, daß ein intelligenter Geist ein Geist ist, der ständig lernt und niemals zu einem Abschluß kommt. Was ist Intelligenz? Die meisten Leute sind mit einer Definition der Intelligenz zufrieden. Entweder sagen sie, »Das ist eine gute Erklärung«, oder sie ziehen ihre eigene Erklärung vor; und ein Geist, der sich mit einer Erklärung zufrieden gibt, ist sehr oberflächlich und infolgedessen nicht intelligent.

Sie haben begonnen zu erkennen, daß ein intelligenter Geist ein Geist ist, der sich nicht mit Erklärungen und mit Überzeugungen zufrieden gibt; auch ist es kein Geist, der glaubt, denn Glaube ist eine andere Form von Überzeugung. Ein intelligenter Geist ist ein forschender Geist, ein Geist, der beobachtet, lernt, studiert. Und das bedeutet das? Daß Intelligenz nur besteht, wo es keine Angst gibt, wenn Sie bereit sind zu rebellieren und sich gegen die ganze Gesellschaftsstruktur zu wenden, um herauszufinden, was Gott ist, oder um die Wahrheit in allem zu entdecken.

Intelligenz ist nicht Wissen. Falls Sie alle Bücher dieser Welt lesen könnten, würde Ihnen selbst das zu keiner Intelligenz verhelfen. Intelligenz ist etwas sehr Subtiles; sie wirft keinen Anker. Sie entsteht nur, wenn Sie die ganze Arbeitsweise des Geistes verstehen – nicht eines Geistes, wie ihn manche Philosophen und Lehrer verstehen, sondern Ihres eigenen Geistes. Ihr Geist ist das Ergebnis der ganzen Menschheit, und wenn Sie ihn verstehen, müssen Sie kein einziges Buch lesen, weil Ihr Geist das gesamte Wissen der Vergangenheit enthält. Intelligenz entsteht also aus dem Verständnis Ihrer selbst; und Sie können sich selbst nur in Beziehung zur Welt der Menschen, Dinge und Ideen verstehen. Intelligenz ist nichts, was Sie erwerben können wie Erlerntes; sie erscheint erst bei großer Auflehnung, das heißt, wenn es keine Angst gibt – was in Wahrheit bedeutet, wenn es eine Empfindung von Liebe gibt. Denn wo die Angst fehlt, dort ist Liebe.

Wenn Sie nur an Erklärungen interessiert sind, fürchte ich, Sie meinen, ich habe Ihre Frage nicht beantwortet. Die Frage nach Intelligenz ist wie die Frage nach dem Leben. Leben ist Studium, Spiel, Sex, Arbeit, Streit, Neid, Ehrgeiz, Liebe, Schönheit, Wahrheit – Leben ist alles, nicht wahr? Aber sehen Sie, die meisten unter uns haben nicht die Geduld, diese Fragen ernsthaft und beständig zu verfolgen.

*Frage:* Kann der rohe Geist empfindsam werden?

*Krishnamurti:* Hören Sie auf die Frage, auf die Bedeutung hinter den Worten. Kann der rohe Geist empfindsam werden? Falls ich sage, mein Geist ist roh und ich versuche, empfindsam zu werden, dann ist bereits diese Bemühung ungehobelt. Sehen Sie das bitte. Seien Sie nicht verwirrt, sondern beobachten Sie. Wenn ich jedoch erkenne, daß ich roh bin, ohne mich dabei gleich verändern zu wollen, ohne zu versuchen, empfindsam zu werden, falls ich beginne zu verstehen, was Roheit ist und sie in meinem Alltagsleben beobachte – an der gierigen Weise, wie ich esse, der Roheit, mit der ich Leute behandle, am Stolz, an der Arroganz, der Roheit meiner Gewohnheiten und Gedanken – dann verwandelt bereits diese Beobachtung das, was ist.

Ebenso, wenn ich dumm bin und sage, ich muß intelligent werden, ist diese Bemühung um Intelligenz nur eine größere Form von Dummheit. Wichtig ist statt dessen, Dummheit zu verstehen. Soviel ich mich auch bemühen mag, intelligent zu

werden, meine Dummheit wird bleiben. Ich mag den oberflächlichen Glanz großer Bildung erwerben, ich mag aus Büchern zitieren können, Auszüge von großen Schriftstellern rezi-
tieren, aber im Grunde genommen bin ich immer noch dumm.
Wenn ich indes Dummheit sehe und verstehe, wie sie sich in
meinem Alltagsleben ausdrückt – wie ich meinen Diener behandle, wie ich meinen Nachbarn betrachte, den Armen, den
Reichen, den Büroangestellten – dann wird genau diese Bewußtheit die Dummheit zerbrechen.

Versuchen Sie es. Beobachten Sie sich selbst, wenn Sie mit
Ihrem Diener sprechen, beobachten Sie den enormen Respekt,
mit dem Sie einen Gouverneur behandeln, und wie wenig Respekt Sie für den Menschen haben, der Ihnen nichts zu geben
hat. Dann fangen Sie an herauszufinden, wie dumm Sie sind;
und wenn man Dummheit begreift, entsteht Intelligenz, Empfindsamkeit. Sie müssen nicht sensibel werden. Der Mensch,
der versucht, etwas zu werden, ist häßlich; er ist eine rohe Person.


*Frage:* Wie kann das Kind ohne die Hilfe seiner Eltern und
Lehrer herausfinden, was es ist?

*Krishnamurti:* Habe ich gesagt, es könne das allein, oder interpretieren Sie, was ich gesagt habe? Das Kind wird etwas über
sich selbst lernen, falls die Umgebung, in der es lebt, ihm dabei
hilft. Falls es den Eltern und Lehrern wirklich darum geht, daß
der junge Mensch herausfindet, was er ist, werden sie ihn zu
nichts zwingen; sie werden eine Umgebung schaffen, in der er
sich selbst kennenlernen wird.

Sie haben diese Frage gestellt; aber ist das ein lebenswichtiges
Problem für Sie? Wenn es Sie tief berühren würde, daß es für
ein Kind bedeutsam ist, selbst etwas über sich herauszufinden,
und es das nicht kann, wenn es von einer Autorität beherrscht
wird, würden Sie dann nicht mithelfen, die richtige Umgebung
zu schaffen? Es ist immer wieder dieselbe alte Einstellung: Sagen Sie mir, was ich tun soll, und ich werde es tun. Wir sagen
nicht, »Lassen Sie uns gemeinsam daran arbeiten«. Dieses Problem, wie man eine Umgebung schaffen kann, in der das Kind
sich selbst kennenlernen kann, ist ein Problem, das jeden an

geht – die Eltern, die Lehrer und die Kinder selbst. Aber Selbsterkenntnis kann nicht verordnet, Verständnis nicht erzwungen werden. Und falls das wirklich ein vitales Problem für Sie und mich, für die Eltern und Lehrer ist, werden wir zusammen die richtigen Schulen schaffen.

*Frage:* Die Kinder sagen mir, daß sie in den Dörfern einige seltsame Erscheinungen wie Besessenheit gesehen haben, und auch, daß sie sich vor Gespenstern und Geistern fürchten. Sie fragen auch nach dem Tod. Was soll man darauf antworten?

*Krishnamurti:* Wir werden uns später noch mit dem Tod beschäftigen. Aber sehen Sie, Angst ist etwas Außerordentliches. Ihr Kinder habt über Geister von euren Eltern gehört, von älteren Leuten, sonst würdet ihr wahrscheinlich keine Geister sehen. Jemand hat euch etwas über Besessenheit erzählt. Ihr seid zu jung, um diese Dinge zu kennen. Sie gehören nicht zu eurer eigenen Erfahrung, sie geben wieder, was euch ältere Leute gesagt haben. Und die älteren Leute selbst wissen oft gar nichts darüber. Sie haben nur in irgendeinem Buch darüber gelesen und meinen, Sie hätten es verstanden. Das bringt uns zu einer ganz anderen Frage: Gibt es eine neue Erfahrung, die von der Vergangenheit nicht verändert ist? Falls eine Erfahrung von der Vergangenheit beeinflußt wird, ist sie lediglich eine Verlängerung der Vergangenheit und deshalb keine ursprüngliche Erfahrung mehr.

Es ist wichtig, daß jene von Ihnen, die sich mit Kindern beschäftigen, diesen nicht Ihre eigenen Fehlurteile aufdrängen, Ihre eigenen Ansichten über Geister, Ihre eigenen speziellen Ideen und Erfahrungen. Das ist sehr schwer zu vermeiden, weil ältere Leute gern eine Menge über diese unwesentlichen Dinge reden, die keine Bedeutung für das Leben haben. Allmählich übermitteln sie den Kindern ihre eigenen Ängste, Befürchtungen und ihren Aberglauben, und die Kinder wiederholen natürlich, was sie gehört haben. Es ist wichtig, daß die älteren Leute, die im allgemeinen selber nichts über diese Dinge wissen, nicht vor Kindern darüber reden, sondern statt dessen helfen, eine Atmosphäre zu schaffen, in der die Kinder in Freiheit und ohne Furcht aufwachsen können.

# Freiheit und Liebe

Vielleicht verstehen manche von Ihnen das, was ich über Freiheit gesagt habe nicht vollständig ; aber es ist sehr wichtig, neuen Ideen ausgesetzt zu sein, etwas, an das Sie vielleicht nicht gewöhnt sind. Es ist gut zu sehen, was schön ist; Sie müssen aber auch die häßlichen Dinge des Lebens beobachten, Sie müssen allem gegenüber wach sein. Ähnlich müssen Sie Dingen ausgesetzt sein, die Sie vielleicht nicht ganz verstehen – denn je mehr Sie diese Themen bedenken und darüber nachsinnen, was vielleicht teilweise schwierig für Sie sein mag, desto größer wird Ihre Fähigkeit sein, aus der Fülle zu leben.

Ich weiß nicht, ob jemand unter Ihnen am frühen Morgen das Sonnenlicht auf dem Wasser bemerkt hat. Wie ungewöhnlich weich ist das Licht, und wie tanzen die dunklen Wasser, der Morgenstern über den Bäumen, der einzige Stern am Himmel. Haben Sie es jemals bemerkt? Oder sind Sie so geschäftig, so von der Alltagsroutine besetzt, daß Sie die reiche Schönheit dieser Erde vergessen oder niemals gekannt haben – dieser Erde, auf der wir alle zu leben haben? Ob wir uns Kommunisten oder Kapitalisten nennen, Hindus oder Buddhisten, Muslime oder Christen, ob wir blind, lahm, oder gesund und glücklich sind – dies ist unsere Erde. Verstehen Sie? Es ist unsere Erde, sie gehört nicht irgend jemand sonst; es ist nicht nur die Erde der Reichen, sie gehört nicht ausschließlich den mächtigen Herrschern, den Landadeligen, sondern sie ist unsere Erde, Ihre und meine. Wir sind ganz unbedeutend, und doch leben auch wir auf dieser Erde. Und wir müssen alle zusammen leben: es ist die Welt der Armen wie der Reichen, der Ungebildeten wie der Gebildeten; es ist unsere Welt, und ich denke, es ist sehr wichtig, das zu spüren und die Erde zu lieben, nicht nur gelegentlich an einem friedlichen Morgen, sondern die ganze Zeit über. Wir können fühlen, daß es unsere Welt ist, und wir können sie nur lieben, wenn wir verstehen, was Freiheit ist.

So etwas wie Freiheit gibt es überhaupt noch nicht; wir wissen nicht, was sie ist. Wir würden gern frei sein, aber wenn Sie hinsehen, tut jeder – der Lehrer, die Eltern, der Rechtsanwalt, der Polizist, der Soldat, der Politiker, der Geschäftsmann – in seiner kleinen Ecke etwas, um diese Freiheit zu verhindern. Frei zu sein heißt nicht nur zu tun, was Sie möchten oder sich von den äußeren Umständen zu befreien, die Sie binden, sondern das ganze Problem der Abhängigkeit zu verstehen. Wissen Sie, was Abhängigkeit ist? Sie hängen von Ihren Eltern ab, nicht wahr? Sie hängen von Ihren Lehrern ab, Sie sind vom Koch abhängig, vom Postboten, vom Milchmann, und so fort. Diese Art von Abhängigkeit kann man ziemlich einfach verstehen. Es gibt aber eine viel tiefer reichende Art von Abhängigkeit, die man verstehen muß, bevor man frei sein kann: die gegenseitige Abhängigkeit des eigenen Glücks. Wissen Sie, was es bedeutet, in Ihrem Glück von anderen abhängig zu sein? Dabei bindet nicht nur die rein körperliche, sondern auch die innere, psychische Abhängigkeit, aus der Sie das sogenannte Glücklichsein beziehen – denn wenn Sie auf diese Weise von jemand abhängen, werden Sie zu einem Sklaven. Falls Sie, älter geworden, emotional von Ihren Eltern abhängig sind, von Ihrer Frau oder Ihrem Mann, von einem Guru, von irgendeiner Idee, dann ist das bereits der Anfang einer Knechtschaft. Wir verstehen das nicht – obwohl die meisten von uns, besonders in jungen Jahren, frei sein wollen.

Um frei zu sein, müssen wir uns gegen jede innere Abhängigkeit auflehnen, und wir können uns nicht dagegen auflehnen, wenn wir nicht verstehen, warum wir abhängig sind. Bis wir verstehen und uns wirklich von jeder inneren Abhängigkeit losreißen, können wir niemals frei sein, weil nur in diesem Verstehen Freiheit liegen kann. Freiheit ist aber nicht nur eine Reaktion. Wissen Sie, was eine Reaktion ist? Wenn ich etwas sage, das Sie verletzt, wenn ich Ihnen ein Schimpfwort zurufe und Sie ärgerlich mit mir werden, dann ist das eine Reaktion – eine Reaktion, die aus Abhängigkeit hervorging, und Unabhängigkeit ist eine daraus folgende Reaktion. Freiheit aber ist keine Reaktion, und solange wir Reaktionen nicht verstehen und nicht über sie hinausgehen, sind wir niemals frei.

Wissen Sie, was es heißt, jemand zu lieben? Wissen Sie, was

27

es bedeutet, einen Baum zu lieben oder einen Vogel oder ein Haustier, so daß Sie sich darum kümmern, es füttern, es liebhaben, obwohl es Ihnen vielleicht nichts zurückgibt, obwohl es Ihnen keinen Schatten bietet, Ihnen nicht folgt oder nicht von Ihnen abhängig wird? Die meisten von uns lieben nicht auf diese Weise; wir wissen überhaupt nicht, was das bedeutet, weil unsere Liebe immer mit Angst, Eifersucht und Furcht umgeben wird – was bedeutet, daß wir innerlich voneinander abhängen, daß wir geliebt werden wollen. Wir lieben nicht einfach und lassen es dabei, sondern verlangen etwas zurück; und genau dadurch, durch diesen Anspruch, werden wir abhängig.

Freiheit und Liebe gehören also zusammen. Liebe ist keine Reaktion. Falls ich Sie liebe, weil Sie mich lieben, ist das nur ein Handel, eine Sache, die man auf dem Markt kaufen kann; Liebe ist es nicht. Zu lieben heißt, nichts dafür zu verlangen, ja nicht einmal zu spüren, daß Sie etwas geben – und nur solche Liebe kann Freiheit kennen. Aber sehen Sie: Sie sind nicht dazu erzogen worden. Ihre Erziehung umfaßte Mathematik, Chemie, Geographie, Geschichte; und das war es dann schon, weil Ihre Eltern sich nur darum sorgten, Ihnen zu helfen, gute Arbeit zu finden und erfolgreich im Leben zu sein. Falls sie Geld haben, mögen sie Sie ins Ausland schicken. Aber wie überall sonst auf der Welt ist ihr ganzes Ziel, daß Sie reich werden und eine angesehene Position in der Gesellschaft erlangen; und je höher Sie klettern, desto mehr Unglück bringen Sie über andere, denn, um dorthin zu gelangen, müssen Sie in Wettbewerb treten und skrupellos sein. Eltern schicken ihre Kinder also auf Schulen, wo Ehrgeiz und Wettbewerb vorherrschen, wo es überhaupt keine Liebe gibt. Deshalb zerfällt eine Gesellschaft wie die unsere ständig weiter und befindet sich in ständigem Streit. Obwohl die Politiker, die Richter und der sogenannte Landadel über Frieden sprechen, bedeutet das gar nichts.

Nun, Sie und ich müssen dieses ganze Problem der Freiheit verstehen. Wir müssen selbst herausfinden, was es bedeutet zu lieben – denn falls wir nicht lieben, können wir niemals rücksichtsvoll und aufmerksam sein; wir können niemals Anteil nehmen. Wissen Sie, was es bedeutet, teilnahmsvoll zu sein? Wenn Sie einen scharfen Stein auf einem Pfad sehen, auf dem viele Menschen barfuß gehen, nehmen Sie ihn zur Seite, nicht weil

Sie darum gebeten worden sind, sondern weil Sie für einen anderen fühlen – es spielt keine Rolle, wer er ist, und Sie mögen ihm nie begegnen. Einen Baum zu pflanzen und sich um ihn zu kümmern, den Fluß anzublicken und sich an der Fülle der Erde zu erfreuen, einen fliegenden Vogel zu beobachten und die Schönheit seines Flugs zu sehen, empfindsam und offen für diese außergewöhnliche Bewegung zu sein, die Leben genannt wird – das alles setzt Freiheit voraus; und um frei zu sein, müssen Sie lieben. Ohne Liebe gibt es keine Freiheit; ohne Liebe ist Freiheit lediglich eine Idee, die keinerlei Wert besitzt. Freiheit kann es also nur für jene geben, die verstehen und sich von innerer Abhängigkeit losreißen, und die deshalb wissen, was Liebe ist. Und nur sie werden eine neue Zivilisation hervorbringen, eine andere Welt.

*Frage:* Wie entsteht Verlangen, und wie kann ich es loswerden?

*Krishnamurti:* Ein junger Mann stellt diese Frage. Warum sollte er Wünsche loswerden? Verstehen Sie? Er ist ein junger Mann, voller Leben und Vitalität; warum sollte er Wünsche loswerden? Ihm ist gesagt worden, von Wünschen frei zu sein sei eine der größten Tugenden, und er werde durch die Befreiung davon Gott erkennen, oder wie immer dieses letzte Etwas genannt werden mag. Also fragt er: Wie entsteht Verlangen, und wie kann ich es loswerden? Aber gerade dieser Drang, Verlangen loszuwerden, ist noch Teil des Verlangens oder nicht? Es wird in Wirklichkeit durch Angst ausgelöst.

Was ist der Ursprung, die Quelle, der Anfang von Wünschen? Sie sehen etwas Interessantes und wollen es haben. Sie sehen ein Auto oder ein Boot, und Sie wollen es besitzen; Sie wollen die Stellung eines reichen Mannes erlangen oder ein Bettelmönch werden. Das ist der Ursprung von Wünschen: sehen, Kontakt aufnehmen, woraus sich eine Sinneserfahrung ergibt, und aus der Sinneserfahrung ergibt sich das Verlangen. Dann, wenn Sie feststellen, daß Wünsche Konflikte mit sich bringen, fragen Sie, »Wie kann ich frei sein von Verlangen?« Was Sie also wirklich wollen, ist nicht Freiheit von Wünschen, sondern Freiheit von den Sorgen, Ängsten, Leiden, die das Verlangen verursacht. Sie wollen Befreiung von den bitteren

Früchten des Verlangens, nicht Freiheit von den Wünschen selbst, und das ist wichtig zu verstehen. Falls Sie Verlangen von Leiden, Schmerzen, Kämpfen, von allen Sorgen und Ängsten trennen könnten, die damit einhergehen, so daß nur das Vergnügen bliebe, würden Sie dann frei von Verlangen sein wollen?

Solange das Verlangen besteht, etwas zu gewinnen, zu erreichen, zu werden, gleich auf welcher Ebene, solange gibt es notwendigerweise Angst, Sorge und Furcht. Der Ehrgeiz, reich zu sein, dies oder jenes zu sein, fällt nur dann ab, wenn wir selbst das Verderbliche, die korrupte Natur von Ehrgeiz erkennen. In dem Augenblick, in dem wir erkennen, daß das Verlangen nach Macht – sei es die Macht eines Premierministers, eines Richters, eines Priesters, eines Gurus – in jeglicher Form von Grund auf böse ist, streben wir nicht länger nach Macht. Aber wir sehen nicht, daß Ehrgeiz korrumpiert, daß das Verlangen nach Macht böse ist; wir sagen im Gegenteil, daß wir die Macht zum Guten nutzen werden – was alles Unfug ist. Ein falsches Mittel kann niemals für ein richtiges Ziel eingesetzt werden. Wenn das Mittel böse ist, wird der Zweck auch böse sein. Gut ist nicht das Gegenteil von Böse – es entsteht nur dann, wenn das, was böse ist, vollständig aufgehört hat.

So, ohne daß wir die ganze Bedeutung des Verlangens mit seinen Folgen, seinen Nebenwirkungen verstehen, hat der bloße Versuch, Verlangen loszuwerden, keine Bedeutung.

*Frage:* Wie können wir von Abhängigkeit frei sein, solange wir in der Gesellschaft leben?

*Krishnamurti:* Wissen Sie, was Gesellschaft ist? Gesellschaft ist die Beziehung zwischen Mensch und Mensch, nicht wahr? Komplizieren Sie es nicht, zitieren Sie nicht eine Menge Bücher. Denken Sie sehr einfach darüber nach, und Sie werden feststellen, daß Gesellschaft die Beziehung zwischen Ihnen und mir und anderen ist. Menschliche Beziehungen machen die Gesellschaft aus, und unsere gegenwärtige Gesellschaft ist auf einer Beziehung der Erwerbstätigkeit aufgebaut, oder nicht? Die meisten von uns wollen Geld, Macht, Besitz, Autorität; auf der einen oder anderen Ebene suchen wir Ansehen und Prestige, und so haben wir eine Wettbewerbsgesellschaft aufgebaut. Solange wir gewinnsüchtig sind, solange wir Stellung, Prestige, Macht und all das übrige wollen, gehören wir zu dieser Gesellschaft und sind deshalb von ihr abhängig. Wenn man aber nichts von alledem mehr möchte und man nur das bleibt, was man in großer Demut ist, dann ist man draußen – man rebelliert gegen diese Gesellschaft und bricht mit ihr.

Unglücklicherweise zielt das Bildungswesen zur Zeit darauf ab, daß Sie sich konform zu dieser gewinnsüchtigen Gesellschaft verhalten, sich einfügen und sich anpassen. Das ist alles, worum es Ihren Eltern, Ihren Lehrern und in Ihren Büchern geht. Solange Sie sich anpassen, solange Sie ehrgeizig und erwerbstüchtig sind und in der Verfolgung von Position und Macht andere korrumpieren und zerstören, hält man Sie für einen respektablen Bürger. Sie werden dazu erzogen, sich in die Gesellschaft einzufügen. Das ist aber keine Erziehung, sondern lediglich ein Verfahren, das Sie konditioniert, sich einem Muster anzupassen. Die wahre Aufgabe von Erziehung besteht nicht darin, Sie zu einem Angestellten, Richter oder Premierminister zu machen, sondern darin, Ihnen zu helfen, die ganze Struktur dieser verdorbenen Gesellschaft zu begreifen und Ihnen zu erlauben, in Freiheit zu wachsen, so daß Sie sich losreißen und eine andere Gesellschaft, eine neue Welt erschaffen. Es muß jene geben, die sich auflehnen, die nicht teilweise, sondern total gegen das Alte aufstehen, denn nur solche Leute können eine neue Welt schaffen – eine Welt, die nicht auf Besitz, Macht und Prestige aufgebaut ist.

Ich kann die älteren Leute sagen hören, »Das funktioniert niemals. Die menschliche Natur ist, wie sie ist, und Sie erzählen Unsinn.« Aber wir haben noch nie über die De-Konditionierung des Geistes der Erwachsenen nachgedacht, und nie darüber, das Kind gar nicht erst zu konditionieren. Sicher ist Bildung sowohl heilend wie vorbeugend. Sie, die älteren Studenten, sind bereits geprägt, schon konditioniert, schon ehrgeizig; Sie wollen erfolgreich sein wie Ihre Väter, wie der Gouverneur oder sonst jemand. Die wahre Aufgabe von Erziehung und Bildung besteht nicht nur darin, diesen ganzen Vorgang des Lebens von Tag zu Tag zu verstehen, so daß Sie in Freiheit wachsen und eine neue Welt schaffen können – eine Welt, die völlig anders sein muß als die gegenwärtige. Unglücklicherweise sind daran weder Ihre Eltern, noch Ihre Lehrer oder die allgemeine Bevölkerung interessiert. Deshalb muß Erziehung ein Vorgang sein, bei dem sowohl der Erzieher wie der Student sich bilden.

*Frage:* Warum kämpfen Menschen?

*Krishnamurti:* Warum streitet ihr jungen Burschen? Manchmal streitet ihr mit eurem Bruder oder mit den anderen Jungen hier, nicht wahr? Warum? Ihr streitet um ein Spielzeug. Vielleicht hat ein anderer Junge euren Ball weggenommen oder euer Buch, und deshalb streitet ihr. Erwachsene streiten aus genau demselben Grund, nur sind ihre Spielsachen Stellung, Reichtum und Macht. Wenn ihr Macht wollt und ich auch Macht will, kämpfen wir; und das ist der Grund, warum Nationen in den Krieg ziehen. Es ist so einfach, nur Philosophen, Politiker und die sogenannten religiösen Leute komplizieren es. Ihr wißt, daß eine große Kunst darin liegt, zu einer Fülle von Wissen und Erfahrung zu kommen – die Fülle des Lebens zu kennen, die Schönheit der Existenz, die Auseinandersetzungen, die Leiden, das Lachen, die Tränen – und sich doch einen sehr einfachen Geist zu bewahren; und ihr könnt nur dann schlicht sein, wenn ihr zu lieben wißt.

*Frage:* Was ist Eifersucht?

*Krishnamurti:* Eifersucht enthält Unzufriedenheit mit dem, was Sie sind, und Neid auf andere, nicht wahr? Mit dem unzufrieden zu sein, was Sie sind, ist der erste Anfang von Neid. Sie wollen jemand sein, der mehr Wissen hat, oder schöner ist oder ein größeres Haus, mehr Macht, eine bessere Stellung hat als Sie. Sie möchten tugendhafter sein, Sie möchten wissen, wie man besser meditiert, Sie wollen Gott erreichen, Sie wollen anders sein als Sie sind; deshalb sind Sie neidisch, eifersüchtig. Zu verstehen, was Sie sind, ist ungeheuer schwierig, denn es erfordert das völlige Fehlen des Verlangens, was Sie sind, in etwas anderes zu verwandeln. Der Wunsch, sich zu ändern, bringt Neid und Eifersucht mit sich; während im Begreifen, was Sie sind, sich das verwandelt, was Sie sind. Aber, sehen Sie, Ihre ganze Erziehung bringt Sie dazu, anders zu sein als Sie sind. Wenn sie eifersüchtig sind, sagt man zu Ihnen: »Nun sei doch nicht eifersüchtig, das ist ja schrecklich.« So streben Sie danach, nicht eifersüchtig zu sein – aber gerade dieses Streben ist ein Teil Ihrer Eifersucht, weil Sie anders sein wollen.

Wissen Sie, eine hübsche Rose ist eine hübsche Rose; aber uns Menschen ist die Fähigkeit gegeben zu denken, und wir denken falsch. Zu wissen, *wie* man denkt, erfordert sehr viel Tiefsinn und Verständnis; aber zu wissen, *was* man denkt, ist vergleichsweise einfach. Unsere gegenwärtige Erziehung besteht darin, uns zu sagen, *was* wir denken sollen, sie lehrt uns nicht, *wie* man denkt, wie man tiefer geht, nachforscht. Und nur wenn der Lehrer genauso wie der Schüler weiß, *wie* man denkt, wird die Schule ihrem Namen gerecht.

*Frage:* Warum bin ich nie mit irgend etwas zufrieden?

*Krishnamurti:* Ein kleines Mädchen stellt die Frage, und ich bin sicher: es wurde dazu nicht angeleitet. In ihrem zarten Alter möchte es wissen, warum es niemals zufrieden ist. Was sagen Sie Erwachsene dazu? Es ist Ihr Werk; Sie haben diese Welt entstehen lassen, in welcher ein kleines Mädchen fragt, warum es niemals mit irgend etwas zufrieden ist. Sie sind angeblich Erzieher, aber Sie sehen nicht die Tragödie, die darin liegt.

Warum sind Menschen niemals zufrieden? Sind sie es deshalb nicht, weil sie das Glück suchen und meinen, durch ständige Veränderung glücklich zu werden? Sie gehen von einer Arbeit zur anderen, von einer Beziehung zur nächsten, von einer Religion oder Ideologie zur anderen, und glauben, daß sie durch diese ständige Bewegung Glück finden werden; oder sie entscheiden sich für einen bewegungslosen Seitenarm des Lebensflusses und stagnieren. Fraglos ist Zufriedenheit etwas gänzlich anderes. Sie entsteht nur dann, wenn Sie sich sehen wie Sie sind, ohne irgendein Verlangen, sich zu wandeln, ohne irgendeine Verurteilung oder einen Vergleich – was nicht heißt, daß Sie lediglich akzeptieren, was Sie sehen und sich schlafen legen. Wenn der Geist aber nicht mehr vergleicht, beurteilt, bewertet, und deshalb fähig ist zu sehen, was ist, von Augenblick zu Augenblick, ohne es verändern zu wollen – in einer solchen Wahrnehmung liegt das Ewige.

*Frage:* Warum müssen wir lesen?

*Krishnamurti:* Warum müssen Sie lesen? Hören Sie nur still zu. Sie fragen nie, warum Sie spielen müssen, warum Sie essen müssen, warum Sie den Fluß anschauen müssen, warum Sie grausam sind. Oder tun Sie das? Sie lehnen sich auf und fragen, warum Sie etwas tun müssen, wenn Sie es ungern tun. Aber lesen, spielen, lachen, grausam sein, gut sein, den Fluß zu sehen, die Wolken – all dies ist Teil des Lebens. Und wenn Sie nicht lesen können, wenn Sie nicht gehen können, wenn Sie unfähig sind, die Schönheit eines Blattes zu schätzen, leben Sie nicht. Sie müssen das ganze Leben verstehen, nicht nur einen kleinen Teil davon. Deshalb müssen Sie lesen, deshalb müssen Sie in den Himmel schauen, deshalb müssen Sie singen und tanzen und Gedichte schreiben und leiden und verstehen – denn all das ist Leben.

*Frage:* Was ist Schüchternheit?

*Krishnamurti:* Empfinden Sie nicht Schüchternheit, wenn Sie einem Fremden begegnen? Haben Sie sich nicht schüchtern gefühlt, als Sie diese Frage gestellt haben? Würden Sie sich nicht schüchtern fühlen, wenn Sie hier auf dieser Bühne wie ich sitzen und sprechen müßten? Fühlen Sie sich nicht scheu, fühlen Sie sich nicht ein bißchen seltsam und wollen stehen bleiben, wenn Sie plötzlich einen wunderschönen Baum zu sehen bekommen oder eine zarte Blume oder einen Vogel, der auf seinem Nest sitzt? Sehen Sie, es ist gut, scheu zu sein. Aber für die meisten unter uns bedeutet Schüchternheit, sich seiner selbst bewußt zu sein. Wenn wir einem bedeutenden Menschen begegnen, falls es eine solche Person gibt, werden wir unserer selbst bewußt. Wir denken: »Wie wichtig er ist, so bekannt, und ich bin ein Niemand«; also fühlen wir uns eingeschüchtert, was bedeutet, sich seiner selbst bewußt zu sein. Aber es gibt noch eine andere Art von Schüchternheit, die wirklich zart ist, und in dieser Scheu liegt keine Selbstbewußtheit.

# Zuhören

Warum sind Sie hier und hören mir zu? Haben Sie schon einmal bedacht, warum Sie überhaupt Leuten zuhören? Und was bedeutet es, jemand zuzuhören? Sie alle sitzen hier vor einem, der spricht. Hören Sie zu, um etwas aufzunehmen, das Ihre eigenen Gedanken bestätigt, mit ihnen übereinstimmt, oder hören Sie zu, um zu entdecken? Sehen Sie den Unterschied? Zuhören, um zu entdecken, unterscheidet sich wesentlich vom Zuhören, um das eigene Denken bestätigt zu finden. Falls Sie nur hier sind, um Bestätigung zu erhalten, um im eigenen Denken unterstützt zu werden, hat Ihr Zuhören eine ziemlich geringe Bedeutung. Wenn Sie aber zuhören, um etwas herauszufinden, dann ist Ihr Geist frei und an nichts gebunden; er ist sehr wach, geschärft, lebendig, forschend, neugierig und deshalb fähig zu entdecken. Ist es also nicht sehr wichtig festzustellen, warum Sie zuhören und was Sie hören?

Haben Sie jemals sehr stillgesessen, ohne Ihre Aufmerksamkeit auf etwas zu fixieren, ohne eine Bemühung, sich zu konzentrieren, aber mit einem sehr ruhigen, wirklich stillen Geist? Dann hören Sie alles, nicht wahr? Sie hören die weit entfernten Geräusche genauso wie die näherliegenden und jene, die ganz nahe sind, die unmittelbaren Geräusche – was heißt, daß Sie in Wirklichkeit alles hören. Ihr Geist ist nicht auf einen kleinen engen Kanal beschränkt. Falls Sie auf diese Weise zuhören können, auf leichte Weise, ohne Anstrengung, werden Sie feststellen, daß eine ungewöhnliche Veränderung in Ihnen stattfindet, eine Veränderung, die ohne Ihr Zutun kommt, ohne daß Sie darum bitten; und in dieser Veränderung liegt große Schönheit und tiefe Einsicht.

Versuchen Sie es einmal, versuchen Sie es jetzt. Während Sie mir zuhören, hören Sie nicht nur auf mich, sondern auf alles um Sie herum. Hören Sie auf all die Glocken, die Glocken der Kühe und der Tempel; hören Sie auf den weit entfernten Zug

35

und die Karren auf der Straße; und falls Sie dann noch näher kommen und auch mir zuhören, werden Sie herausfinden, daß im Horchen eine große Tiefe ist. Um das zu tun, müssen Sie aber einen sehr ruhigen Geist haben. Falls Sie wirklich zuhören wollen, ist Ihr Geist auf ganz natürliche Weise still, oder nicht? Sie sind dann nicht durch irgend etwas abgelenkt, was in der Nähe passiert; Ihr Geist ist still, weil Sie intensiv auf alles hören. Falls Sie auf diese Weise mit Leichtigkeit horchen können, mit einem bestimmten Glücksgefühl, werden Sie feststellen, daß eine erstaunliche Verwandlung in Ihrem Herz, in Ihrem Gemüt stattfindet – eine Transformation, an die Sie nicht gedacht haben und die Sie auch in keiner Weise bewirkt haben.

Denken ist eine sehr eigenartige Angelegenheit, nicht wahr? Wissen Sie, was Denken ist? Denken oder ein Gedanke ist für die meisten Leute etwas, das vom Geist zusammengesetzt wird, und Sie kämpfen mit ihren Gedanken. Wenn Sie aber wirklich auf alles hören können – auf das Heranschwappen des Wassers am Flußufer, auf den Gesang der Vögel, auf das Weinen eines Kindes, auf Ihre schimpfende Mutter, auf einen Freund, der Sie bedrängt, auf Ihre Frau oder Ihren Mann, der Ihnen auf die Nerven geht – dann werden Sie herausfinden, daß Sie über die Worte hinausgehen, über die nur verbalen Ausdrücke, die so an uns zerren.

Und es ist sehr wichtig, über den lediglich verbalen Ausdruck hinauszugehen, denn was ist es schließlich, was wir alle möchten? Ob wir jung sind oder alt, ob wir unerfahren oder reich an Jahren sind, wir alle wollen glücklich sein, oder nicht? Als Schüler möchten wir glücklich sein in unseren Spielen, beim Lernen, in all den kleinen Dingen, die wir gern tun. Wenn wir älter werden, suchen wir Glück im Besitz, im Geld, im Eigentum an einem schönen Haus, in einer sympathischen Frau oder einem Mann, einer guten Arbeit. Wenn uns diese Dinge nicht länger zufriedenstellen, gehen wir zu etwas anderem über. Wir sagen: »Ich muß mich frei machen, und dann werde ich glücklich sein.« Also fangen wir an, Selbstbefreiung zu praktizieren. Wir verlassen unsere Familie, geben unseren Besitz auf und ziehen uns von der Welt zurück. Oder wir schließen uns irgendeiner religiösen Gruppe an und glauben, wenn wir zusammenkommen und über Brüderlichkeit sprechen oder wenn wir einem

Führer, einem Guru, einem Meister, einem Ideal folgen, dann würden wir glücklich sein, indem wir also an etwas glauben, was im Grunde eine Selbsttäuschung ist, eine Illussion, ein Aberglaube. Verstehen Sie, wovon ich spreche?

Wenn Sie Ihr Haar kämmen, wenn Sie saubere Kleidung anziehen und sich hübsch zurechtmachen, so ist das alles Teil Ihres Verlangens, glücklich zu sein, nicht wahr? Wenn Sie Prüfungen bestehen und die paar Buchstaben eines Titels vor Ihren Namen setzen, wenn Sie eine Arbeit annehmen, ein Haus erwerben und anderen Besitz, wenn Sie heiraten und Kinder haben, wenn Sie sich einer religiösen Gruppe anschließen, deren Führer behaupten, Botschaften unsichtbarer Meister zu empfangen – hinter allem ist dieser außergewöhnliche Drang, dieser Zwang, Glück zu finden.

Aber, wissen Sie, Glück ist nicht so leicht zu erlangen, weil Glück keines dieser Dinge ist. Sie mögen Vergnügen haben, Sie mögen eine neue Befriedigung finden, aber früher oder später wird auch das ermüdend. Denn in den Dingen, die wir kennen, liegt kein bleibendes Glück. Dem Kuß folgt die Träne, dem Lachen das Elend und die Verzweiflung. Alles vergeht, löst sich auf. Während Sie jung sind, sollten Sie also herausfinden, was diese merkwürdige Angelegenheit ist, die Glück genannt wird. Das ist ein wesentlicher Teil der Bildung.

Glück kommt nicht, wenn Sie danach streben – und das ist das größte Geheimnis, obwohl es sich leicht sagt. Ich kann es in wenige einfache Worte fassen; wenn Sie mir aber nur zuhören und wiederholen, was Sie gehört haben, werden Sie deshalb nicht glücklich sein. Glück ist eigenartig; es kommt, wenn Sie nicht danach suchen. Wenn Sie keine Anstrengung machen, glücklich zu sein, dann, ganz unerwartet, auf geheimnisvolle Weise, ist Glück da, aus Reinheit geboren, aus der Lieblichkeit des Seins. Aber das erfordert ein hohes Maß an Verstehen, nicht, daß man sich einer Organisation anschließt oder etwas zu werden versucht. Wahrheit ist nicht etwas, das man erlangen kann. Wahrheit entsteht, wenn Ihr Geist und Ihr Herz von jeder Neigung, etwas zu erstreben, gereinigt worden sind und Sie nicht länger versuchen, jemand zu werden; sie ist da, wenn der Geist sehr still ist und zeitlos auf all das lauscht, was geschieht. Sie mögen diesen Worten zuhören; aber damit es Glück gibt, ist es notwendig herausfinden, wie man den Geist von aller Furcht befreit.

Solange Sie vor irgend jemand oder irgend etwas Angst haben, kann es kein Glück geben. Es kann kein Glück geben, solange Sie Angst vor Ihren Eltern oder Ihren Lehrern haben oder Angst davor, Prüfungen nicht zu bestehen, keinen Fortschritt zu machen, dem Meister oder der Wahrheit nicht näher zu kommen, nicht anerkannt zu werden, nicht auf den Rücken geklopft zu werden. Aber wenn Sie wirklich vor gar nichts Angst haben, dann werden Sie feststellen – wenn Sie eines Morgens aufwachen, oder wenn Sie allein spazierengehen –, daß plötzlich etwas Seltsames geschieht: uneingeladen, nicht erbeten, ohne danach geschaut zu haben, ist plötzlich das da, was man Liebe, Wahrheit, Glück nennen mag.

Deshalb ist es so wichtig, richtig erzogen zu werden, solange Sie jung sind. Was wir zur Zeit Erziehung und Bildung nennen, ist keine, weil niemand mit Ihnen über all diese Dinge spricht. Ihre Lehrer bereiten Sie darauf vor, Prüfungen zu bestehen, aber sie sprechen nicht mit Ihnen über das Leben, obwohl das am wichtigsten ist, weil nur sehr wenige wissen, wie man lebt. Die meisten von uns überleben nur; wir schleppen uns irgendwie weiter, und deshalb wird Leben zu einer fürchterlichen Sache. Wirklich zu leben erfordert ein großes Maß an Liebe, ein tiefes Gefühl für Schweigen, eine große Einfachheit mit einer Fülle an Erfahrung; es erfordert einen Geist, der fähig ist, sehr klar zu denken, der nicht durch Vorurteile oder Aberglaube, durch Hoffnung oder Furcht gebunden ist. All dies ist Leben, und wenn Sie nicht dazu erzogen werden zu leben, hat Erziehung und Bildung keinen Sinn. Sie mögen lernen, sehr ordentlich zu sein, gute Manieren zu haben, und Sie bestehen vielleicht alle Prüfungen; aber diesen oberflächlichen Dingen eine vorrangige Bedeutung beizumessen, wenn die gesamte Gesellschaftsordnung zusammenbricht, ist, als ob Sie Ihre Fingernägel säubern und polieren, während das Haus niederbrennt. Niemand spricht über das alles, niemand geht mit Ihnen tiefer darauf ein. So wie Sie Tag für Tag damit verbringen, zum Beispiel Mathematik, Geschichte, Geographie zu studieren, so sollten Sie auch einen Großteil der Zeit damit verbringen, über diese tiefen Fragen zu sprechen, weil das Ihr Leben reich macht.

*Frage:* Ist nicht die Anbetung Gottes wahre Religion?

*Krishnamurti:* Lassen Sie uns zuerst herausfinden, was Religion *nicht* ist. Ist das der richtige Ansatz? Wenn wir verstehen können, was Religion *nicht* ist, werden wir vielleicht beginnen, auch noch etwas anderes wahrzunehmen. Es ist, als ob man ein schmutziges Fenster reinigt: Man fängt an, sehr klar hindurchzusehen. Lassen Sie uns sehen, ob wir verstehen und verwerfen können, was Religion nicht ist; lassen Sie uns nicht sagen: »Ich werde darüber nachdenken«, und nur mit Worten herumspielen. Vielleicht können Sie das, aber die meisten älteren Leute sind bereits gefangen; sie haben sich bequem in dem eingerichtet, was Religion nicht ist, und sie wollen nicht gestört werden.

Also, was ist Religion nicht? Haben Sie je darüber nachgedacht? Man hat Ihnen immer wieder und wieder erzählt, was Religion angeblich ist – Glaube an Gott und ein Dutzend anderer Dinge – aber niemand hat Sie aufgefordert herauszufinden, was Religion *nicht* ist, und nun werden Sie und ich es selbst herausfinden.

Akzeptieren Sie nicht einfach, was gesagt wird, während Sie mir oder sonst jemand zuhören, sondern hören Sie zu, um die Wahrheit zu entdecken. Wenn Sie einmal selbst begreifen, was Religion nicht ist, dann kann Sie Ihr Leben lang weder ein Priester noch ein Buch täuschen, und keine Angst wird eine Illusion schaffen können, der Sie glauben und folgen. Um herauszufinden, was Religion nicht ist, müssen Sie auf der Alltagsebene anfangen, und dann können Sie höher steigen. Um weit zu gehen, müssen Sie nahe beginnen, und der nächstliegende Schritt ist der wichtigste. Was ist also Religion nicht? Sind Zeremonien Religion? Pujas, Reinigungsrituale durchzuführen, immer wieder und wieder – ist das Religion?

Wahre Bildung heißt, zu lernen *wie* man denkt, nicht *was* man denkt. Falls Sie wissen, wie man denkt, falls Sie diese Fähigkeit wirklich haben, sind Sie ein freier Mensch – frei von Dogmen, Aberglauben, Zeremonien – und können deshalb herausfinden, was Religion ist.

Zeremonien sind offensichtlich keine Religion, weil Sie mit der Ausführung von Zeremonien lediglich eine Formel wiederholen, die Ihnen überliefert worden ist. Sie mögen ein gewisses

Vergnügen darin finden, Zeremonien durchzuführen, so wie es andere im Rauchen oder Trinken finden; aber ist das Religion? Wenn Sie Zeremonien ausführen, tun Sie etwas, worüber Sie nichts wissen. Ihr Vater und Ihr Großvater tun es, also tun Sie es, und wenn Sie es nicht tun, werden Sie beschimpft. Das ist nicht Religion – oder?

Und was befindet sich in einem Tempel? Ein Götzenbild, das von einem Menschen nach seiner eigenen Vorstellung modelliert wurde. Das Bild mag ein Symbol sein, und dennoch bleibt es nur ein Bild, ist nicht die wahre Sache. Ein Symbol, ein Wort ist nicht, was es repräsentiert. Das Wort »Tür« ist nicht die Tür, nicht wahr? Das Wort ist nicht das Ding. Wir gehen in den Tempel, um anzubeten – aber was? Ein Bildnis, das ein Symbol sein soll; aber das Symbol ist nicht die Sache selbst. Warum also dorthin gehen? Dies sind die Tatsachen – ich verurteile nicht –, und da es Tatsachen sind, warum sollte man sich darum kümmern, wer in den Tempel geht, sei es der Berührbare oder der Unberührbare, der Brahmane oder der Nicht-Brahmane? Wen kümmert das? Sehen Sie, die älteren Leute haben das Symbol zu einer Religion gemacht, für das sie bereit sind zu streiten, zu kämpfen, sich gegenseitig abzuschlachten; aber Gott ist nicht dort. Gott ist niemals in einem Symbol. Also ist die Anbetung eines Symbols oder eines Bildes nicht Religion.

Und ist Glaube Religion? Das ist komplizierter. Wir haben mit dem Nächstliegenden angefangen, und jetzt gehen wir etwas weiter. Ist Glaube Religion? Die Christen glauben auf eine Weise, die Hindus auf eine andere, die Muslime auf noch eine andere, die Buddhisten auf wiederum eine andere; und sie halten sich selbst alle für sehr religiöse Leute; sie alle haben ihre Tempel, Götter, Symbole, Glaubenssätze. Und ist das Religion? Ist es Religion, wenn Sie an Gott, Rama, Sita, Ishwara und dergleichen glauben? Wie sind Sie zu einem solchen Glauben gekommen? Sie glauben, weil Ihr Vater und Ihr Großvater daran glauben; oder weil Sie gelesen haben, was Lehrer wie Shankara oder Buddha angeblich gesagt haben, glauben Sie es und sagen, es sei wahr. Die meisten von Ihnen glauben, was die Bhagavad Gita sagt, und deshalb untersuchen Sie es nicht so einfach und direkt, wie Sie es bei einem anderen Buch tun würden; Sie bemühen sich nicht, herauszufinden, was wahr ist.

Wir haben festgestellt, daß Zeremonien nicht Religion sind, in einen Tempel zu gehen nicht Religion ist, und Glaube nicht Religion ist. Glaube trennt Menschen. Die Christen haben mehrere Glaubensbekenntnisse und sind deshalb mit anderen Glaubensrichtungen und untereinander zerstritten. Die Hindus sind ewig voller Feindseligkeit, weil sie von sich glauben, Brahmanen oder Nicht-Brahmanen zu sein, entweder oder. Glaube bringt also Feindseligkeit, Trennung und Zerstörung hervor und das ist offensichtlich nicht Religion.

Was also ist Religion? Wenn Sie das Fenster sauber gewischt haben – das heißt, wenn Sie tatsächlich mit Zeremonien aufgehört haben, jeden Glauben aufgegeben haben, mit Ihrem Führer oder Guru Schluß gemacht haben – dann kann Ihr Geist wie durch ein sauberes, blankes Fenster sehr klar nach draußen schauen. Wenn der Geist von jedem Bild, Ritual, Glauben, Symbol, von allen Worten, Mantras und Wiederholungen und von aller Furcht gereinigt ist, dann wird, was Sie sehen, das Wirkliche, das Zeitlose, das Immerwährende sein, das Gott genannt werden mag. Das verlangt aber enorme Einsicht, Verständnis, Geduld und ist nur für jene, die wirklich untersuchen, was Religion ist, und dies Tag für Tag bis zum Ende weiter verfolgen. Die anderen reden nur daher, und all ihre Ornamente und Körperdekorationen, ihre Pujas und ihr Glockengeläut – all das ist nur sinnloser Aberglaube. Nur wenn der Geist sich gegen die sogenannte Religion auflehnt, findet er das Wahre.

# Schöpferische Unzufriedenheit

Haben Sie sich jemals sehr still hingesetzt, ohne sich zu bewegen? Versuchen Sie es, sitzen Sie wirklich still, mit geradem Rücken, und beobachten Sie, was Ihr Geist tut. Versuchen Sie nicht, ihn zu kontrollieren, sagen Sie nicht, er solle nicht von einem Gedanken zum anderen springen, von einem Gegenstand des Interesses zum anderen, sondern nehmen Sie nur bewußt wahr, wie Ihr Geist herumspringt. Ändern Sie nichts daran, sondern schauen Sie nur zu, als ob Sie vom Flußufer aus dem vorbeifließenden Wasser zuschauen. Im fließenden Wasser finden sich soviele Dinge – Fische, Blätter, tote Tiere – aber immer lebt es, bewegt es sich, und genauso ist Ihr Geist. Er ist immerwährend ruhelos und fliegt wie ein Schmetterling von einem Gegenstand zum anderen.

Wenn Sie einem Lied zuhören, wie hören Sie ihm zu? Es kann sein, daß Sie die Person mögen, die singt; sie mag ein hübsches Gesicht haben, und Sie folgen vielleicht dem Sinn der Worte. Aber hinter all dem hören Sie, wenn Sie einem Lied zuhören, die Klänge und die Stille zwischen den Klängen, nicht wahr? Versuchen Sie auf dieselbe Weise, sehr still zu sitzen, ohne hin und her zu rutschen, ohne Ihre Hände oder Ihre Zehen zu bewegen, und beobachten Sie nur Ihren Geist. Das macht viel Spaß. Falls Sie es als Spaß betrachten, als eine lustige Angelegenheit, werden Sie feststellen, daß der Geist anfängt, sich zu beruhigen, ohne irgendeine Anstrengung Ihrerseits, ihn zu kontrollieren. Es gibt dann keinen Zensor, keinen Richter, keinen Bewerter; und wenn der Geist auf diese Weise selbst ganz still geworden ist, spontan ruhig, werden Sie entdecken, was es heißt, fröhlich zu sein. Wissen Sie, was Fröhlichkeit ist? Es ist einfach – zu lachen, sich an etwas oder nichts zu freuen, Lebensfreude zu kennen, zu lächeln, jemand geradewegs und ohne Furcht ins Gesicht zu sehen.

Haben Sie jemals wirklich jemand ins Gesicht gesehen? Haben Sie jemals in das Gesicht Ihres Lehrers, Ihrer Eltern, des hohen Beamten, des Dienstboten, des armen Kulis geblickt und gesehen, was geschieht? Die meisten von uns fürchten sich davor, einem anderen direkt ins Gesicht zu schauen; und die anderen wollen auch selbst nicht so angesehen werden, weil auch sie Angst haben. Niemand will sich selbst bloßstellen; wir sind alle auf der Hut und verstecken uns hinter verschiedenen Schichten von Leiden, Kummer, Sehnsucht, Hoffnung – und es gibt nur sehr wenige, die Ihnen geradewegs ins Gesicht sehen und lächeln können. Und es ist sehr wichtig zu lächeln, glücklich zu sein, denn, wissen Sie, ohne ein Lied im Herzen wird das Leben sehr stumpfsinnig. Man mag von einem Tempel zum anderen gehen, von einem Mann oder einer Frau zur anderen, oder man mag einen neuen Lehrer oder Guru finden – wenn es aber nicht diese innere Freude gibt, hat das Leben nicht sehr viel Sinn. Und diese innere Freude zu finden ist nicht leicht.

Wissen Sie, was es bedeutet, unzufrieden zu sein? Es ist sehr schwierig, Unzufriedenheit zu verstehen, weil die meisten unter uns ihre Unzufriedenheit in eine bestimmte Richtung zwängen und sie damit ersticken. Unsere einzige Absicht ist also, uns selbst in einer sicheren Stellung mit gut gesicherten Vorteilen und mit Prestige zu etablieren, damit wir nicht gestört werden. So geht es auch zu Hause und in den Schulen zu. Die Lehrer wollen nicht gestört werden, und deshalb bleiben sie in ihrer alten Routine. Im Augenblick, in dem man wirklich unzufrieden ist und nachzuforschen und nachzufragen beginnt, müssen Störungen daraus entstehen. Aber nur durch wahre Unzufriedenheit gewinnt man Initiative.

Wissen Sie, was Initiative ist? Sie haben Initiative, wenn Sie etwas initiieren oder anfangen, ohne dazu aufgefordert worden zu sein. Es muß nichts sehr Großes oder Außergewöhnliches sein – das mag später kommen; aber der Funke der Initiative ist da, wenn Sie aus eigenem Antrieb einen Baum pflanzen, wenn Sie spontan freundlich sind, wenn Sie einem Mann zulächeln, der eine schwere Last trägt, wenn Sie einen Stein aus dem Weg räumen oder ein Tier am Weg streicheln. Das ist ein kleiner Anfang jener enormen Initiative, die Sie haben müssen, falls Sie diese ungewöhnliche Sache, die man schöpferische Tätigkeit nennt, erfahren wollen. Schöpferische Tätigkeit, Kreativität hat ihre Wurzeln in der Initiative, die nur dann entsteht, wenn es tiefe Unzufriedenheit gibt.

Fürchten Sie sich nicht vor Unzufriedenheit, sondern geben Sie ihr Nahrung, bis aus dem Funken eine Flamme wird und Sie fortwährend mit allem unzufrieden sind – mit Ihrer Arbeit, mit Ihrer Familie, mit dem traditionellen Streben nach Geld, Stellung, Macht – so daß Sie wirklich zu denken beginnen, zu entdecken. Aber während Sie älter werden, stellen Sie fest, daß es sehr schwierig ist, diesen Geist der Unzufriedenheit aufrechtzuerhalten. Sie haben Kinder, um die Sie sich kümmern müssen, und Sie müssen die Anforderungen Ihres Berufs beachten, die Meinungen Ihrer Nachbarn, die Ansichten der Gesellschaft, die Sie immer stärker umschließen, und bald fangen Sie an, diese brennende Flamme der Unzufriedenheit zu verlieren. Sobald Sie sich unzufrieden fühlen, stellen Sie das Radio an, gehen Sie zu einem Guru, verrichten Sie Rituale, werden Sie Mitglied in einem Klub, trinken Sie oder laufen Sie den Frauen nach – Sie tun irgendwas, nur um die Flamme zu ersticken. Aber sehen Sie, ohne diese Flamme der Unzufriedenheit werden Sie niemals den Antrieb haben, welcher der Anfang der Kreativität ist. Um herauszufinden, was wahr ist, müssen Sie gegen die etablierte Ordnung aufstehen; aber je mehr Geld Ihre Eltern haben und je sicherer Ihre Lehrer in ihrer Stellung sind, desto weniger wollen sie, daß Sie sich auflehnen.

Kreativität ist nicht nur eine Frage des Malens von Bildern oder des Schreibens von Gedichten, was etwas Gutes ist, aber für sich allein sehr wenig. Es ist vielmehr wichtig, ganz und gar unzufrieden zu sein, denn eine solche Unzufriedenheit ist der Beginn der Initiative, die schöpferisch wird, wenn sie weiter reift. Und das ist der einzige Weg, um herauszufinden, was Wahrheit ist, was Gott ist, denn der schöpferische Zustand ist Gott.

Man muß also diese totale Unzufriedenheit haben – aber zugleich voller Freude sein. Verstehen Sie? Man muß ganz und gar unzufrieden sein, ohne sich zu beschweren, vielmehr mit Freude, mit Fröhlichkeit, mit Liebe. Die meisten unzufriedenen Menschen sind entsetzliche Langweiler; sie beschweren sich ständig darüber, daß dieses oder jenes nicht recht ist, oder sie wünschen, daß sie in einer besseren Stellung wären, oder sie wollen, daß die Umstände andere wären, weil ihre Unzufriedenheit sehr oberflächlich ist. Und jene, die überhaupt nicht unzufrieden sind, sind schon tot.

Wenn Sie sich auflehnen können, während Sie jung sind und Sie ihre Unzufriedenheit auch mit fortschreitendem Alter in lebhafter Freude und großer Zuneigung lebendig halten können, dann wird diese Flamme der Unzufriedenheit eine außergewöhnliche Bedeutung erlangen, denn sie wird aufbauen, sie wird erschaffen, sie wird neue Dinge entstehen lassen. Dazu brauchen Sie die rechte Art von Bildung, die nicht die ist, welche Sie nur darauf vorbereitet, Arbeit zu bekommen oder die Erfolgsleiter hinaufzuklettern, sondern eine Bildung, die Ihnen denken hilft und Ihnen Raum gibt – Raum nicht in Gestalt eines größeren Schlafzimmers oder eines höheren Dachs, sondern Raum für das Wachsen Ihres Geistes, so daß er nicht durch irgendeinen Glauben oder irgendeine Angst gebunden ist.

*Frage:* Unzufriedenheit verhindert klares Denken. Wie können wir dieses Hindernis überwinden?

*Krishnamurti:* Ich denke nicht, daß Sie dem zugehört haben können, was ich sagte; wahrscheinlich haben Sie sich mit Ihrer Frage beschäftigt und sich darüber Gedanken gemacht, wie Sie sie stellen sollen. Das ist es, was Sie alle auf verschiedene Weise machen. Jeder hat eine Beschäftigung, und wenn das, was ich sage, nicht das ist, was Sie hören wollen, fegen Sie es zur Seite, weil Ihr Geist mit Ihrem eigenen Problem beschäftigt ist. Wenn der Fragende dem zugehört hätte, was gesagt worden ist, wenn er wirklich das innere Wesen von Unzufriedenheit, von Fröhlichkeit, von Kreativität gespürt hätte, glaube ich nicht, daß er diese Frage gestellt hätte.

Nun, verhindert Unzufriedenheit klares Denken? Und was ist klares Denken? Ist es möglich, sehr klar zu denken, wenn Sie einen Nutzen aus Ihren Gedanken ziehen wollen? Wenn sich Ihr Geist um ein Ergebnis sorgt, können Sie dann klar denken? Oder können Sie nur dann sehr klar denken, wenn Sie kein Ergebnis suchen, kein Resultat, und nicht auf Nutzen aus sind?

Und können Sie klar denken, wenn Sie ein Vorurteil, einen besonderen Glauben haben – wenn Sie sich also als Hindu, als

Kommunisten oder Christen betrachten? Sicherlich können Sie nur sehr klar denken, wenn Ihr Geist nicht an einen Glauben gebunden ist wie ein Affe an einen Pfahl. Sie können nur dann sehr klar denken, wenn Sie kein Ergebnis erwarten; Sie können sehr klar nur denken, wenn Sie keine Vorurteile haben – was alles in allem heißt, daß Sie nur dann klar, einfach und direkt denken können, wenn Ihr Geist nicht länger irgendeine Form von Sicherheit anstrebt und deshalb frei von Angst ist.

Also, in einer bestimmten Hinsicht verhindert Unzufriedenheit klares Denken. Wenn Sie durch Unzufriedenheit ein Ergebnis anstreben, oder wenn Sie versuchen, Unzufriedenheit zu ersticken, weil Ihr Gemüt es haßt, gestört zu werden und unter allen Umständen ruhig und friedlich sein möchte, dann ist klares Denken nicht möglich.

Aber wenn Sie dagegen mit allem unzufrieden sind – mit Ihren Vorurteilen, mit Ihrem Glauben, mit Ihren Ängsten – und kein Resultat anstreben, dann bringt gerade diese Unzufriedenheit Ihre Gedanken zur vollen Schärfe, nicht für irgendein besonderes Objekt oder irgendeine bestimmte Richtung, sondern Ihr gesamter Denkvorgang wird sehr einfach, direkt und klar.

Ob jung oder alt, die meisten von uns sind lediglich unzufrieden, weil sie etwas wollen – mehr Wissen, eine bessere Arbeit, ein schöneres Auto, ein höheres Gehalt. Unsere Unzufriedenheit geht auf unser Verlangen nach »mehr« zurück. Nur, weil wir mehr wollen, sind die meisten von uns unzufrieden. Aber über diese Art von Unzufriedenheit spreche ich nicht. Es ist dieser Wunsch nach »mehr«, welcher klares Denken verhindert. Wenn wir aber unzufrieden sind, nicht weil wir etwas wollen, sondern ohne zu wissen, was wir wollen – falls wir unzufrieden sind mit unserer Arbeit, mit dem Geldverdienen, mit dem Anstreben von Stellung und Macht, mit der Tradition, mit dem, was wir haben und was wir haben könnten – falls wir unzufrieden sind nicht mit etwas Speziellem, sondern mit allem, dann, denke ich, werden wir feststellen, daß unsere Unzufriedenheit Klarheit schafft. Wenn wir nicht annehmen oder befolgen, sondern in Frage stellen, untersuchen, in die Tiefe gehen, dann gibt es eine Einsicht, aus der Kreativität und Freude kommen.

*Frage:* Was ist Selbsterkenntnis, und wie können wir sie erlangen?

*Krishnamurti:* Sehen Sie die Einstellung hinter dieser Frage? Ich spreche nicht aus Mangel an Respekt vor dem Fragenden, lassen Sie uns jedoch die Mentalität ansehen, die fragt: »Wie kann ich es erhalten, für wieviel kann ich es kaufen? Was muß ich tun, welches Opfer muß ich bringen, welche Disziplin oder Meditation muß ich praktizieren, um es zu erlangen?« Es ist ein maschinenhafter, mittelmäßiger Geist, der sagt: »Ich werde dies tun, um jenes zu erhalten«. Die sogenannten religiösen Leute denken in solchen Kategorien, aber Selbsterkenntnis kann nicht auf diese Weise erreicht werden. Sie können sie nicht durch irgendeine Anstrengung oder Übung kaufen. Selbsterkenntnis kommt, wenn Sie sich selbst in Ihrer Beziehung zu andern Studenten und zu Ihren Lehrern, zu allen Leuten um Sie herum beobachten; sie kommt, wenn Sie das Verhalten eines anderen beobachten, seine Gesten, die Art, wie er seine Kleidung trägt, wie er spricht, seine Verachtung oder seine Komplimente und Ihre Reaktion; sie kommt, wenn Sie auf alles in Ihnen und um Sie herum achten und sich selbst sehen, als ob Sie Ihr Gesicht in einem Spiegel sehen. Wenn Sie in einen Spiegel schauen, sehen Sie sich, wie Sie sind, oder nicht? Sie mögen wünschen, daß Ihr Kopf eine andere Form hätte, mit einem bißchen mehr Haar, und daß Ihr Gesicht ein bißchen weniger häßlich wäre; aber die Realität ist da, klar im Spiegel reflektiert, und Sie können sie nicht zur Seite schieben und sagen: »Wie schön ich bin!«

Wenn Sie nun in den Spiegel der Beziehung genauso hineinblicken können wie in den gewöhnlichen Spiegel, dann hört Selbsterkenntnis nicht auf. Es ist, als ob man in einen unergründlichen Ozean blickt, der uferlos ist. Die meisten von uns wollen an ein Ziel kommen; wir möchten gern in der Lage sein zu sagen: »Ich habe Selbsterkenntnis erlangt und ich bin glücklich«; aber so ist es eben nicht. Falls Sie sich ansehen können, ohne zu verurteilen, was Sie sehen, ohne sich mit irgend jemand zu vergleichen, ohne schöner oder tugendhafter sein zu wollen – falls Sie einfach beobachten können, was Sie sind und sich darauf einlassen, werden Sie feststellen, daß es möglich ist, unend-

lich weit zu gehen. Dann gibt es kein Ende, kein Ziel der Reise –
und das ist das Geheimnis, darin liegt die Schönheit.

*Frage:* Was ist die Seele?

*Krishnamurti:* Unsere Kultur, unsere Zivilisation hat das Wort
»Seele« erfunden – wobei Zivilisation das kollektive Verlangen
und der Wille vieler Leute ist. Schauen Sie sich die indische Zivilisation an. Ist sie nicht das Ergebnis der Wünsche und des
Willens vieler Leute? Jegliche Zivilisation ist das Ergebnis dessen, was man den kollektiven Willen nennen kann; und der kollektive Wille hat in diesem Fall gesagt, daß es etwas mehr als
nur den physischen Körper geben muß, der stirbt und vergeht,
etwas viel Größeres, Umfassenderes, etwas Unzerstörbares,
Unsterbliches; deshalb hat er die Idee der Seele geschaffen. Ab
und an mag es ein oder zwei Leute gegeben haben, die selbst
etwas über diese außerordentliche Sache herausgefunden haben, die Unsterblichkeit genannt wird, einen Zustand, in dem
es keinen Tod gibt. Und dann haben alle mittelmäßigen Geister
gesagt: »Ja, das muß wahr sein, er muß recht haben«; und weil
sie unsterblich sein möchten, hängen sie sich an das Wort
»Seele«.

Auch Sie wollen wissen, ob es noch mehr als nur die physische Existenz gibt, oder nicht? Dieser endlose Kreislauf, in ein
Büro zu gehen, an etwas zu arbeiten, woran Sie kein vitales Interesse haben, zu streiten, neidisch zu sein, Kinder zu kriegen,
mit Ihrem Nachbarn zu schwatzen, sinnlose Worte hervorzubringen – Sie wollen wissen, ob es noch mehr gibt als nur dies.
Schon das Wort »Seele« verkörpert die Idee eines Zustands,
welcher unzerstörbar und zeitlos ist, nicht wahr? Aber, sehen
Sie, Sie finden nie selbst heraus, ob es einen solchen Zustand
gibt oder nicht. Sie sagen nicht: »Mich kümmert weder, was
Christus, Shankara oder sonst jemand gesagt hat, noch das Dik-
tat der Tradition, der sogenannten Zivilisation; ich werde für
mich selbst herausfinden, ob es einen solchen Zustand außerhalb des Rahmens der Zeit gibt oder nicht«. Sie lehnen sich
nicht auf gegen das, was die Zivilisation, der kollektive Wille
formuliert hat; im Gegenteil, Sie nehmen es an und sagen: »Ja,
es gibt eine Seele«. Sie interpretieren diese Formulierung so,

ein anderer anders, und dann spalten Sie sich ab und werden zu Feinden aufgrund Ihrer Glaubenskonflikte.

Der Mensch, der wirklich herausfinden möchte, ob es einen Zustand außerhalb des Rahmens der Zeit gibt oder nicht, muß von Zivilisation frei sein; das heißt, er muß vom kollektiven Willen frei sein und allein stehen. Und das ist ein wesentlicher Teil der Erziehung: zu lernen, auf eigenen Füßen zu stehen, so daß Sie weder vom Willen der vielen noch vom Willen eines einzelnen beherrscht werden und auf diese Weise fähig sind, selbst zu entdecken, was wahr ist.

Seien Sie von niemand abhängig. Ich oder sonstwer mag Ihnen erzählen, daß es einen zeitlosen Zustand gibt. Welchen Wert aber hat das für Sie? Wenn Sie hungrig sind, wollen Sie essen, und Sie wollen nicht lediglich mit Worten gefüttert werden. Es ist für Sie wichtig, selbst herauszufinden. Sie können sehen, daß alles um Sie herum sich auflöst, zerstört wird. Diese sogenannte Zivilisation wird nicht mehr länger vom kollektiven Willen zusammengehalten, sie zerbricht. Das Leben fordert Sie von Augenblick zu Augenblick heraus, und wenn Sie sich dieser Herausforderung nur aus alter Gewohnheit stellen, also beifällig reagieren, dann hat Ihre Reaktion keinen Wert. Sie können nur dann herausfinden, ob es einen zeitlosen Zustand gibt oder nicht – einen Zustand, in dem es keine Bewegung von »mehr« oder »weniger« gibt –, wenn Sie sagen: »Ich werde nichts übernehmen; ich werde untersuchen, erforschen«, was heißt, daß Sie keine Angst haben, allein zu stehen.

# Die Ganzheit des Lebens

Die meisten von uns halten an einem kleinen Teil des Lebens fest und denken, daß sie durch diesen Teil das Ganze entdecken werden. Wir hoffen, daß wir, ohne den Raum zu verlassen, die ganze Länge und Breite des Flusses erforschen und den Reichtum der grünen Wiesen entlang seiner Ufer wahrnehmen können. Wir leben in einem kleinen Raum, wir malen auf einer kleinen Leinwand und meinen, das Leben bei der Hand ergriffen zu haben oder die Bedeutung des Todes verstanden zu haben – aber das haben wir nicht. Um das zu tun, müssen wir nach draußen gehen. Und es ist außerordentlich schwierig, nach draußen zu gehen, den Raum mit seinen schmalen Fenstern zu verlassen und alles so zu sehen, wie es ist, ohne zu beurteilen, ohne zu verdammen, ohne zu sagen: »Dies mag ich, das nicht.« Denn die meisten von uns glauben, von einem Teil auf das Ganze schließen zu können. Aufgrund einer einzigen Speiche hoffen wir, das Rad zu verstehen, aber eine Speiche macht noch kein Rad aus. Es bedarf vieler Speichen und einer Nabe und einer Felge, um das »Rad« genannte Ding zu machen; und wir müssen das ganze Rad sehen, um es verstehen zu können. Auf dieselbe Weise müssen wir den gesamten Vorgang des Lebens wahrnehmen, falls wir Leben wirklich verstehen wollen.

Ich hoffe, Sie folgen all dem, weil Bildung dabei helfen sollte, die Ganzheit des Lebens zu verstehen, statt Sie nur darauf vorzubereiten, Arbeit zu bekommen und dann in der üblichen Weise weiterzumachen mit Ihrer Ehe, Ihren Kindern, Ihrer Versicherung, Ihren Ritualen und Ihren kleinen Göttern. Um aber auf die richtige Art zu erziehen, braucht man ein hohes Maß an Intelligenz und Einsicht. Und deshalb ist es auch für den Erzieher selbst so wichtig, erzogen zu werden, um den ganzen Lebensvorgang zu verstehen und Sie nicht lediglich nach irgendeinem alten oder neuen Programm zu unterrichten.

Leben ist ein außergewöhnliches Mysterium – kein Geheimnis wie in Büchern, nicht das Geheimnis, worüber Leute reden, sondern ein Mysterium, das man selbst entdecken muß. Und deshalb ist es von solcher Bedeutung, daß Sie das Kleine, das Enge, das Kleinliche verstehen und darüber hinausgehen.

Falls Sie nicht anfangen, Leben zu verstehen, solange Sie jung sind, werden Sie in einem entsetzlichen inneren Zustand aufwachsen; Sie werden innerlich dumpf und leer sein, obwohl Sie äußerlich Geld haben mögen, in teuren Autos fahren und sich aufspielen. Deshalb ist es so wichtig, Ihren kleinen Raum zu verlassen und die ganze Weite der Himmel wahrzunehmen. Das können Sie aber nicht tun, es sei denn, Sie haben Liebe – nicht körperliche Liebe oder göttliche Liebe, sondern nur Liebe, was heißt, die Vögel zu lieben, die Bäume, die Blumen, Ihre Lehrer, Ihre Eltern und, über Ihre Eltern hinaus, die Menschheit.

Wird es nicht eine große Tragödie sein, falls Sie nicht selbst entdecken, was es heißt zu lieben? Falls Sie Liebe jetzt nicht kennen, werden Sie sie niemals kennen, weil das, was Liebe genannt wird, später, wenn Sie älter werden, etwas sehr Häßliches wird – ein Besitz, eine Form von Handelsware, die man kauft und verkauft. Falls Sie aber jetzt beginnen, Liebe in Ihrem Herzen zu haben, falls Sie den Baum lieben, den Sie pflanzen, das herumstreunende Tier, das Sie streicheln, werden Sie nicht in Ihrem kleinen Raum mit seinen schmalen Fenstern bleiben, sondern Sie werden ihn verlassen und die Ganzheit des Lebens lieben.

Liebe ist etwas Reales, sie ist nicht emotional, nichts, worüber man weint, sie ist kein Gefühl. Liebe hat keinerlei Sentimentalität an sich. Und es ist eine sehr ernste und wichtige Sache, daß Sie Liebe kennen, während Sie jung sind. Vielleicht kennen Ihre Eltern und Lehrer Liebe nicht, und deshalb haben Sie eine schreckliche Welt geschaffen, eine Gesellschaft, die sich ständig im Krieg mit sich selbst und mit anderen Gesellschaften befindet. Ihre Religionen, ihre Philosophien und Ideologien sind alle falsch, weil sie keine Liebe haben. Sie nehmen nur einen Teil wahr; sie schauen aus einem schmalen Fenster, das einen angenehmen und weiten Blick haben mag; er umfaßt aber nicht die ganze Weite des Lebens. Ohne dieses Spüren intensiver Liebe können Sie niemals die Ganzheit wahrnehmen, und deshalb werden Sie sich immer schlecht fühlen; und am Ende Ihres Lebens werden Ihnen nichts als Trümmer bleiben und eine Menge leerer Worte.

*Frage:* Warum wollen wir berühmt sein?

*Krishnamurti:* Warum, glauben Sie, wollen Sie berühmt sein? Ich mag es erklären – werden Sie aber danach aufhören, berühmt sein zu wollen? Sie wollen berühmt sein, weil alle in dieser Gesellschaft um Sie herum berühmt sein wollen. Ihre Eltern, Ihre Lehrer, der Guru, der Yogi – sie alle wollen berühmt sein, weithin bekannt, und also wollen Sie es auch.

Lassen Sie uns dies gemeinsam zu Ende denken. Warum wollen Leute berühmt sein? Zuerst einmal ist es einträglich, berühmt zu sein, und es macht Ihnen viel Vergnügen, oder nicht? Wenn Sie überall in der Welt bekannt sind, fühlen Sie sich sehr bedeutend, es gibt Ihnen ein Gefühl von Unsterblichkeit. Sie wollen berühmt sein, Sie wollen bekannt sein, und man soll in der Welt über Sie sprechen, weil Sie innerlich ein Niemand sind. Innerlich gibt es keinen Reichtum, es gibt dort gar nichts; und deshalb wollen Sie in der Welt draußen bekannt sein. Falls Sie aber innerlich reich sind, dann macht es Ihnen nichts aus, ob Sie bekannt oder unbekannt sind.

Innerlich reich zu sein ist viel anstrengender, als äußerlich reich und berühmt zu sein. Es braucht viel mehr Sorgfalt, viel größere Achtsamkeit. Falls Sie ein kleines Talent haben und es zu nutzen wissen, werden Sie berühmt; innerer Reichtum ergibt sich aber nicht auf diese Weise. Um innerlich reich zu sein, muß der Geist die Dinge verstehen und aufgeben, die nicht wichtig sind, wie zum Beispiel berühmt sein zu wollen. Innerer Reichtum bedeutet, alleinzustehen; der Mensch jedoch, der berühmt sein möchte, hat Angst, auf eigenen Füßen zu stehen, weil er von den Komplimenten und der guten Meinung der Leute abhängt.

*Frage:* Als Sie jung waren, schrieben Sie ein Buch, in dem Sie sagten: »Dies sind nicht meine Worte, es sind die Worte meines Meisters.« Wie kommt es, daß Sie nun darauf bestehen, daß wir für uns selbst denken sollen? Und wer war Ihr Meister?

*Krishnamurti:* Eines der schwierigsten Dinge im Leben ist, nicht durch eine Idee gebunden zu sein; gebunden zu sein wird »beständig sein« genannt. Wenn Sie das Ideal der Gewaltlosigkeit haben, versuchen Sie, im Hinblick auf dieses Ideal beständig zu sein. Was der Fragesteller nun tatsächlich sagt, ist dies: »Sie sagen uns, wir sollen selber denken, was im Widerspruch zu dem steht, was Sie sagten, als Sie ein Junge waren. Warum sind Sie nicht beständig?«

Was heißt es, beständig zu sein? Das ist wirklich ein sehr wichtiger Punkt. Beständig zu sein besteht darin, einen Geist zu haben, der unveränderlich einem besonderen Denkmuster folgt – was bedeutet, daß Sie keine widersprüchlichen Dinge tun dürfen, etwa eine Sache heute und morgen das Gegenteil. Wir versuchen, herauszufinden, was ein beständiger Geist ist. Ein Geist, der sagt: »Ich habe ein Gelübde abgelegt, etwas zu sein, und ich werde das für den Rest meines Lebens sein«, wird »beständig« genannt; aber in Wahrheit ist er höchst stupide, weil er zu einem Schluß gekommen ist und danach lebt. Es ist, als ob ein Mensch eine Mauer um sich herum baut und das Leben vorbeifließen läßt.

Dies ist ein sehr komplexes Problem; vielleicht vereinfache ich es zu sehr, ich glaube aber nicht. Wenn der Geist nur beständig ist, wird er mechanisch und verliert die Vitalität, den Glanz, die Schönheit der freien Bewegung. Er funktioniert innerhalb eines Musters. Das ist der eine Teil der Frage.

Der andere ist: wer ist der Meister? Sie kennen den tieferen Sinn dieser ganzen Frage nicht. Aber das macht nichts. Sehen Sie, ich habe ein bestimmtes Buch geschrieben, als ich ein Junge war, und dieser Herr hat aus diesem Buch ein Zitat gebracht, das besagt, ein Meister habe geholfen, es zu schreiben. Nun gibt es Gruppen, wie die Theosophen, die glauben, daß Meister in entlegenen Gegenden des Himalaya leben, welche die Welt führen und ihr helfen; und dieser Herr möchte wissen, wer der Meister ist. Hören Sie aufmerksam zu, weil es auch Sie betrifft.

Bedeutet es sehr viel, wer ein Meister oder ein Guru ist? Worauf es ankommt, ist das Leben – nicht Ihr Guru, nicht ein Meister oder Führer oder Lehrer, der das Leben für Sie interpretiert. Sie sind es, der das Leben verstehen muß; Sie sind es, der leidet und sich in Not befindet; Sie sind es, der den Sinn von

Tod, Geburt, Meditation, Kummer erkennen will, und niemand kann Ihnen das verständlich machen. Andere können Erklärungen geben, aber diese Erklärungen sind vielleicht völlig unwahr, ganz und gar falsch.

Es ist also gut, skeptisch zu sein, weil Ihnen das eine Chance gibt, selbst herauszufinden, ob Sie überhaupt einen Guru brauchen. Es ist wichtig, sich selbst ein Licht zu sein, sein eigener Meister und Anhänger zu sein, sowohl Lehrer als auch Schüler zu sein. Solange Sie lernen, gibt es keine Lehrer. Nur wenn Sie aufgehört haben, den ganzen Vorgang des Lebens zu erforschen, zu entdecken, zu verstehen, kommt der Lehrer zum Vorschein – und solch ein Lehrer hat keinen Wert. Dann sind Sie tot, und deshalb ist Ihr Lehrer auch tot.

*Frage:* Warum ist der Mensch stolz?

*Krishnamurti:* Sind Sie nicht stolz, wenn Sie eine schöne Handschrift haben, oder wenn Sie ein Spiel gewinnen oder irgendeine Prüfung bestehen? Haben Sie jemals ein Gedicht geschrieben oder ein Bild gemalt und es dann einem Freund gezeigt? Wenn Ihr Freund sagt, daß es ein hübsches Gedicht oder ein herrliches Bild ist, fühlen Sie sich nicht sehr erfreut? Wenn Sie etwas getan haben, das irgend jemand exzellent nennt, spüren Sie ein Gefühl von Freude, und das ist in Ordnung, das ist schön; aber was passiert beim nächsten Mal, wenn Sie ein Bild malen oder ein Gedicht schreiben oder ein Zimmer aufräumen? Sie erwarten, daß jemand kommt und sagt, was für ein prachtvoller Bursche Sie sind; und wenn niemand kommt, bemühen Sie sich nicht weiter ums Malen, Schreiben oder Aufräumen. So werden Sie vom Vergnügen abhängig, das Ihnen andere durch ihre Zustimmung verschaffen. So einfach ist das. Und was geschieht dann? Wenn Sie älter werden, wollen Sie ihre Arbeit von vielen Menschen anerkannt wissen. Vielleicht sagen Sie: »Ich werde diese Sache für meinen Guru tun, für mein Land, für die Menschheit, für Gott«, aber Sie tun sie in Wirklichkeit, um Anerkennung zu gewinnen, woraus Stolz erwächst. Und wenn Sie irgendeine Sache auf diese Weise tun, ist sie nicht wert, getan zu werden. Ich frage mich, ob Sie das alles verstehen?

Um etwas wie Stolz zu verstehen, müssen Sie fähig sein, zu Ende zu denken; Sie müssen sehen, wie er beginnt und in welcher Katastrophe er endet; Sie müssen ihn in seiner Gesamtheit sehen, was heißt, daß Sie so lebhaft daran interessiert sein müssen, daß Ihr Verstand bis zum Ende geht und nicht auf halbem Weg anhält. Wenn Sie an einem Spiel wirklich Interesse haben, spielen Sie es zu Ende. Sie hören nicht plötzlich mittendrin auf und gehen nach Hause. Aber Ihr Verstand ist an diese Art zu denken nicht gewöhnt, und es gehört zur Erziehung, Ihnen zu helfen, den ganzen Prozeß des Lebens zu erkunden und nicht nur ein paar Fächer zu studieren.

*Frage:* Als Kinder wird uns gesagt, was schön ist und was häßlich ist, mit dem Ergebnis, daß wir durch das ganze Leben gehen und wiederholen: »Das ist schön, das ist häßlich.« Wie soll man erkennen, was wahre Schönheit und was Häßlichkeit ist?

*Krishnamurti.* Nehmen wir an, Sie sagen, daß ein bestimmter Bogen schön sei, und jemand anderes sagt, er sei häßlich. Was ist jetzt wichtig: über die gegensätzlichen Ansichten zu streiten, ob etwas schön oder häßlich sei, oder sowohl für Schönheit als auch für Häßlichkeit empfänglich zu sein? Im Leben gibt es Schmutz, Dreck, Erniedrigung, Kummer, Tränen, und es gibt auch Freude, Lachen, die Schönheit einer Blume im Sonnenlicht. Worauf es sicherlich ankommt, ist, empfindsam für alles zu sein und nicht lediglich zu entscheiden, was schön und was häßlich ist, und dann bei der Meinung zu bleiben. Wenn ich sage: »Ich werde Schönheit kultivieren und alle Häßlichkeit zurückweisen«, was geschieht dann? Die Kultivierung der Schönheit führt dann zur Empfindungslosigkeit. Es ist, als ob ein Mann seinen rechten Arm entwickelt und sehr stark macht, aber seinen linken Arm vernachlässigt. Sie müssen also sowohl für Häßlichkeit als auch für Schönheit aufgeschlossen sein. Sie müssen die tanzenden Blätter sehen, das unter der Brücke fließende Wasser, die Schönheit des Abends, und Sie müssen auch den Bettler auf der Straße beachten; Sie müssen die arme Frau sehen, die sich mit einer schweren Last abmüht, und bereit sein, ihr zu helfen, ihr eine Hand zu reichen. All das ist notwendig, und nur, wenn Sie diese Empfindsamkeit gegenüber allem haben, können Sie anfangen zu arbeiten, zu helfen und werden nichts zurückweisen oder verurteilen.

*Frage:* Entschuldigen Sie bitte, aber Sie haben nicht gesagt, wer Ihr Meister war.

*Krishnamurti:* Spielt das eine große Rolle? Verbrennen Sie das Buch, werfen Sie es fort. Wenn Sie etwas so Trivialem Bedeutung geben wie, wer der Meister ist, machen Sie die Ganzheit der Existenz zu einer sehr kleinlichen Affäre. Sehen Sie, wir wollen immer wissen, wer der Meister ist, wer ein gebildeter Mensch ist, wer der Künstler ist, der das Bild gemalt hat. Wir wollen den Gehalt des Bildes niemals aus uns selbst heraus entdecken, ohne die Identität des Künstlers zu berücksichtigen. Nur wenn Sie wissen, wer der Dichter ist, sagen Sie, das Gedicht ist wunderschön. Das ist Snobismus, die bloße Wiederholung einer Meinung, und es zerstört Ihren inneren Sinn für das Wirkliche an der Sache. Wenn Sie wahrnehmen, daß ein Bild schön ist und Sie sehr dankbar dafür sind, macht es dann wirklich etwas aus, wer es gemalt hat? Wenn Ihr ganzes Interesse darin liegt, den Gehalt, die Wahrheit eines Bildes herauszufinden, dann teilt Ihnen das Bild seine Bedeutung mit.

# Ehrgeiz

Wir haben besprochen, wie wesentlich es ist, Liebe in sich zu haben, und wir sahen, daß man sie nicht erwerben oder kaufen kann. Und doch haben ohne Liebe alle unsere Pläne für eine vollkommene soziale Ordnung, in welcher es keine Ausbeutung, keine Reglementierung gibt, überhaupt keinen Sinn. Ich denke, es ist sehr wichtig, das zu begreifen, während wir jung sind.

Wohin man in der Welt auch geht, man stellt fest, daß sich die Gesellschaft in einem ständigen Konfliktzustand befindet. Es gibt immer die Mächtigen, die Reichen, die Wohlhabenden auf der einen Seite, und die Arbeiter auf der anderen; und jeder konkurriert voller Neid, jeder möchte eine höhere Stellung, ein größeres Gehalt, mehr Macht, ein größeres Prestige. Das ist der Zustand der Welt, und es gibt immerzu Krieg, sowohl innen wie außen.

Wenn Sie und ich nun eine vollständige Revolution in der Sozialordnung bewirken wollen, müssen wir zuerst diesen Machtinstinkt verstehen. Die meisten von uns wollen Macht in der einen oder anderen Form. Wir sehen, daß wir durch Reichtum und Macht in der Lage sein werden zu reisen, mit wichtigen Leuten zu verkehren und berühmt zu werden; oder wir träumen davon, eine vollkommene Gesellschaft zu schaffen. Wir glauben, daß wir das, was gut ist, durch Macht erreichen werden; aber bereits das Streben nach Macht – Macht für uns selbst, Macht für unser Land, Macht für eine Ideologie – ist böse und zerstörerisch, weil dies unweigerlich Gegenkräfte schafft und damit immer Konflikte.

Ist es dann nicht richtig, daß Erziehung Ihnen in Ihrer Jugend helfen sollte zu begreifen, wie wichtig es ist, eine Welt ohne innere und äußere Konflikte zu schaffen, eine Welt, in der Sie keine Konflikte mit Ihrem Nachbarn oder irgendeiner Gruppe haben, weil der Antrieb durch Ehrgeiz, das Verlangen nach Stellung und Macht, vollständig aufgehört hat? Und ist es möglich, eine Gesellschaft zu schaffen, in welcher es weder innere noch äußere Konflikte gibt? Gesellschaft beruht auf der Beziehung zwischen Ihnen und mir; und wenn unsere Beziehung auf Ehrgeiz beruht und jeder von uns mächtiger als der andere sein möchte, dann werden wir offensichtlich immer in Konflikt geraten. Kann diese Ursache des Konflikts also beseitigt werden? Können wir uns selbst dazu erziehen, nicht zu konkurrieren, uns nicht mit einem anderen zu vergleichen, und auch nicht diese oder jene Stellung zu wollen – mit einem Wort: überhaupt nicht ehrgeizig zu sein?

Wenn Sie außerhalb der Schule Ihre Eltern begleiten, wenn Sie die Zeitungen lesen oder mit Leuten reden, müssen Sie bemerkt haben, daß fast jeder die Welt verändern möchte. Und haben Sie auch bemerkt, daß genau dieselben Leute immer wegen irgend etwas Auseinandersetzungen haben – sei es wegen Ideen, Besitz, Rasse, Kaste oder Religion? Ihre Eltern, Ihre Nachbarn, die Minister und Beamten – sind sie nicht alle ehrgeizig, kämpfen sie nicht um eine bessere Stellung und geraten deshalb ständig mit irgend jemand in Konflikt? Sicherlich wird es erst dann, wenn dies gesamte Wettbewerbsdenken beseitigt ist, eine friedliche Gesellschaft geben, in der wir alle glücklich und kreativ leben können.

Wie kann es nun dazu kommen? Kann eine Regelung, Gesetzgebung oder ein geistiges Training gegen Ehrgeiz den Ehrgeiz beseitigen? Äußerlich mögen Sie geübt sein, keinen Ehrgeiz zu zeigen, gesellschaftlich hören Sie vielleicht auf, mit anderen zu konkurrieren – aber innerlich werden Sie immer noch ehrgeizig sein, nicht wahr? Und ist es möglich, diesen Ehrgeiz, der Menschen soviel Not bringt, vollständig auszurotten? Wahrscheinlich haben Sie darüber noch nicht nachgedacht, weil niemand so zu Ihnen gesprochen hat; aber jetzt, da jemand mit Ihnen darüber spricht, wollen Sie jetzt nicht herausfinden, ob es möglich ist, in dieser Welt reich, erfüllt, glücklich und kreativ zu leben, ohne den zerstörerischen Trieb des Ehrgeizes, ohne Konkurrenzdenken? Wollen Sie nicht wissen, wie man lebt, ohne daß Ihr Leben einen anderen zerstört oder einen Schatten auf seinen Weg wirft?

Sehen Sie, wir meinen, dies sei ein utopischer Traum, der

niemals verwirklicht werden könne; ich spreche aber nicht über Utopia, das wäre unsinnig. Können Sie und ich, die wir einfache, normale Leute sind, kreativ in dieser Welt leben, ohne vom Ehrgeiz getrieben zu sein, der sich in unterschiedlicher Weise als Verlangen nach Macht und Stellung zeigt? Sie werden die rechte Antwort finden, wenn Sie lieben, was Sie tun. Wenn Sie ein Ingenieur nur deshalb sind, weil Sie Ihren Lebensunterhalt verdienen müssen oder weil Ihr Vater oder die Gesellschaft das von Ihnen erwartet, dann ist das eine andere Form von Zwang, und Zwang – gleich in welcher Form – schafft Gegensätze und Konflikte. Wenn Sie aber wirklich sehr gern Ingenieur oder Wissenschaftler sind, oder wenn Sie einen Baum pflanzen oder ein Bild malen oder ein Gedicht schreiben können, nicht um Anerkennung zu erlangen, sondern nur weil Sie es sehr gerne tun, dann werden Sie feststellen, daß Sie nie mit jemand im Wettbewerb stehen. Ich denke, dies ist der wahre Schlüssel: zu lieben, was Sie tun.

Aber solange Sie jung sind, ist es oft sehr schwierig zu wissen, was Sie gern möchten, weil Sie so vieles tun wollen. Sie möchten ein Ingenieur sein, ein Lokführer, ein Flugzeugpilot, der durch den blauen Himmel düst, oder vielleicht wollen Sie ein berühmter Redner oder ein Politiker sein. Sie mögen ein Künstler werden wollen, ein Chemiker, ein Dichter oder ein Zimmermann. Vielleicht wollen Sie mit Ihrem Kopf arbeiten oder etwas mit Ihren Händen tun. Ist etwas dabei, was Sie wirklich sehr gerne tun, oder ist Ihr Interesse daran lediglich eine Folge des sozialen Drucks? Wie können Sie das herausfinden? Und ist es nicht der eigentliche Zweck der Erziehung, Ihnen dabei zu *helfen*, so daß Sie, während Sie heranwachsen, sich mit Leib und Seele zunehmend dem widmen können, was Sie wirklich tun möchten?

Herauszufinden, was Sie zu tun lieben, erfordert ein hohes Maß an Intelligenz. Wenn Sie sich davor fürchten, unfähig zu sein, Ihren Lebensunterhalt zu verdienen, oder davor, nicht in diese verdorbene Gesellschaft zu passen, dann werden Sie es nie herausfinden. Falls Sie aber nicht eingeschüchtert sind, falls Sie sich weigern, sich von Ihren Eltern, von Ihren Lehrern, von den oberflächlichen Forderungen der Gesellschaft auf den Trampelpfad der Tradition stoßen zu lassen, dann haben Sie die

Möglichkeit zu entdecken, was Sie wirklich liebend gerne tun möchten. Um das zu entdecken, darf man also keine Überlebensangst haben.

Aber die meisten von uns haben Angst um ihr Überleben. Wir sagen: »Was wird mit mir geschehen, wenn ich nicht so handle, wie es meine Eltern sagen, wenn ich mich nicht der Gesellschaft anpasse?« Verängstigt tun wir, was angeraten wird, und darin liegt keine Liebe, darin liegt nur Widerspruch. Und dieser innere Widerspruch ist einer der Faktoren, der zerstörerischen Ehrgeiz hervorbringt.

Es ist also eine entscheidende Aufgabe der Erziehung, Ihnen zu helfen, herauszufinden, was Sie wirklich liebend gerne tun, damit Sie sich dem von ganzen Herzen widmen können, denn das gibt Ihnen menschliche Würde und läßt Mittelmäßigkeit und Kleinbürgermentalität hinter sich. Deshalb ist es so wichtig, die richtigen Lehrer zu haben, die richtige Atmosphäre, damit Sie mit einer Liebe aufwachsen, die sich direkt durch Handeln ausdrückt. Ohne diese Liebe sind Ihre Prüfungen, Ihr Wissen, Ihre Fähigkeiten, Ihre Stellung und Ihr Besitz nur Staub und ohne jede Bedeutung; ohne diese Liebe werden Ihre Handlungen mehr Kriege, mehr Haß, mehr Unglück und mehr Zerstörung bewirken.

Das alles mag euch, die ihr äußerlich noch sehr jung seid, nichts sagen, aber ich hoffe, es wird etwas für eure Lehrer bedeuten – und auch für euch, irgendwo innen.


*Frage:* Warum fühlen Sie sich schüchtern?

*Krishnamurti:* Wissen Sie, anonym zu sein ist etwas Außergewöhnliches im Leben – nicht berühmt oder bedeutend zu sein, nicht sehr gebildet, kein ungeheurer Reformer oder Revolutionär, einfach ein Niemand zu sein. Und wenn man sich wirklich so fühlt und man plötzlich von einer Menge neugieriger Leute umgeben wird, führt das zur Neigung, sich zurückzuziehen. Das ist alles.


*Frage:* Wie können wir die Wahrheit in unserem Alltagsleben erfahren?

*Krishnamurti:* Sie meinen, daß Wahrheit eine Sache ist und Ihr tägliches Leben eine andere, und in Ihrem täglichen Leben wollen Sie das erfahren, was Sie Wahrheit nennen. Aber ist Wahrheit vom Alltag getrennt? Wenn Sie erwachsen sind, werden sie Ihren Lebensunterhalt verdienen müssen, nicht wahr? Schließlich machen Sie deshalb Ihre Prüfungen, um sich darauf vorzubereiten, Ihren Lebensunterhalt zu verdienen. Aber vielen Leuten ist es gleich, auf welchem Gebiet sie arbeiten, solange sie etwas Geld verdienen. Solange sie Arbeit bekommen, macht es ihnen nichts aus, ob sie Soldat, Polizist, Rechtsanwalt oder irgendein gerissener Geschäftsmann sind.

Nun, es ist wichtig herauszufinden, wie man wahrhaft ehrlich für seinen Lebensunterhalt sorgt, denn Wahrheit ist in Ihrem Leben, nicht außerhalb davon. Wie Sie sprechen, was Sie sagen, wie Sie lächeln, ob Sie betrügen, den Leuten nach dem Munde reden – all das ist die Wahrheit in Ihrem täglichen Leben. Müssen Sie nicht sehen, was dieser Beruf in Wahrheit ist, bevor Sie Soldat, Polizist, Rechtsanwalt oder ein cleverer Geschäftsmann werden? Wenn Sie nicht die Wahrheit dessen sehen, was Sie tun, und von der Wahrheit geleitet werden, wird Ihr Leben mit Sicherheit ein schreckliches Durcheinander.

Lassen Sie uns die Frage betrachten, ob Sie Soldat werden sollten, weil die anderen Berufe ein bißchen komplexer sind. Einmal abgesehen von Propaganda und dem, was andere Leute sagen, was ist die Wahrheit über den Beruf eines Soldaten? Wenn ein Mann Soldat wird, heißt das, er muß kämpfen, um sein Land zu schützen, er muß seinen Verstand disziplinieren, um nicht zu denken, sondern zu gehorchen. Er muß darauf vorbereitet sein, zu töten oder getötet zu werden – wofür? Für eine Idee, welche gewisse Leute, große oder beschränkte, als die richtige bezeichnet haben. Sie werden also Soldat, um sich selbst zu opfern und andere zu töten. Ist das ein rechter Beruf? Fragen Sie niemand anders, sondern stellen Sie selbst fest, wie die Wahrheit aussieht. Es wird Ihnen befohlen, im Namen einer wunderbaren zukünftigen Utopie zu töten – als ob der Mann, der es Ihnen befiehlt, die ganze Zukunft kennen würde! Glauben Sie, daß Töten ein rechter Beruf ist, sei es für Ihr Land oder für irgendeine organisierte Religion? Ist Töten überhaupt jemals richtig?

Wenn Sie also die Wahrheit in diesem vitalen Vorgang entdecken wollen, der Ihr Leben ist, müssen Sie in all diese Dinge tief eindringen; Sie müssen mit dem ganzen Herzen dabei sein. Sie werden unabhängig, klar, ohne Vorurteil denken müssen, denn Wahrheit ist nicht außerhalb des Lebens, sie ist in jeder Bewegung Ihres Alltags.

*Frage:* Helfen uns nicht Bildnisse, Meister und Heilige dabei, richtig zu meditieren?

*Krishnamurti:* Wissen Sie, was richtige Meditation ist? Wollen Sie nicht selbst die Wahrheit darüber entdecken? Und werden Sie diese Wahrheit jemals entdecken, wenn Sie von »Experten« übernehmen, was »richtige« Meditation ist? Das ist eine ungeheure Frage. Um die Kunst der Meditation zu entdecken, müssen Sie die ganze Tiefe und Weite dieses außergewöhnlichen Vorgangs erkennen, den man Denken nennt. Falls Sie irgendeinen Experten akzeptieren, der sagt, »Meditiere auf diese Weise«, sind Sie nur ein Anhänger, der blinde Diener eines Systems oder einer Idee. Sie akzeptieren Autorität, weil Sie hoffen, ein Ergebnis zu erlangen, und das ist nicht Meditation.

*Frage:* Was sind die Pflichten eines Schülers oder Studenten?

*Krishnamurti:* Was bedeutet das Wort »Pflicht«? Pflicht wem gegenüber? Pflicht gegenüber Ihrem Land nach dem Willen eines Politikers? Pflicht gegenüber Ihrem Vater und Ihrer Mutter nach deren Wünschen? Sie werden Ihnen sagen, es sei Ihre Pflicht, sich so zu verhalten, wie sie es Ihnen vorschreiben; und was sie Ihnen vorschreiben, ist bedingt durch ihren Hintergrund, ihre Tradition und so weiter. Und was sind Schüler? Sind es Jungen oder Mädchen, die zur Schule gehen und einige Bücher lesen, um irgendwelche Prüfungen zu bestehen? Oder lernt nur, wer immer lernt und für den es deshalb nie ein Ende des Lernens gibt? Sicher lernt nicht wirklich, wer nur über ein Thema etwas liest, eine Prüfung besteht und das Thema dann fallen läßt. Der echte Schüler studiert, lernt, fragt nach, erforscht, nicht nur bis er zwanzig oder fünfundzwanzig ist, sondern während des gesamten Lebens.

Ein Student zu sein heißt, immer zu lernen, und solange Sie lernen, gibt es keinen Lehrer, nicht wahr? In dem Moment, in dem Sie wirklich lernen, gibt es keinen besonderen Menschen, der Sie unterrichtet, weil Sie von allem lernen. Das Blatt, das vom Wind fortgetrieben wird, das Murmeln des Wassers am Flußufer, der Flug eines Vogels hoch in der Luft, der mit einer schweren Last vorübergehende Arme, die Leute, die alles über das Leben zu wissen glauben – Sie lernen von allem, deshalb gibt es keinen Lehrer und Sie sind kein Anhänger.

Die Pflicht des Schülers besteht also nur darin zu lernen. In Spanien gab es einen berühmten Maler namens Goya. Er war einer der größten, und als er ein sehr alter Mann war, schrieb er unter eines seiner Bilder: »Ich lerne noch.« Sie können aus Büchern lernen, aber das führt Sie nicht sehr weit. Ein Buch kann Ihnen nur das geben, was der Autor zu erzählen weiß. Das Wissen jedoch, das durch Selbsterkenntnis kommt, hat keine Grenzen, denn durch unsere eigene Selbsterkenntnis zu lernen heißt zu wissen, wie wir zuhören, wie wir beobachten. Und deshalb lernen Sie von allem: von Musik, von dem, was Leute sagen und wie sie es sagen, von Ärger, Gier und Ehrgeiz.

Die Erde gehört *uns allen*, nicht den Kommunisten, den Sozialisten oder den Kapitalisten; sie ist Ihre und meine – damit wir auf ihr glücklich, erfüllt und ohne Konflikt leben. Aber dieser Reichtum des Lebens, dieses Glück, dieses Gefühl: »Diese Erde gehört uns allen« kann nicht durch Zwang, durch Gesetze hervorgebracht werden. Es muß von innen kommen, weil wir die Erde und alles auf ihr lieben, und das ist der Zustand des Lernens.

*Frage:* Was ist der Unterschied zwischen Respekt und Liebe?

*Krishnamurti:* Sie können »Respekt« und »Liebe« in einem Lexikon nachschlagen und die Antwort finden. Ist es das, was Sie wissen möchten? Möchten Sie die oberflächliche Bedeutung dieser Worte wissen oder den Sinn dahinter?

Wenn ein prominenter Mensch vorbei kommt, ein Minister oder ein Gouverneur, haben Sie beobachtet, wie alle ihn begrüßen? Sie nennen das Respekt, nicht wahr? Aber solcher Respekt ist unecht, weil dahinter Angst und Habgier steckt. Sie wollen irgend etwas von dem armen Teufel, also legen Sie ihm eine Blumengirlande um den Hals. Das ist kein Respekt, das ist nur die Münze, mit der Sie auf dem Markt kaufen und verkaufen. Sie empfinden keine Respekt vor Ihrem Diener oder dem Dorfbewohner, sondern nur vor dem, von dem Sie sich etwas erhoffen. Diese Art von Respekt ist in Wirklichkeit Angst. Sie ist überhaupt kein Respekt, sie hat keine Bedeutung. Falls Sie aber wirklich Liebe in Ihrem Herzen haben, dann sind für Sie der Gouverneur, der Lehrer, Ihr Diener und der Dorfbewohner alle gleich; dann haben Sie Respekt, ein Gefühl für sie alle, weil Liebe nichts zurückerwartet.

# Geordnetes Denken

Haben Sie neben so vielen anderen Dingen im Leben einmal überlegt, warum die meisten von uns ziemlich nachlässig sind, nachlässig bei unserer Kleidung, in unseren Gedanken, in der Art, wie wir Dinge tun? Warum sind wir unpünktlich und so unbedacht gegenüber anderen? Und was schafft in allem Ordnung: in unserer Kleidung, in unseren Gedanken, in unserer Sprache, in unserer Art zu gehen, in unserer Umgangsform mit jenen, die weniger Glück haben als wir? Was bringt jene eigentümliche Ordnung hervor, die ohne Zwang entsteht, ungeplant, ohne ausdrückliche Überlegung? Haben Sie das jemals bedacht? Wissen Sie, was ich mit Ordnung meine? Es bedeutet, ohne Zwang stillzusitzen, ohne Eile harmonisch zu essen, entspannt zu sein und doch genau, klar im Denken zu sein und doch offen. Wie kommt es zu dieser Ordnung im Leben? Das ist ein wirklich wichtiger Punkt, und ich denke, wenn wir dazu ausgebildet würden zu entdecken, welcher Faktor Ordnung hervorbringt, wäre dies von großer Bedeutung.

Sicherlich entsteht Ordnung nur durch Tugend; denn wenn Sie nicht tugendhaft sind – nicht nur in den kleinen Dingen, sondern in allem – wird Ihr Leben chaotisch, oder nicht? Tugendhaft zu sein hat, nur für sich genommen, sehr wenig Bedeutung; weil Sie aber tugendhaft sind, gibt es Genauigkeit in Ihrem Denken, Ordnung in Ihrem ganzen Wesen, und das ist die Funktion von Tugend.

Aber was geschieht, wenn ein Mensch versucht, tugendhaft zu *werden*, wenn er sich selbst diszipliniert, um freundlich, effizient, umsichtig, rücksichtsvoll zu sein, wenn er sich darum bemüht, Leute nicht zu verletzen, wenn er seine Energie beim Versuch, Ordnung zu schaffen oder bei der Anstrengung, gut zu sein, verbraucht? Seine Anstrengungen machen ihn konventionell, so daß sein Geist mittelmäßig wird; deshalb hat er keine Tugend.

Haben Sie jemals eine Blume ganz aus der Nähe betrachtet? Wie erstaunlich präzise sie ist mit all ihren Blütenblättern, und doch umgibt sie gleichzeitig außergewöhnliche Zartheit, Duft, Lieblichkeit. Wenn ein Mensch sich nun darum *bemüht*, ordentlich zu sein, mag sein Leben sehr präzise geregelt sein; es hat aber die Qualität der Sanftheit verloren, die nur dann entsteht, wenn es – wie bei der Blume – keine Anstrengung gibt. Unsere Schwierigkeit liegt also darin, präzise, klar und weit offen zu sein ohne Anstrengung.

Sehen Sie, *die Anstrengung*, ordentlich oder sauber zu sein, hat einen solch einengenden Einfluß. Wenn ich mich bewußt darum bemühe, ein aufgeräumtes Zimmer zu haben, wenn ich darauf achte, alles an seinen Platz zu stellen, wenn ich mich immer kontrolliere, darauf achte, wohin ich meine Füße setze und so weiter, was passiert dann? Ich werde zu einem unerträglichen Langweiler für mich selbst und andere. Eine Person, die immer versucht, etwas zu sein, deren Gedanken sehr sorgfältig arrangiert sind, die bewußt einen Gedanken einem anderen vorzieht, geht einem ziemlich auf die Nerven. Eine solche Person mag sehr sauber sein, makellos, ihre Worte vielleicht genau wählen, mag sehr aufmerksam und bedacht sein; sie hat aber die schöpferische Lebensfreude verloren.

Worin liegt also das Problem? Wie kann man diese kreative Lebensfreude haben, offen in seinen Gefühlen sein, aufgeschlossen im Denken, und doch präzise, klar und ordentlich im Leben? Ich denke, die meisten von uns sind nicht so, weil wir nie etwas intensiv spüren, nie tun wir etwas aus ganzem Herzen. Ich erinnere mich, einmal zwei rote Eichhörnchen beobachtet zu haben, mit langen buschigen Schwänzen und einem wunderschönen Fell, wie sie sich ungefähr zehn Minuten lang gegenseitig einen hohen Baum rauf und runter jagten – nur aus Lebensfreude. Sie und ich können diese Freude aber nicht kennen, wenn wir nicht Dinge tief erspüren, wenn es in unserem Leben keine Leidenschaft gibt – Leidenschaft nicht, um Gutes zu tun oder irgendeine Reform durchzusetzen, sondern die Leidenschaft im Sinne sehr starker Empfindung; und wir können diese vitale Leidenschaft nur dann haben, wenn es in unserem Denken, in unserem ganzen Sein, eine totale Revolution gibt.

Haben Sie bemerkt, wie wenige von uns überhaupt etwas tief

empfinden? Lehnen Sie sich je gegen Ihre Lehrer auf, gegen Ihre Eltern, nicht einfach, weil Sie etwas nicht mögen, sondern weil Sie das tiefe, intensive Gefühl haben, daß Sie bestimmte Dinge nicht tun wollen? Falls Sie etwas tief und intensiv spüren, werden Sie feststellen, daß gerade dieses Gefühl auf seltsame Weise neue Ordnung in Ihr Leben bringt.

Ordentlichkeit, Sauberkeit, Klarheit im Denken sind nicht um ihrer selbst willen sehr wichtig, sondern werden wichtig für einen Menschen, der empfindsam ist, der tief fühlt, der sich in einem Zustand ständiger innerer Umwälzung befindet. Wenn Sie sich in das Los eines armen Menschen ganz hineinversetzen, eines Bettlers, dessen Gesicht der Staub bedeckt, wenn das Auto des Reichen vorüberfährt, wenn Sie außergewöhnlich empfänglich, allem gegenüber höchst aufgeschlossen sind, dann bringt genau diese Sensibilität Ordentlichkeit und Tugend mit sich. Ich denke, daß es sowohl für den Erzieher wie für den Studenten wichtig ist, das zu verstehen.

In diesem Land, wie überall auf der Welt, sind wir so gleichgültig, nehmen wir unglücklicherweise an nichts tiefen Anteil. Die meisten von uns sind Intellektuelle – Intellektuelle im oberflächlichen Sinn von Besserwisserei, voller Worte und Theorien darüber, was richtig und was falsch ist, wie wir denken sollten, und was wir tun sollten. Mental sind wir hochentwickelt, aber innerlich gibt es sehr wenig Substanz oder Sinn; und erst diese innere Substanz bewirkt wahres Handeln, ein Handeln, das nicht nur einer Idee entspringt.

Deshalb sollten Sie sehr starke Gefühle zulassen – Gefühle von Leidenschaft oder Ärger – und sie beobachten, mit ihnen spielen und erkunden, was sie in Wahrheit sind; denn wenn Sie sie nur unterdrücken, wenn Sie sagen, »Ich darf nicht wütend werden, ich darf nicht leidenschaftlich sein, weil das unrecht ist,« werden Sie feststellen, daß Ihr Geist allmählich durch eine Idee verschlossen und dabei sehr seicht wird. Sie mögen ungeheuer scharfsinnig sein, Sie haben vielleicht enzyklopädisches Wissen, wenn aber die Vitalität starker und tiefer Gefühle fehlt, ist Ihr Verständnis wie eine Blume, die nicht duftet.

Es ist für Sie sehr wichtig, alle diese Dinge zu verstehen solange Sie jung sind, weil Sie dann als Erwachsene wahre Revolutionäre sein werden – Revolutionäre nicht im Sinne irgendeiner Ideologie, Theorie oder eines Buches, sondern Revolutionäre im totalen Sinn des Wortes, als integrierte menschliche Wesen Revolutionäre durch und durch, so daß in Ihnen kein Fleck mehr bleibt, der vom Alten infiziert ist. Dann ist Ihr Geist frisch, unschuldig und deshalb fähig zu außerordentlicher Kreativität. Falls Sie aber nicht erfassen, welchen Sinn das hat, wird Ihr Leben sehr farblos, denn Sie werden überwältigt von der Gesellschaft, von Ihrer Familie, von Ihrer Frau oder Ihrem Mann, von Theorien, von religiösen oder politischen Organisationen. Deshalb ist es so dringend, daß Sie richtig ausgebildet werden – was bedeutet, daß Sie Lehrer haben müssen, die Ihnen helfen können, die Kruste der sogenannten Zivilisation zu durchbrechen und nicht Kopiermaschinen zu sein, sondern Individuen, die wirklich ein Lied in sich tragen und deshalb glückliche, kreative menschliche Wesen sind.

*Frage:* Was ist Zorn und warum wird man zornig?

*Krishnamurti:* Wenn ich Ihnen auf die Füße trete oder Sie kneife oder Ihnen etwas wegnehme, werden Sie dann nicht ärgerlich sein? Und warum sollten Sie nicht wütend sein? Warum glauben Sie, daß Ihr Ärger falsch ist? Weil es Ihnen jemand gesagt hat? Es ist also sehr wichtig herauszufinden, warum jemand zornig ist, und die Wahrheit des Zorns zu sehen – und nicht nur zu sagen, daß es falsch ist, wütend zu sein.

Warum werden Sie nun ärgerlich? Weil Sie nicht verletzt werden wollen. Das ist das normale menschliche Verlangen nach Überleben. Sie fühlen, daß Sie nicht von einem Individuum, einer Regierung oder Gesellschaft benutzt, zerdrückt, zerstört oder ausgebeutet werden sollten. Wenn Sie jemand schlägt, fühlen Sie sich verletzt, gedemütigt, und Sie mögen dieses Gefühl nicht. Falls die Person, die Sie schlägt, groß und kraftvoll ist, so daß Sie nicht zurückschlagen können, verletzen Sie statt dessen einen anderen; Sie lassen es an Ihrem Bruder, Ihrer Schwester oder Ihrem Diener aus, falls Sie einen haben. So wird das Spiel des Zorns in Gang gehalten.

Vor allem, es ist eine ganz natürliche Reaktion, um Verletzungen zu vermeiden. Warum sollte Sie jemand ausnutzen? Um nicht verletzt zu werden, schützen Sie sich; Sie beginnen, eine

Verteidigung aufzubauen, eine Barriere. Innerlich bauen Sie eine Wand um sich herum auf, indem Sie sich verschließen, nicht empfänglich sind; deshalb sind Sie nicht fähig zu forschen oder sich weiten Gefühlen zu öffnen. Sie sagen, Zorn sei sehr schlecht und verurteilen ihn, wie Sie verschiedene andere Gefühle verurteilen. Damit werden Sie allmählich öde und leer, und Sie haben überhaupt keine starken Gefühle mehr. Verstehen Sie?

*Frage:* Warum lieben wir unsere Mütter so sehr?

*Krishnamurti:* Lieben Sie Ihre Mutter, wenn Sie Ihren Vater hassen? Hören Sie sorgfältig zu. Wenn Sie jemanden sehr lieben, schließen Sie dann andere von dieser Liebe aus? Falls Sie Ihre Mutter wirklich lieben, lieben Sie dann nicht auch Ihren Vater, Ihre Tante, Ihren Nachbarn, Ihren Diener? Spüren Sie nicht zuerst das Gefühl von Liebe, und *dann* Liebe zu jemand im besonderen? Wenn Sie sagen: »Ich liebe meine Mutter sehr«, sind Sie nicht einfach um sie bemüht? Können Sie ihr dann noch viel sinnlose Sorgen machen? Und wenn Sie sich um Ihre Mutter bemühen, denken Sie nicht in gleicher Weise an Ihren Bruder, Ihre Schwester, Ihren Nachbarn? Sonst lieben Sie Ihre Mutter nicht wirklich; dann ist das nur ein Wort, eine Konvention.

*Frage:* Ich bin voller Haß. Würden Sie mich bitte lehren zu lieben?

*Krishnamurti:* Niemand kann Sie lehren zu lieben. Wenn man Leuten beibringen könnte zu lieben, wären die Weltprobleme sehr einfach, oder nicht? Falls wir aus einem Buch lernen könnten zu lieben, so wie wir Mathematik lernen, wäre dies eine wunderbare Welt. Es gäbe keinen Haß, keine Ausbeutung, keine Kriege, keine Trennung in reich und arm, und wir würden alle sehr freundschaftlich miteinander umgehen. Lieben läßt sich aber nicht so einfach erlangen. Es ist leicht zu hassen, und Haß bringt Leute auf eine bestimmte Weise zusammen; er schafft alle möglichen Phantasien, er bringt unterschiedliche Formen der Zusammenarbeit hervor wie im Krieg. Liebe aber ist sehr viel schwieriger. Sie können nicht lernen zu lieben, aber Sie können Haß beobachten und ihn sanft beiseite lassen. Kämpfen Sie nicht gegen Haß an, sagen Sie nicht, wie fürchterlich es ist, Leute zu hassen, sondern erfassen Sie Haß als das, was er ist, und lassen Sie ihn fallen, wischen Sie ihn weg – er ist nicht wichtig. Wichtig ist dagegen, nicht zuzulassen, daß Haß in Ihrem Geist Wurzeln schlägt. Verstehen Sie? Ihr Geist ist wie ein fruchtbarer Boden, und wenn man ihm genügend Zeit läßt, wird jedes aufkommende Problem wie Unkraut Wurzeln darin schlagen, und dann haben Sie Mühe, es wieder loszuwerden. Wenn Sie dem Problem aber nicht genügend Zeit geben, Wurzeln zu schlagen, dann hat es keinen Ort, an dem es wachsen kann, und es wird verschwinden. Wenn Sie Haß ermutigen, ihm Zeit geben, Wurzeln zu schlagen, zu wachsen, zu reifen, wird er zu einem enormen Problem. Wenn Sie aber jedesmal, sobald Haß in Ihnen auftaucht, ihn vorbeigehen lassen, dann werden Sie feststellen, daß Ihr Gemüt sehr empfänglich wird, ohne sentimental zu sein – und so wird es Liebe erfahren.

Der Geist kann Reize und Wünsche verfolgen, er kann aber nicht nach Liebe streben. Liebe muß zum Geist kommen. Und wenn Liebe einmal da ist, kennt sie keinen Unterschied zwischen sinnlich und göttlich: es ist Liebe. Das ist so außergewöhnlich an der Liebe: Sie ist die einzige Qualität, die ein völliges Verstehen der gesamten Existenz mit sich bringt.

*Frage:* Was ist Lebensglück?

*Krishnamurti:* Wenn Sie etwas Erfreuliches tun wollen, meinen Sie, daß Sie glücklich sein werden, sobald Sie es tun. Sie möchten vielleicht den reichsten Mann oder das hübscheste Mädchen heiraten oder irgendein Examen bestehen, oder von jemand gelobt werden, und Sie glauben, daß Sie glücklich sein werden, wenn Sie alles erhalten, was Sie sich wünschen. Aber ist das Glück? Wird es nicht bald vergehen wie jene Blüte, die am Morgen aufgeht und am Abend verwelkt? Und doch ist das unser Leben, und das ist alles, was wir wünschen. Wir sind mit solchen Oberflächlichkeiten zufrieden: mit einem Auto oder einer sicheren Stellung, mit einer Gefühlsregung aus nichtigem Anlaß, wie ein Junge, der glücklich darüber ist, daß sein Drachen bei starkem Wind steigt, und der wenige Minuten später in Tränen ausbricht. Das ist unser Leben, und damit sind wir zufrieden. Wir sagen nie: »Ich werde mein Herz, meine Energie, mein ganzes Wesen dafür geben, herauszufinden, was Glück ist.« Aber wir sind nicht sehr ernsthaft, wir fühlen nicht sehr intensiv, also sind wir mit kleinen Dingen zufrieden.

Glück ist aber nichts, das Sie suchen können; es ist ein Ergebnis, ein Nebenprodukt. Falls Sie dem Glück selbst nachjagen, wird das sinnlos sein. Glück kommt ohne Einladung; und im Augenblick, in dem Sie sich des Glücks bewußt werden, sind Sie nicht mehr glücklich. Ich frage mich, ob Sie das bemerkt haben. Wenn Sie plötzlich ohne besonderen Grund Freude empfinden, dann haben Sie einfach die Freiheit zu lächeln und glücklich zu sein. Im Moment aber, in dem Sie sich dessen bewußt werden, haben Sie es verloren, nicht wahr? Sich seines Glücks bewußt zu sein oder Glück zu suchen macht dem Glück bereits ein Ende. Glück gibt es nur dann, wenn das Ich mit seinem Verlangen beiseite gelassen wird.

Sie werden viel in Mathematik unterrichtet, Sie verbringen Tage damit, Geschichte, Geographie, Naturwissenschaften, Physik, Biologie und so weiter zu studieren, aber verwenden Sie und Ihre Lehrer überhaupt einmal Zeit darauf, über diese weitaus ernsteren Dinge nachzudenken? Setzen Sie sich je still hin, mit aufrechtem Rücken, ohne sich zu bewegen, und erkennen die Schönheit der Stille? Lassen Sie Ihren Geist je wandern – nicht hin zu kleinen Dingen, sondern ausgreifend, weit und tief – und forschen, entdecken?

Wissen Sie, was in der Welt geschieht? Was sich in der Welt ereignet, spiegelt wider, was in jedem von uns geschieht; was wir sind, das ist die Welt. Die meisten von uns sind in heftiger Unruhe; wir sind habgierig und besitzergreifend, wir sind eifersüchtig, wir verdammen Leute; und genau das ereignet sich auch in der Welt, nur dramatischer, skrupelloser. Aber weder Sie noch Ihre Lehrer wenden Zeit dafür auf, über all das nachzudenken. Nur, wenn Sie sich jeden Tag eine gewisse Zeit dafür nehmen, ernsthaft über diese Dinge nachzudenken, gibt es die Chance, eine totale Revolution zu bewirken und eine neue Welt zu schaffen. Ich kann Ihnen versichern, daß eine neue Welt geschaffen werden muß, eine Welt, die keine Fortsetzung derselben verdorbenen Gesellschaft in anderer Form ist. Sie können indes keine neue Welt schaffen, falls Ihr Geist nicht bereit, wachsam und zunehmend aufmerksamer ist. Deshalb ist es so wichtig, daß Sie, während Sie jung sind, Zeit dafür verwenden, über diese sehr ernsten Dinge nachzudenken und nicht nur Ihre Tage mit dem Studium einiger Fächer verbringen, was zu nichts führt außer zu einem Job und zum Tod. Bedenken Sie also all diese Dinge ernsthaft, denn aus solcher Betrachtung entsteht ein außergewöhnliches Gefühl von Freude und von Glück.

*Frage:* Was ist wahres Leben?

*Krishnamurti:* »Was ist wahres Leben?« Es ist ein kleiner Junge, der diese Frage gestellt hat. Spielen, gutes Essen, Rennen, Springen, Raufen – das ist wahres Leben für ihn. Sehen Sie, wir unterteilen Leben in wahr und falsch. Wahres Leben heißt, etwas zu tun, was Sie aus Ihrem ganzen Wesen heraus zu tun lieben, so daß es keinen inneren Widerspruch gibt, keinen Krieg zwischen dem, was Sie tun und dem, was Sie glauben, tun zu *müssen*! Leben ist dann ein vollkommen einheitlicher Vorgang, in dem ungeheure Freude liegt. Das kann aber nur dann geschehen, wenn Sie psychisch von keiner Person und keiner Gesellschaft abhängig sind, wenn Sie innerlich vollständig frei sind – denn nur dann besteht die Möglichkeit, wirklich zu lieben, was Sie tun. Wenn Sie sich in einem Zustand totaler Auflehnung befinden, spielt es keine Rolle, ob Sie gärtnern oder Premierminister werden oder etwas anderes tun. Sie werden lieben, was Sie tun, und aus dieser Liebe kommt ein außergewöhnliches Gefühl schöpferischer Kraft.

# Ein offener Geist

Wissen Sie, es ist sehr interessant, herauszufinden, was Lernen ist. Wir lernen aus einem Buch oder von einem Lehrer Mathematik, Geographie und Geschichte; wir lernen, wo London oder Moskau oder New York liegt; wir lernen, wie eine Maschine funktioniert und wie Vögel ihre Nester bauen, sich um ihre Jungen kümmern und so weiter. Durch Beobachtung und Studium lernen wir. Das ist die eine Art des Lernens.

Aber gibt es nicht auch eine andere Art des Lernens – das Lernen durch Erfahrung? Wenn wir ein Boot auf dem Fluß mit seinen im stillen Wasser gespiegelten Segeln sehen, ist das nicht eine außergewöhnliche Erfahrung? Und was geschieht dann? Der Geist speichert solch eine Erfahrung, genauso wie er Wissen speichert, und am nächsten Abend gehen wir nach draußen, um das Boot zu beobachten, und hoffen, das gleiche Gefühl zu haben – nämlich eine Erfahrung von Freude, jenes Empfinden von Frieden, das in unserem Leben so selten vorkommt. Der Geist speichert also emsig Erfahrungen, und es ist dieses Speichern von Erfahrungen als Erinnerung, das uns denken macht, nicht wahr? Was wir denken nennen, ist die Reaktion des Gedächtnisses. Nachdem wir das Boot auf dem Fluß beobachtet haben und ein Gefühl der Freude spüren, speichern wir diese Erfahrung als Erinnerung, und dann wollen wir sie wiederholen; so wird der Prozeß des Denkens in Gang gesetzt.

Sie sehen, sehr wenige von uns wissen wirklich, wie man denkt. Die meisten von uns wiederholen nur, was sie in einem Buch gelesen haben oder was ihnen jemand erzählt hat; unser Denken ist das Ergebnis unserer eigenen sehr begrenzten Erfahrung. Selbst wenn wir durch die ganze Welt reisen und unzählige Erfahrungen sammeln, viele verschiedene Leute treffen und dem zuhören, was sie zu sagen haben, ihre Sitten, ihre Religionen und ihre Gebräuche kennenlernen, selbst dann behalten wir das alles in Erinnerung, und es entsteht daraus, was wir

Denken nennen. Wir vergleichen, beurteilen, wählen, und durch diesen Prozeß hoffen wir, irgendeine vernünftige Einstellung zum Leben zu finden. Diese Art des Denkens ist aber sehr begrenzt, sie ist auf ein sehr kleines Gebiet beschränkt. Wir haben eine Erfahrung – etwa das Boot auf dem Fluß oder eine Leiche, die zum Verbrennungsplatz getragen wird, oder eine Frau aus dem Dorf, die eine schwere Last trägt –, alle diese Eindrücke sind vorhanden, aber wir sind so unsensibel, daß sie nicht in uns einsinken und reifen. Doch nur, wenn wir für alles um uns her empfindsam sind, beginnt eine andere Art des Denkens, die nicht durch unsere Konditionierung begrenzt ist.

Wenn Sie sich an irgendwelche Glaubenssätze klammern, sehen Sie alles durch die Brille dieses besonderen Vorurteils oder dieser Tradition; Sie haben keinen Kontakt mit der Realität mehr. Haben Sie je die Dorffrauen bemerkt, wie sie ihre schweren Lasten in die Stadt tragen? Wenn Sie sie bemerken, was geschieht dann mit Ihnen, was fühlen Sie? Oder ist es so, daß Sie diese Frauen so oft haben vorbeigehen sehen, daß Sie nichts dabei empfinden, weil Sie sich daran gewöhnt haben und sie deshalb kaum noch bemerken? Und selbst wenn Sie etwas zum ersten Mal bemerken, was geschieht dann? Was Sie sehen, verändern Sie automatisch aufgrund Ihrer Vorurteile, oder nicht? Ihre Erfahrung ist durch Ihre Konditionierung als Kommunist, Sozialist, Kapitalist oder sonst ein »-ist« bestimmt. Falls Sie jedoch keines davon sind und Sie deshalb nicht durch den Vorhang einer Idee oder eines Glaubens schauen, sondern tatsächlich direkten Kontakt haben, werden Sie bemerken, was für eine außergewöhnliche Beziehung zwischen Ihnen und dem, was Sie beobachten, besteht. Wenn Sie kein Vorurteil haben, keine Tendenz, wenn Sie offen sind, dann wird alles um Sie herum außerordentlich interessant, ungeheuer lebendig.

Deshalb ist es sehr wichtig, daß Sie dies alles beachten, während Sie jung sind. Beachten Sie das Boot auf dem Fluß, schauen Sie dem vorbeifahrenden Zug zu, sehen Sie den Bauer, der eine schwere Last trägt, beobachten Sie die Unverschämtheit des Reichen, den Stolz des Ministers, der hohen Herren, jener, die viel zu wissen meinen – beobachten Sie sie nur, kritisieren Sie nicht. Sobald Sie kritisieren, stehen Sie in keiner Beziehung, sondern Sie errichten bereits eine Barriere zwischen sich und ihnen. Wenn Sie aber lediglich beobachten, werden Sie eine direkte Beziehung zu Leuten und zu Dingen haben.

Falls Sie wach und interessiert beobachten können, aber ohne zu urteilen, ohne Schlußfolgerungen zu ziehen, werden Sie feststellen, daß Ihr Denken erstaunlich scharf wird. Dann lernen Sie immer.

Überall um Sie herum gibt es Geburt und Tod, den Kampf um Geld, Rang, Macht, den nicht endenden Vorgang, den wir Leben nennen; und wundern Sie sich nicht manchmal, auch wenn Sie noch sehr jung sind, was das alles zu bedeuten hat? Sehen Sie, die meisten von uns wollen eine Antwort, wir wollen, daß man uns *sagt*, um was es geht – also suchen wir uns ein politisches oder religiöses Buch heraus, oder wir bitten jemand, es uns zu sagen. Aber niemand kann uns das sagen, weil Leben nichts ist, was durch ein Buch begriffen werden kann; und seine Bedeutung kann auch nicht verstanden werden, indem man einem andern folgt oder auf besondere Weise betet. Sie und ich müssen es ganz für uns selbst verstehen – was wir nur dann können, wenn wir ganz lebendig, sehr wach, achtsam, aufmerksam sind und an allem um uns herum Interesse haben; und dann werden wir entdecken, was es heißt, wirklich glücklich zu sein.

Die meisten Leute sind unglücklich, und sie sind unglücklich, weil in ihren Herzen keine Liebe ist. Liebe wird in Ihrem Herzen auftauchen, sobald Sie keine Barriere zwischen sich und anderen haben, sobald Sie Leuten begegnen und sie beobachten, ohne sie zu beurteilen, wenn Sie das Segelboot auf dem Fluß einfach betrachten und sich über seine Schönheit freuen. Erlauben Sie Ihren Vorurteilen nicht, Ihre Wahrnehmung der Dinge, so wie sie sind, zu verdunkeln. Beobachten Sie einfach nur, und Sie werden entdecken, daß mit dieser schlichten Aufmerksamkeit, mit diesem bewußten Wahrnehmen von Bäumen, von Vögeln, von Menschen, die gehen, arbeiten und lächeln, sich etwas in Ihnen ereignet. Ohne diese außergewöhnliche Sache, die Ihnen geschieht, ohne dieses Aufkommen von Liebe in Ihrem Herzen, hat das Leben sehr wenig Sinn. Deshalb ist es so wichtig, auch den Erzieher darin auszubilden, Ihnen zu helfen, die Bedeutung all dieser Dinge zu verstehen.

*Frage:* Warum wollen wir im Luxus leben?

*Krishnamurti:* Was meinen Sie mit Luxus? Saubere Kleidung zu haben, Ihren Körper sauber zu halten, gut zu essen – nennen Sie das Luxus? Es mag dem Menschen, der hungert, zerlumpt ist und sich nicht jeden Tag waschen kann, wie Luxus erscheinen. Luxus hängt also von den unterschiedlichen Wünschen ab; es ist eine Frage der Verhältnisse.

Wissen Sie aber, was mit Ihnen geschieht, wenn Sie Luxus genießen, wenn Sie vom Komfort abhängig sind und immer auf einem Sofa oder in einem besonders bequemen Sessel sitzen wollen? Ihr Geist legt sich schlafen. Es ist gut, ein bißchen körperlichen Komfort zu haben; Komfort aber zu betonen, ihm große Bedeutung beizumessen, heißt, einen schläfrigen Geist zu haben. Haben Sie bemerkt, wie glücklich die meisten dicken Leute sind? Nichts scheint sie in ihren vielen Fettschichten zu stören. Das ist ein körperlicher Zustand, aber der Geist setzt auch Fettschichten an. Er möchte nicht in Frage gestellt oder sonstwie gestört werden; ein solcher Geist schläft allmählich ein. Was wir derzeit Erziehung nennen, versetzt den Studenten oder Schüler im allgemeinen in Schlaf, denn wenn er wirklich kluge, tiefschürfende Fragen stellt, fühlt sich der Lehrer gestört und sagt: »Wir wollen im Unterricht weitermachen.«

Wenn sich Ihr Geist also an irgendeine Form von Komfort klammert, wenn er sich an eine Gewohnheit, an einen Glauben, an einen besonderen Ort bindet, den er »meine Heimat« nennt, fängt er an einzuschlafen; und diese Tatsache zu begreifen ist weitaus wichtiger als sich zu fragen, ob wir luxuriös leben oder nicht. Der sehr aktive, wache, aufmerksame Geist ist nie abhängig von Komfort, Luxus bedeutet ihm nichts. Lediglich wenige Kleidungsstücke zu haben bedeutet allerdings nicht, daß man einen wachen Geist hat. Der Bettelmönch, der äußerlich sehr einfach lebt, ist innerlich vielleicht sehr komplex; er kultiviert Tugenden und strebt danach, Wahrheit oder Gott zu erreichen. Es ist wichtig, innerlich sehr schlicht zu sein, sehr nüchtern, also einen Geist zu haben, der nicht durch Glaubensanschauungen, durch Angst, durch unzählige Bedürfnisse gehemmt ist, denn nur ein solcher Geist ist fähig, wirklich zu denken, zu erforschen und zu entdecken.

*Frage:* Kann es Frieden in unserem Leben geben, solange wir uns noch mit unserer Umgebung auseinandersetzen?

*Krishnamurti:* Müssen wir uns nicht mit unserer Umgebung auseinandersetzen? Müssen wir sie nicht durchbrechen? Was Ihre Eltern glauben, Ihr gesellschaftlicher Hintergrund, Ihre Traditionen, die Lebensmittel, die Sie verzehren, und was Sie sonst umgibt wie Religion, der Priester, der Reiche, der Arme – alles das ist Ihre Umwelt. Und müssen Sie nicht aus dieser Umgebung ausbrechen, indem Sie sie in Frage stellen, indem Sie sich dagegen auflehnen? Wenn Sie sich nicht auflehnen, wenn Sie Ihre Umgebung lediglich akzeptieren, gibt es eine Art von Frieden, es ist aber ein toter Frieden. Wenn Sie jedoch die Anstrengung machen, aus Ihrer Umgebung auszubrechen, um selbst herauszufinden, was wahr ist, dann werden Sie eine andere Art von Frieden entdecken, der nicht nur Stagnation ist. Es ist wesentlich, daß Sie sich mit Ihrer Umgebung auseinandersetzen. Sie müssen das. Insofern ist Frieden nicht wichtig. Wichtig ist vielmehr, Ihre Umwelt zu begreifen und zu durchbrechen, und daraus entsteht Frieden. Wenn Sie aber Frieden suchen, indem Sie nur Ihre Umgebung akzeptieren, werden Sie in Schlaf versetzt, und dann können Sie genausogut sterben. Deshalb sollte vom zartesten Alter an in Ihnen ein Gefühl der Auflehnung sein. Sonst werden Sie einfach verfallen, nicht wahr?


*Frage:* Sind Sie glücklich oder nicht?

*Krishnamurti:* Ich weiß es nicht. Ich habe darüber noch nie nachgedacht. Im Augenblick, in dem Sie denken, daß Sie glücklich sind, hören Sie auf, glücklich zu sein, oder nicht? Wenn Sie spielen und vor Freude jauchzen, was passiert in dem Moment, in dem Sie sich Ihrer Freude bewußt werden? Sie hören auf, sich zu freuen. Haben Sie das bemerkt? Glück gehört also nicht in den Bereich des Selbst-Bewußtseins.

Wenn Sie sich bemühen, gut zu sein, sind Sie dann gut? Kann Güte praktiziert werden? Oder ist Güte etwas, das auf natürliche Weise entsteht, weil Sie sehen, beobachten und verstehen? Ähnlich ist es, wenn Sie sich bewußt werden, glücklich zu sein:

in dem Moment macht sich das Glück davon. Glück zu suchen ist absurd, weil es Glück nur gibt, wenn Sie es nicht suchen.

Wissen Sie, was das Wort »Demut« bedeutet? Können Sie Demut kultivieren? Wenn Sie jeden Morgen wiederholen:»Ich werde demütig sein«, ist das Demut? Oder taucht Demut von selbst auf, wenn Sie keinen Stolz, keine Eitelkeit mehr haben? Ebenso ist es, wenn die Dinge, die Glück verhindern, vorbei sind; wenn Angst, Frustration, die Suche nach der eigenen Sicherheit aufgehört haben, dann stellt sich Glück ein, Sie müssen es nicht erst suchen.

Warum sind die meisten von Ihnen so schweigsam? Warum diskutieren Sie nicht mit mir? Wissen Sie, es ist wichtig, daß Sie Ihre Gedanken und Gefühle ausdrücken, ganz gleich, wie schlecht, weil das eine Menge für Sie bedeutet, und ich werde Ihnen sagen, warum. Wenn Sie jetzt anfangen, während Sie heranwachsen, Ihre Gedanken und Gefühle auszudrücken, sei es auch zögernd, dann werden Sie nicht von Ihrer Umgebung, Ihren Eltern, von der Gesellschaft oder der Tradition erdrückt. Unglücklicherweise ermutigen Ihre Lehrer Sie aber nicht, etwas in Frage zu stellen; sie fragen Sie nicht, was Sie denken.

*Frage:* Warum weinen wir, und was ist Kummer?

*Krishnamurti:* Ein kleiner Junge möchte wissen, warum wir weinen und was Kummer ist. Wann weinst du? Du weinst, wenn dir jemand dein Spielzeug wegnimmt, oder wenn du dich verletzt, oder wenn du ein Spiel nicht gewinnst, oder wenn dein Lehrer oder deine Eltern mit dir schimpfen, oder wenn dich jemand schlägt. Wenn du älter wirst, weinst du weniger und weniger, weil du dich gegenüber dem Leben abhärtest. Sehr wenige von uns weinen, wenn wir älter sind, weil wir die außergewöhnliche Empfindsamkeit der Kindheit verloren haben. Kummer ist aber nicht nur der Verlust von etwas, ist nicht nur das Gefühl, blockiert oder frustriert zu werden; Kummer liegt viel tiefer. Weiß du, es gibt so etwas wie »nicht verstehen können«. Wenn man nichts versteht, ist der Kummer groß. Solange der Geist nicht seine eigenen Grenzen überschreitet, gibt es Leiden.

*Frage:* Wie können wir ohne Konflikte ganz werden?

*Krishnamurti:* Warum haben Sie etwas gegen Konflikte? Sie alle scheinen zu denken, daß ein Konflikt eine grauenvolle Sache sei. Gegenwärtig sind Sie und ich in Konflikt, oder nicht? Ich versuche, Ihnen etwas zu sagen, und Sie verstehen es nicht; also gibt es ein Gefühl von Reibung, von Konflikt. Und was ist so schlimm an Reibung, Konflikt, Störung? Müssen Sie nicht gestört werden? Integration stellt sich nicht ein, wenn Sie sie durch Konfliktvermeidung zu erlangen suchen. Nur durch Konflikt und das Verstehen von Konflikt kommt es zur Integration.

Integration ist eines der Dinge, die am schwierigsten zu erlangen sind, denn sie bedeutet eine vollständige Einigung Ihres ganzen Wesens in allem, was Sie tun, in allem, was Sie sagen, in allem, was Sie denken. Sie können Integration nicht haben, ohne Beziehungen zu verstehen – Ihr Verhältnis zur Gesellschaft, Ihr Verhältnis zum armen Menschen, zum Dorfbewohner, zum Bettler, zum Millionär und zum Gouverneur. Um Beziehungen zu verstehen, müssen Sie sich damit auseinandersetzen, müssen Sie sie in Frage stellen und dürfen nicht einfach die Werte akzeptieren, die von der Tradition, von Ihren Eltern, vom Priester, von der Religion und dem Wirtschaftssystem, in dem Sie leben, aufgestellt wurden. Deshalb ist es wesentlich, daß Sie revoltieren, sonst wird es bei Ihnen nie zur Integration kommen.

# Innere Schönheit

Ich bin sicher, wir alle haben das eine oder andere Mal ein tiefes Gefühl von Stille und Schönheit erlebt, das uns angesichts grüner Felder, der untergehenden Sonne, eines stillen Gewässers oder schneebedeckter Gipfel überkam. Was aber ist Schönheit? Ist sie lediglich ein Gefallenfinden , oder liegt Schönheit außerhalb der Wahrnehmung? Wenn Sie bei Kleidung einen guten Geschmack haben, wenn Sie Farben verwenden, die miteinander harmonieren, wenn Sie sich würdig betragen, wenn Sie ruhig sprechen und sich aufrecht halten, trägt all das zur Schönheit bei, nicht wahr? Das ist aber nur der äußere Ausdruck eines inneren Zustandes, wie bei einem Gedicht, das Sie schreiben, oder einem Bild, das Sie malen. Sie können das grüne Feld ansehen, das sich im Fluß spiegelt, und kein Gefühl von Schönheit erleben, es nur vorbeiziehen lassen. Wenn Sie wie der Fischer jeden Tag die Schwalben dicht über das Wasser fliegen sehen, bedeutet Ihnen das wahrscheinlich sehr wenig. Wenn Sie sich jedoch der außergewöhnlichen Schönheit solcher Dinge bewußt sind, was geschieht dann in Ihnen und läßt Sie sagen: »Wie wunderschön!« Was bewirkt dieses innere Spüren von Schönheit? Es gibt die Schönheit der äußeren Form: geschmackvolle Kleidung, schöne Bilder, attraktive Möbel oder überhaupt keine Möbel bei leeren, wohlproportionierten Wänden und Fenstern, deren Form vollkommen ist, und so weiter. Ich spreche aber nicht nur davon, sondern von dem, was diese innere Schönheit bewirkt.

Um diese innere Schönheit zu haben, muß man sicherlich auf alles verzichten und innerlich ohne Bindung, ohne Einschränkung, ohne Abwehr und ohne Widerstand sein. Verzicht wird aber chaotisch, wenn er nicht mit Nüchternheit einhergeht. Und wissen wir, was es bedeutet, nüchtern zu sein , mit wenig zufrieden und nicht in Kategorien des »Mehr« zu denken? Es muß diesen Verzicht zusammen mit tiefer innerer Nüchternheit geben – der Nüchternheit, die außerordentlich einfach ist, weil der Geist nichts erwirbt, oder gewinnt, und nicht in Kategorien des »Mehr« denkt. Es ist diese Einfachheit, die aus nüchternem Verzicht entsteht, welche den Zustand kreativer Schönheit hervorbringt. Aber wenn Sie nicht lieben, können Sie nicht einfach sein. Sie mögen über Einfachheit und Nüchternheit sprechen, aber ohne Liebe ist beides lediglich eine Form von Zwang, und deshalb hat man nicht vollständig verzichtet. Nur *der* liebt, der sich selbst aufgibt, sich selbst vollständig vergißt und dadurch den Zustand schöpferischer Schönheit hervorbringt.

Schönheit schließt offensichtlich Schönheit der Form ein; aber ohne innere Schönheit führt das bloß sinnliche Gefallenfinden an der schönen Form zur Entwürdigung, zur Zersetzung. Es gibt innerliche Schönheit nur, wenn Sie für alle Leute und alle Dinge dieser Erde wahre Liebe empfinden; und mit dieser Liebe geht ein enormes Gespür für Rücksichtnahme, Aufmerksamkeit und Geduld einher. Sie mögen über eine perfekte Technik als Sänger oder Dichter verfügen, Sie können vielleicht malen oder mit Wörtern umgehen, aber ohne diese innere kreative Schönheit wird Ihr Talent sehr geringe Bedeutung haben.

Unglücklicherweise werden die meisten von uns zu reinen Technikern. Wir bestehen Prüfungen, eignen uns diese oder jene Technik an, um unseren Lebensunterhalt zu verdienen; aber sich Techniken anzueignen oder Fähigkeiten zu entwickeln, ohne dem inneren Zustand Beachtung zu schenken, bringt Häßlichkeit und Chaos in der Welt hervor. Wenn wir die innere schöpferische Schönheit erwecken, drückt sie sich äußerlich aus, und dann entsteht Ordnung. Das ist indes sehr viel schwieriger, als eine Technik zu meistern, weil es bedeutet, sich selbst vollständig aufgegeben zu haben und ohne Furcht, ohne Beschränkung, ohne Widerstand, ohne Verteidigung zu sein; und wir können uns auf diese Weise nur dann selbst aufgeben, wenn wir nüchtern und einen Sinn für große innere Schlichtheit haben. Äußerlich mögen wir einfach sein, wir haben vielleicht nur wenige Kleidungsstücke und sind mit einer Mahlzeit am Tag zufrieden; das ist aber keine Nüchternheit. Nüchternheit besteht, wenn der Geist fähig ist, sich unbegrenzter Erfahrung zu öffnen – wenn er Erfahrung hat und dennoch sehr einfach bleibt. Dieser Zustand kann jedoch nur dann entstehen, wenn der Geist nicht weiter in der Kategorie des »Mehr« denkt, in den Kategorien des »Ansammelns« und »Aufsteigens«.

Es fällt Ihnen vielleicht schwer zu verstehen, worüber ich spreche, aber es ist wirklich ganz wichtig. Sehen Sie, Techniker sind nicht schöpferisch; und es gibt immer mehr Techniker in der Welt, Leute, die wissen, was zu tun ist und wie etwas getan werden muß, die aber nicht schöpferisch sind. In Amerika gibt es Rechenmaschinen, die in wenigen Minuten mathematische Probleme lösen können, für die ein Mensch, der zehn Stunden am Tag arbeitet, hundert Jahre brauchen würde. Aber Maschinen können niemals Schöpfer sein – und Menschen werden mehr und mehr wie Maschinen. Selbst wenn sie aufbegehren, bleibt ihre Rebellion innerhalb der Grenzen der Maschine und ist deshalb überhaupt keine Rebellion.

Es ist also sehr wichtig, herauszufinden, was es heißt, kreativ zu sein. Sie können nur dann kreativ sein, wenn Sie verzichten – also tatsächlich nur dann, wenn es kein Gefühl von Zwang gibt, keine Angst davor, nicht zu sein, nicht zu bekommen, nicht zu erreichen. Dann stellt sich große Nüchternheit und Einfachheit und damit Liebe ein. Das Ganze ist Schönheit, der schöpferische Zustand.

*Frage:* Überlebt die Seele nach dem Tod?

*Krishnamurti:* Wenn sie es wirklich wissen wollen, wie werden Sie das herausfinden? Indem Sie lesen, was Shankara, Buddha oder Christus darüber gesagt haben? Indem Sie Ihrem speziellen Führer oder Heiligen zuhören? Sie alle haben vielleicht völlig unrecht. Sind Sie bereit, das zuzugeben – was heißt, daß Ihr Geist zum Untersuchen bereit ist?

Sie müssen sicher als erstes herausfinden, ob es eine Seele gibt, die überleben kann. Was ist die Seele? Wissen Sie, was sie ist? Oder hat man Ihnen einfach nur gesagt, daß es eine Seele gibt – haben Ihre Eltern, Ihre Priester, ein bestimmtes Buch, Ihre kulturelle Umgebung gewisse Meinungen auf Sie übertragen? – und haben Sie das akzeptiert?

Das Wort »Seele« enthält etwas jenseits der rein physischen Existenz, nicht wahr? Es gibt Ihren physischen Körper und auch Ihren Charakter, Ihre Neigungen, Ihre Tugenden; und das wird alles transzendiert von etwas, das Sie die Seele nennen. Falls dieser Zustand überhaupt existiert, muß es sich um etwas Spirituelles handeln, um etwas, das die Qualität von Zeitlosigkeit besitzt. Und Sie fragen nun, ob dieses spirituelle Etwas den Tod überlebt. Das ist der eine Teil der Frage.

Der andere Teil ist: was ist Tod? Wissen Sie, was Tod ist? Sie möchten wissen, ob es ein Überleben nach dem Tod gibt, aber, sehen Sie, die Frage ist nicht wichtig. Die wichtige Frage ist: Können Sie den Tod kennen, während Sie leben? Welche Bedeutung hat es, wenn jemand Ihnen sagt, daß es ein Überleben nach dem Tod gibt oder nicht gibt? Sie wissen es damit immer noch nicht. Sie können aber selbst herausfinden, was Tod ist, nicht nachdem Sie tot sind, sondern während Sie leben, während Sie gesund und vital sind, während Sie denken und fühlen.

Dies ist auch ein Teil der Bildung. Gebildet zu sein heißt nicht nur, sich in Mathematik, Geschichte oder Geographie auszukennen, sondern auch die Fähigkeit zu haben, diese außergewöhnliche Sache zu verstehen, die Tod genannt wird – nicht, wenn Sie physisch sterben, sondern während Sie leben, während Sie lachen, während Sie auf einen Baum klettern, während Sie segeln oder schwimmen. Tod ist das Unbekannte, und es kommt darauf an, das Unbekannte zu erkennen, während Sie leben.

*Frage:* Wenn wir krank werden, warum machen sich unsere Eltern Sorgen, und warum sorgen sie sich um uns?

*Krishnamurti:* Die meisten Eltern kümmern sich wenigstens teilweise um ihre Kinder und versorgen sie. Wenn sie sich aber immerfort Sorgen machen, ist dies ein Hinweis darauf, daß sie sich mehr um sich selbst kümmern als um ihre Kinder. Sie wollen nicht, daß sie sterben, und sagen: »Falls unser Sohn oder unsere Tochter stirbt, was wird dann aus uns?« Wenn Eltern ihre Kinder liebten, wissen Sie, was dann geschehen würde? Wenn Ihre Eltern Sie wirklich lieb hätten, würden sie sicherstellen, daß Sie keinen Grund zur Angst hätten, daß Sie gesunde und glückliche Menschen würden. Sie würden sich darum kümmern, daß es keinen Krieg gäbe, keine Armut in der Welt, daß die Gesellschaft weder Sie noch sonst jemand in Ihrem Umkreis vernichten würde, seien es die Menschen auf dem Land, in der Stadt oder seien es Tiere. Weil Eltern ihre Kinder nicht wahrhaft lieben, gibt es Kriege, gibt es Reiche und Arme. Sie haben ihr eigenes Wesen in ihre Kinder investiert, und in ihren Kindern hoffen sie weiterzuleben, und wenn diese ernsthaft krank werden, machen sie sich Sorgen. Sie kümmern sich also um ihre eigenen Sorgen. Das werden sie aber nie zugeben.

Sehen Sie, Besitz, Land, Name, Vermögen und Familie sind die Mittel zur Selbsterhaltung, welche man auch Unsterblichkeit nennt. Wenn ihren Kindern etwas zustößt, sind die Eltern sehr verschreckt, fallen in tiefe Sorge, weil sie in erster Linie an sich selbst denken. Falls Eltern sich wirklich um ihre Kinder sorgen würden, würde die Gesellschaft über Nacht verwandelt sein: Wir würden eine andere Art von Erziehung haben, ein anderes Zuhause, eine Welt ohne Krieg.

*Frage:* Sollten die Tempel allen zum Gebet offenstehen?

*Krishnamurti:* Was ist der Tempel? Es ist ein Ort der Anbetung, in dem es ein Symbol Gottes gibt, ein nach der menschlichen Vorstellung geschaffenes Symbol, das mit der Hand aus einem Stein gemeißelt wurde. Dieser Stein, dieses Bildnis ist nicht Gott, oder? Es ist nur ein Symbol, und ein Symbol ist wie Ihr Schatten, wenn Sie in der Sonne spazierengehen. Sie sind nicht der Schatten, und diese Bilder, diese Symbole im Tempel sind nicht Gott, nicht Wahrheit. Was spielt es dann schon für eine Rolle, wer hineingeht oder wer nicht hineingeht? Warum sollte man darüber so viel Aufhebens machen? Wahrheit mag unter einem toten Blatt sein, sie mag in einem Stein am Wegesrand sein, im Gewässer, das die Lieblichkeit eines Abends widerspiegelt, in den Wolken, im Lächeln einer Frau, die eine Last trägt. In unserer ganzen Welt gibt es Wirklichkeit, nicht unbedingt nur im Tempel; und im allgemeinen ist sie *nicht* im Tempel zu finden, weil der Tempel durch die Furcht des Menschen entstanden ist und auf seinem Verlangen nach Sicherheit, auf seiner Spaltung nach Glaubens- und Kastenzugehörigkeit beruht.

Dies ist unsere Welt; wir sind Menschen, die zusammenleben, und wenn ein Mensch Gott sucht, meidet er Tempel, weil sie Menschen voneinander trennen. Die christliche Kirche, die muslimsche Moschee, euer Hindutempel – sie alle trennen Leute, und ein Mensch, der Gott sucht, wird damit nichts zu tun haben wollen. So wird die Frage, ob irgend jemand einen Tempel betreten sollte oder nicht, zu einem rein politischen Thema; sie hat mit der Wirklichkeit nichts zu tun.

*Frage:* Welche Rolle spielt Disziplin in unserem Leben?

*Krishnamurti:* Leider spielt sie eine große Rolle, nicht wahr? Ein großer Teil Ihres Lebens ist diszipliniert: Tue dies und lasse jenes. Man sagt Ihnen, wann Sie aufstehen sollen, was Sie essen und was Sie nicht essen sollen, was Sie wissen müssen und was nicht; man sagt Ihnen, Sie müssen lesen, in die Schule gehen, Prüfungen bestehen und so weiter. Ihre Eltern, Ihre Lehrer, Ihre Gesellschaft, Ihre Tradition, Ihre heiligen Schriften sagen Ihnen alle, was Sie tun sollen. Also ist Ihr Leben durch Disziplin festgelegt und behütet, oder nicht? Sie sind ein Gefangener von *du sollst* und *du sollst nicht* – das sind die Eisenstäbe Ihres Käfigs.

Was geschieht nun mit einem Geist, der durch Disziplin gebunden ist? Sicher, Disziplin ist nur notwendig, wenn Sie sich vor etwas fürchten, wenn Ihnen etwas widerstrebt – dann müssen Sie sich kontrollieren und zusammenreißen. Entweder tun Sie das aus eigenem Antrieb oder die Gesellschaft tut es für Sie. Gesellschaft, das sind Ihre Eltern, Ihre Lehrer, Ihre Tradition, Ihre heiligen Schriften. Wenn Sie anfangen zu fragen und zu suchen, wenn Sie ohne Angst lernen und verstehen, ist Disziplin dann notwendig? Das Verstehen bringt dann seine eigene wahre Ordnung hervor, die nicht aus Bevormundung oder Zwang hervorgegangen ist.

Denken Sie darüber nach, denn wenn Sie durch Furcht diszipliniert, vom Zwang der Gesellschaft gebrochen und beherrscht sind von dem, was Ihre Eltern und Lehrer sagen, dann gibt es für Sie keine Freiheit, keine Freude – und alle Initiative geht verloren. Je älter die Kultur, desto schwerer ist das Gewicht der Tradition, die Sie diszipliniert und Ihnen sagt, was Sie tun und was Sie lassen sollen. So werden Sie niedergedrückt, psychisch platt gewalzt, als ob eine Dampfwalze über Sie hinweggegangen wäre. Das ist in Indien geschehen. Das Gewicht der Tradition ist so enorm, daß alle Initiative zerstört worden ist, und Sie haben aufgehört, ein Individuum zu sein. Sie sind nur Teil einer Gesellschaftsmaschine, und damit geben Sie sich zufrieden. Verstehen Sie? Sie revoltieren nicht, explodieren nicht, brechen nicht aus. Ihre Eltern wollen nicht, daß Sie sich auflehnen; deshalb zielt die Erziehung daraufhin, Sie dem etablierten Muster anzupassen. Dann sind Sie kein vollständiges menschliches Wesen, weil Furcht an Ihrem Herzen nagt; und solange Angst besteht, gibt es keine Freude, keine Kreativität.

*Frage:* Gerade eben, als Sie über den Tempel sprachen, nannten Sie das Symbol Gottes nur einen Schatten. Wir können den Schatten eines Menschen nicht sehen ohne den realen Menschen, der ihn wirft.

*Krishnamurti:* Sind Sie mit dem Schatten zufrieden? Wenn Sie hungrig sind, werden Sie schon damit zufrieden sein, das Essen anzusehen? Warum sollten Sie also mit dem Schatten im Tempel zufrieden sein? Wenn Sie das Wirkliche gründlich verstehen wollen, werden Sie den Schatten beiseite lassen. Aber, wissen Sie, Sie sind vom Schatten, vom Symbol, vom steinernen Bildnis wie hypnotisiert. Sehen Sie, was in der Welt geschehen ist. Leute sind uneins, weil sie einen bestimmten Schatten in der Moschee, im Tempel, in der Kirche anbeten. Es kann eine Vervielfachung von Schatten geben, aber es gibt nur eine einzige Wirklichkeit, die nicht geteilt werden kann – und es gibt keinen Weg zur Wirklichkeit, weder einen christlichen, islamischen, hinduistischen noch irgendeinen anderen.

*Frage:* Prüfungen mögen unnötig sein für den reichen Jungen oder das reiche Mädchen, deren Zukunft gesichert ist. Sind sie aber nicht eine Notwendigkeit für arme Studenten, die darauf vorbereitet sein müssen, ihren Lebensunterhalt zu verdienen? Und sind ihre Bedürfnisse weniger dringlich, besonders wenn wir die Gesellschaft so nehmen, wie sie ist?

*Krishnamurti:* Sie akzeptieren die Gesellschaft so wie sie ist.

Warum? Sie, der Sie nicht zur armen Schicht gehören, der Sie einigermaßen wohlhabend sind, warum lehnen Sie sich nicht auf – nicht als Kommunist oder Sozialist, sondern in einer Revolte gegen das gesamte Gesellschaftssystem? Sie können es sich leisten. Warum benutzen Sie also nicht Ihre Intelligenz, um herauszufinden, was wahr ist und schaffen eine neue Gesellschaft? Der Arme wird nicht revoltieren, weil er weder die Energie noch die Zeit hat zu denken; er ist immerfort beschäftigt, möchte Essen und Arbeit. Aber Sie haben Freizeit, ein bißchen freie Zeit, in der Sie Ihre Intelligenz nutzen können, warum lehnen *Sie* sich nicht auf? Warum finden Sie nicht heraus, was eine rechte Gesellschaft ist, eine wahre Gesellschaft, und bauen eine neue Zivilisation auf? Wenn es nicht mit Ihnen beginnt, wird es mit den Armen erst recht nicht anfangen.

*Frage:* Werden Reiche jemals bereit sein, viel von ihrem Besitz zugunsten der Armen aufzugeben?

*Krishnamurti:* Wir sprechen nicht darüber, was die Reichen zugunsten der Armen aufgeben sollten. Was immer sie auch aufgeben, es wird den Armen nicht genügen – aber das ist nicht das Problem. Sie, denen es gut geht, und die deshalb die Gelegenheit haben, Intelligenz zu kultivieren, können Sie nicht durch Ihre Revolte eine neue Gesellschaft schaffen? Es hängt von Ihnen ab, nicht von anderen: es hängt von jedem einzelnen von uns ab, nicht vom Reichen oder vom Armen oder von den Kommunisten. Sehen Sie, die meisten von uns haben nicht diesen Geist der Auflehnung, diesen Drang durchzubrechen. Und dabei ist es dieser Geist, auf den es ankommt.

# Anpassung und Auflehnung

Haben Sie je mit geschlossenen Augen völlig stillgesessen und die Bewegung Ihres eigenen Denkens beobachtet? Haben Sie die Funktionsweise Ihres Geistes beobachtet – oder hat sich vielmehr Ihr Geist bei seiner Tätigkeit selbst beobachtet, einfach um zu sehen, was Ihre Gedanken sind, was Ihre Gefühle sind, wie Sie Bäume, Blumen, Vögel und Leute anblicken, wie Sie auf einen Vorschlag antworten oder wie Sie auf eine neue Idee reagieren? Haben Sie das je getan? Falls nicht, haben Sie sehr viel versäumt. Zu erkennen, wie der eigene Geist arbeitet, ist grundlegender Sinn von Bildung. Wenn Sie nicht wissen, wie Ihr Geist reagiert, wenn Ihr Geist sich nicht seiner eigenen Aktivitäten bewußt ist, werden Sie nie herausfinden, was Gesellschaft ist. Sie lesen vielleicht Bücher über Soziologie, Sie studieren Sozialwissenschaften, aber wenn Sie nicht wissen, wie Ihr eigener Geist arbeitet, können Sie tatsächlich nicht verstehen, was Gesellschaft ist, weil Ihr Geist Teil der Gesellschaft ist; er *ist* die Gesellschaft. Ihre Reaktionen, Ihre Glaubensanschauungen, Ihr Gang zum Tempel, die Kleidung, die Sie tragen, die Dinge, die Sie tun und lassen und was Sie denken – die Gesellschaft besteht aus all dem, sie ist die Spiegelung dessen, was in Ihrem eigenen Geist vorgeht. Ihr Geist ist also nicht getrennt von der Gesellschaft; er ist nicht verschieden von Ihrer Kultur, von Ihrer Religion, von Ihren Klassenschranken, vom Ehrgeiz und den Konflikten der vielen. Es gibt kein »Sie«, das von der Gesellschaft getrennt ist.

Die Gesellschaft versucht immer, das Denken der Jugend zu kontrollieren, zu gestalten. Sobald Sie geboren sind und beginnen, Eindrücke zu empfangen, erzählen Ihnen Vater und Mutter in einem fort, was zu tun und zu lassen ist, was Sie glauben und was Sie nicht glauben sollen; man sagt Ihnen, daß es Gott gibt oder daß es Gott nicht gibt, daß ein Staat existiert, und daß irgendein Diktator sein Prophet ist. Von Kindheit an werden

Ihnen diese Dinge eingetrichtert, was bedeutet, daß Ihr Geist –
der sehr jung, leicht zu beeindrucken, wißbegierig, neugierig
und entdeckerfreudig ist – allmählich eingeschlossen, konditioniert und formiert wird, so daß Sie in das Muster einer bestimmten Gesellschaft hineinpassen und keine Revolutionäre
sein werden. Da die Gewohnheit des musterhaften Denkens
bereits in Ihnen etabliert wurde, werden Sie sogar mit Ihrer
»Auflehnung« innerhalb des Musters bleiben. Es ist wie bei Gefangenen, die rebellieren, um besseres Essen und mehr An-
nehmlichkeiten zu bekommen – aber innerhalb des Gefängnisses. Wenn Sie Gott suchen oder die richtige Regierungsform
herausfinden wollen, geschieht das immer innerhalb des Musters der Gesellschaft, die sagt: »Dies ist wahr und das ist falsch,
dies ist gut und das ist schlecht, dieser ist der rechte Führer und
diese sind die Heiligen«. So wird Ihre Revolte, genauso wie die
sogenannte von ehrgeizigen oder sehr cleveren Leuten durch-
geführte Revolution immer durch die Vergangenheit begrenzt.
Das ist keine Auflehnung, das ist keine Revolution: das ist lediglich erhöhte Aktivität, ein tapferer Kampf innerhalb der Struktur. Wirkliche Revolte, wahre Revolution ist der Ausbruch aus
der Struktur und ein Forschen außerhalb derselben.

Alle Reformer – es spielt keine Rolle, *wer* sie sind – beschäftigen sich nur mit der Verbesserung der Bedingungen innerhalb
des Gefängnisses. Sie raten Ihnen nie, sich nicht anzupassen, sie
sagen nie: »Brechen Sie durch die Wände von Tradition und
Autorität, schütteln Sie die Konditionierung ab, welche den
Geist festhält.« Und das ist wahre Erziehung: nicht nur zu verlangen, Prüfungen zu bestehen, für die Sie sich vollgestopft haben mit Kenntnissen, oder etwas niederzuschreiben, das Sie
auswendig gelernt haben, sondern Ihnen zu helfen, die Gefängnismauern zu erkennen, in denen Ihr Geist festgehalten wird.
Die Gesellschaft beeinflußt uns alle, ständig formt sie unser
Denken, und dieser äußere Druck der Gesellschaft wird allmählich in einen inneren Druck verwandelt. Jedoch, so tief er auch
eindringt, er kommt immer noch von außen, und es gibt kein
Inneres, solange Sie nicht diese Konditionierung durchbrechen. Ihnen muß klar sein, was Sie denken und ob Sie als Hindu
oder Muslim oder Christ denken, also in Kategorien der Religion, der Sie zufällig angehören. Ihnen muß bewußt sein, was

Sie glauben und was Sie nicht glauben. All dies ist die Struktur der Gesellschaft, und solange Sie sich nicht des Musters bewußt sind und sich davon losreißen, bleiben Sie ein Gefangener, selbst wenn Sie vielleicht meinen, frei zu sein.

Aber Sie sehen, die meisten von uns beschäftigen sich mit einem Aufbegehren innerhalb des Gefängnisses; wir wollen besseres Essen, ein bißchen mehr Licht, ein größeres Fenster, damit wir ein wenig mehr vom Himmel sehen können. Wir kümmern uns darum, ob der Kastenlose den Tempel betreten darf oder nicht. Wir wollen diese spezielle Kaste beseitigen, und gleichzeitig schaffen wir eine andere Kaste, eine »bessere« Kaste; also bleiben wir Gefangene, und im Gefängnis gibt es keine Freiheit. Freiheit liegt außerhalb der Mauern, außerhalb der Muster der Gesellschaft; aber um von diesem Muster frei zu sein, müssen Sie seinen ganzen Inhalt verstehen, das heißt, Ihren eigenen Geist verstehen. Es ist der Geist, der die derzeitige Zivilisation geschaffen hat, diese traditionsgebundene Kultur oder Gesellschaft – und ohne Verstehen des eigenen Geistes, nur als Kommunist, als Sozialist, als dies oder das aufzubegehren, hat sehr geringe Bedeutung. Deshalb ist es sehr wichtig, Selbsterkenntnis zu haben, sich aller eignen Aktivitäten, Gedanken und Gefühle bewußt zu sein; erst das ist Bildung, nicht wahr? Denn wenn Sie sich Ihrer selbst ganz bewußt sind, wird Ihr Geist sehr empfindsam, sehr wach.

Versuchen Sie das – nicht eines Tages in der fernen Zukunft, sondern morgen oder heute nachmittag. Wenn in Ihrem Zimmer zu viele Leute sind, wenn Ihr Haus zu unruhig ist, dann gehen Sie allein fort, setzen Sie sich unter einen Baum oder an das Flußufer und beobachten Sie in Ruhe, wie Ihr Geist arbeitet. Korrigieren Sie ihn nicht, sagen Sie nicht: »Das ist richtig, das ist falsch«, sondern schauen Sie ihm nur zu wie einem Film. Wenn Sie ins Kino gehen, nehmen Sie nicht am Film teil; die Schauspieler und Schauspielerinnen machen mit, aber Sie schauen nur zu. Beobachten Sie auf die gleiche Weise, wie Ihr Geist arbeitet. Das ist wirklich interessant, weitaus interessanter als irgendein Film, weil sich in Ihrem Geist die ganze Welt wiederfindet und er alles enthält, was Menschen erfahren haben. Verstehen Sie? Ihr Geist ist die Menschheit, und wenn Sie das wahrnehmen, werden Sie immenses Mitgefühl haben. Aus diesem Verstehen heraus erwächst große Liebe, und dann werden Sie, wenn Sie hübsche Dinge sehen, erkennen, was Schönheit ist.

*Frage:* Wie haben Sie all das gelernt, worüber Sie sprechen, und wie können wir dazu kommen, es zu verstehen?

*Krishnamurti:* Das ist eine gute Frage. Nun, wenn ich ein bißchen über mich selbst sprechen darf, – ich habe keine Bücher über diese Dinge gelesen, weder die *Upanishaden*, die *Bhagavad Gita* noch irgendwelche psychologischen Bücher. Es ist, wie ich Ihnen gesagt habe, alles da, wenn Sie Ihren eigenen Geist beobachten. Wenn Sie sich also einmal auf den Weg der Selbsterkenntnis begeben haben, sind Bücher nicht wichtig. Es ist, als ob man ein fremdes Land betritt, in dem Sie neue Dinge herausfinden und erstaunliche Entdeckungen machen. Aber das wird alles zerstört, wenn Sie sich selbst Bedeutung beimessen. Im Augenblick, in dem Sie sagen: »Ich habe etwas entdeckt, ich weiß, ich bin ein bedeutender Mensch, weil ich dies oder jenes herausgefunden habe,« sind Sie verloren. Wenn Sie sich auf eine lange Reise begeben, müssen Sie leicht reisen; wenn Sie sehr hoch klettern wollen, dürfen Sie nur sehr wenig tragen.

Diese Frage ist also wirklich wichtig, weil sich Entdeckung und Verstehen aus der Selbsterkenntnis dadurch ergibt, daß man die Wege des Geistes beobachtet. Was Sie von Ihrem Nachbarn sagen, wie Sie sprechen, wie Sie gehen, wie Sie in den Himmel schauen, den Vögeln nachblicken, wie Sie Leute behandeln, wie Sie einen Zweig schneiden – all diese Dinge sind wichtig, weil sie wie Spiegel wirken, die Sie so zeigen, wie Sie sind. Und wenn Sie wach sind, entdecken Sie alles neu von Augenblick zu Augenblick.

*Frage:* Sollten wir uns über jemand eine Meinung bilden oder nicht?

*Krishnamurti:* Sollten Sie Meinungen haben über Leute? Sollten Sie sich eine Meinung bilden, ein Urteil über jemand fällen? Wenn Sie Vorstellungen von Ihrem Lehrer haben, was ist Ihnen dann wichtig? Nicht Ihr Lehrer, sondern Ihre Vorstellungen von ihm. Und das geschieht oft im Leben, oder nicht? Wir alle haben Ansichten über Leute, wir sagen: »Er ist gut, er ist eitel, er ist abergläubisch, er tut dies oder jenes.« Wir haben einen Schleier von Vorstellungen zwischen uns und dem anderen, so daß wir dieser Person nie wirklich begegnen. Nachdem wir jemand etwas haben tun sehen, sagen wir: »Das also hat er getan!« Es wird also wichtig, Ereignisse festzuhalten. Verstehen Sie? Wenn Sie jemand etwas tun sehen, was Sie als gut oder schlecht betrachten, bilden Sie sich eine Meinung über ihn, die dazu neigt, fixiert zu werden. Und wenn Sie dieser Person zehn Tage oder ein Jahr später wieder begegnen, denken Sie über sie immer noch so, wie es Ihrer einmal gefaßten Meinung entspricht. Er hat sich indes vielleicht während dieser Zeit geändert. Deshalb ist es wichtig, nicht zu sagen: »Er ist so«, sondern zu sagen: »Im Februar war er so,« weil er am Ende des Jahres vielleicht ganz anders ist. Falls Sie von jemand sagen: »Ich kenne diese Person«, können Sie völlig falsch liegen, weil Sie diese Person nur bis zu einem bestimmten Punkt kennen, oder aufgrund von Ereignissen, die zu einer bestimmten Zeit stattfanden, und darüber hinaus kennen Sie die Person überhaupt nicht. Also ist es wichtig, einem anderen Menschen immer mit einem frischen Geist zu begegnen und nicht mit Ihren Vorurteilen, mit Ihren festen Vorstellungen, mit Ihren Meinungen.

*Frage:* Was ist Fühlen und wie fühlen wir?

*Krishnamurti:* Wenn Sie Unterricht in Physiologie haben, werden Ihre Lehrer Ihnen wahrscheinlich erklärt haben, wie das menschliche Nervensystem aufgebaut ist. Wenn Sie jemand zwickt, fühlen Sie Schmerz. Was bedeutet das? Ihre Nerven leiten eine Sinneswahrnehmung an das Gehirn weiter; das Gehirn übersetzt sie in Schmerz, und dann sagen Sie: »Du hast mir weh getan«. Das ist das physische Fühlen.

Entsprechend gibt es psychisches Fühlen, nicht wahr? Wenn Sie meinen, Sie seien wunderhübsch und jemand sagt: »Sie sind eine häßliche Person«, fühlen Sie sich verletzt. Was heißt das? Sie hören gewisse Worte, welche das Gehirn als unerfreulich oder beleidigend übersetzt, und Sie sind verstört; oder jemand schmeichelt Ihnen und Sie sagen: »Wie angenehm ist es, das zu hören«. Fühlen-Denken ist also eine Reaktion, eine Reaktion auf einen Nadelstich, auf eine Beleidigung, auf Schmeichelei und so weiter. Das Ganze zusammen ist der Prozeß von Fühlen-Denken; er ist aber sehr viel komplexer, und Sie können tiefer und tiefer hineingehen.

Sehen Sie, wenn wir ein Gefühl haben, benennen wir es immer. Wir sagen, es sei angenehm oder schmerzhaft. Wenn wir wütend sind, geben wir diesem Gefühl einen Namen, nennen es Wut. Haben Sie aber jemals darüber nachgedacht, was geschehen würde, wenn Sie ein Gefühl nicht benennen würden? Versuchen Sie es einmal. Wenn Sie nächstes Mal ärgerlich werden, benennen Sie das nicht, nennen Sie es nicht Ärger; seien Sie sich nur des Gefühls bewußt, ohne ihm einen Namen zu geben, und beobachten Sie, was geschieht.

*Frage:* Was ist der Unterschied zwischen der indischen und der amerikanischen Kultur?

*Krishnamurti:* Wenn wir über amerikanische Kultur sprechen, meinen wir im allgemeinen die europäische Kultur, die nach Amerika verpflanzt wurde und die seither verändert und erweitert wurde, als sie auf neue physische und mentale Herausforderungen stieß.

Und was ist indische Kultur? Was ist das für eine Kultur, die Sie hier haben? Was meinen Sie mit dem Wort »Kultur«? Wenn Sie schon einmal gegärtnert haben, wissen Sie, wie man den Boden kultiviert und vorbereitet. Sie graben, beseitigen Steine und fügen, falls nötig, vielleicht Kompost hinzu, eine verrottete Mischung aus Blättern, Heu, Mist und anderen organischen Stoffen, um den Boden anzureichern. Dann pflanzen Sie. Der reiche Boden gibt der Pflanze Nahrung, und die Pflanze bringt allmählich dieses wunderhübsche Ding hervor, das Rose genannt wird.

So etwa ist die indische Kultur. Millionen von Menschen haben sie mit ihrem Lebenskampf hervorgebracht, indem sie ihren Willen einsetzten, indem sie dieses wünschten und jenes ablehnten, indem sie unablässig dachten, litten, fürchteten, mieden, genossen. Und auch Klima, Nahrung und Kleidung haben einen Einfluß. Wir haben hier also einen außergewöhnlichen

Boden. Der Geist ist der Boden, und bevor er vollständig geformt war, gab es einige wenige vitale, kreative Leute, die über ganz Asien hereinbrachen. Sie sagten nicht wie Sie: »Ich muß akzeptieren, was die Gesellschaft verfügt. Was wird mein Vater von mir denken, falls ich das nicht tue?« Im Gegenteil, es waren Menschen, die etwas entdeckt hatten, und dafür haben sie sich nicht etwa erwärmt, nein, Feuer gefangen haben sie. Nun, alles zusammen macht die indische Kultur aus. Was Sie denken, was Sie essen, wie Sie sich kleiden, Ihr Betragen, Ihre Traditionen, Ihre Art zu sprechen, Ihre Bilder und Skulpturen, Ihre Götter, Ihre Priester und Ihre heiligen Schriften – alles das ist die indische Kultur, nicht wahr?

Die indische Kultur unterscheidet sich also etwas von der europäischen Kultur, aber unterschwellig ist ihre Bewegung dieselbe. Diese Bewegung mag sich in Amerika anders ausprägen, weil die Anforderungen dort andere sind; es gibt dort weniger Tradition und mehr Kühlschränke, Autos, und so fort. Aber unterschwellig ist es dieselbe Bewegung – das Bestreben, Glück zu finden, herauszufinden, was Gott ist, was Wahrheit ist; und wenn diese Bewegung aussetzt, erlebt die Kultur einen Niedergang, wie es in diesem Land geschehen ist. Wenn diese Bewegung durch Autorität, durch Tradition, durch Angst blockiert wird, dann tritt Verschleiß und Zerfall ein.

Der Drang, herauszufinden, was Wahrheit ist, was Gott ist, ist der einzige wahre Drang, und alle anderen Bestrebungen sind nachgeordnet. Wenn Sie einen Stein in stilles Wasser werfen, macht er Ringe, die sich ausbreiten. Die sich ausbreitenden Ringe sind nachgeordnete Bewegungen, sind gesellschaftliche Reaktionen, aber die ursprüngliche Bewegung ist die in der Mitte. Sie besteht in der Suche nach Glück, Gott, Wahrheit – und das können Sie nicht finden, solange Sie Furcht oder Drohung gefangenhält. Von dem Augenblick an, in dem Drohungen und Ängste auftauchen, neigt sich die Kultur ihrem Niedergang zu.

Deshalb ist es sehr wichtig, schon während Sie jung sind, *nicht* konditioniert zu werden, keine Angst vor Ihren Eltern, vor der Gesellschaft zu haben, damit Sie in sich diese zeitlose Bewegung tragen und entdecken können, was Wahrheit ist. Die Menschen, die nach der Wahrheit suchen, nach Gott – nur solche Menschen können eine neue Zivilisation schaffen, eine neue Kultur; nicht jene Menschen, die sich anpassen oder die sich nur innerhalb des Gefängnisses alter Konditionierungen erheben. Sie können sich kleiden wie ein Asket, dieser oder jener Vereinigung beitreten, eine Religion gegen eine andere tauschen, auf die eine oder andere Weise versuchen, frei zu sein; ist in Ihnen aber nicht das Bemühen herauszufinden, was Wirklichkeit ist, was Wahrheit ist, was Liebe ist, so werden Ihre Bemühungen sinnlos sein. Sie mögen sehr gebildet sein und Dinge tun, welche die Gesellschaft gutheißt, diese liegen aber alle innerhalb der Gefängnismauern der Tradition und haben deshalb keinerlei revolutionären Wert.

*Frage:* Was halten Sie von Indern?

*Krishnamurti:* Das ist eine wirklich unschuldige Frage, nicht wahr? Es ist eine Sache, Fakten ohne Meinung anzuschauen, eine völlig andere, Meinungen über Fakten zu haben. Es ist eine Sache, die Tatsache zu sehen, daß ein ganzes Volk in Aberglauben, in Furcht gefangen ist, aber eine ganze andere, die Tatsache zu sehen und sie zu verdammen. Meinungen sind nicht wichtig, weil ich bald wieder eine andere haben werde. Sich um Meinungen zu kümmern ist eine stupide Art des Denkens. Es ist wichtig, Fakten so zu sehen, wie sie sind, ohne Meinung, ohne zu urteilen, ohne zu vergleichen.

Schönheit zu empfinden ohne inneren Kommentar ist die einzig echte Wahrnehmung von Schönheit. Ebenso ist es, wenn Sie die Menschen Indiens einfach so sehen können, wie sie sind, sie klar sehen ohne festgelegte Meinungen und ohne Urteil. Dann wird das, was Sie sehen, real sein.

Inder haben bestimmte Verhaltensweisen, bestimmte eigene Sitten, sind aber im Grunde wie irgendwelche anderen Leute. Sie langweilen sich, sie sind grausam, sie haben Angst, sie lehnen sich innerhalb des Gefängnisses der Gesellschaft auf, genau so wie die Leute überall sonst. Wie die Amerikaner möchten sie auch Komfort, nur haben sie ihn derzeit noch nicht im gleichen Umfang. Sie haben eine sehr starke Tradition der Weltentsagung und des heiligen Lebens; sie kennen aber auch tiefverwurzelte Ambitionen, Heuchelei, Habgier, Neid, und sie sind in

Kasten zerfallen wie Menschen anderswo auch, nur ist das hier viel brutaler. Hier in Indien können Sie das gesamte Phänomen dessen, was in der Welt geschieht, näher betrachten. Wir möchten geliebt werden, wissen aber nicht, was Liebe ist; wir sind unglücklich, dürsten nach etwas Wirklichem, und wir wenden uns Büchern zu, den *Upanishaden,* der *Bhagavad Gita,* oder der Bibel. Also verlieren wir uns in Worten, in Spekulationen. Ob hier oder in Rußland oder in Amerika, der menschliche Geist ist der gleiche – er drückt sich nur unter anderem Himmel und unter anderen Herrschaftsformen anders aus.

# Das Vertrauen der Unschuld

Wir haben die Frage der Revolte im Gefängnis diskutiert: Alle Reformer, Idealisten und andere, die unaufhörlich tätig sind, um bestimmte Resultate zu erzielen, revoltieren immer nur innerhalb der Mauern ihrer eigenen Konditionierung, innerhalb der Mauern ihrer eigenen Gesellschaftsstruktur, innerhalb des kulturellen Musters der Zivilisation, die ein Ausdruck des kollektiven Willens der vielen ist. Ich denke, es würde sich jetzt lohnen zu betrachten, was Vertrauen ist und wie es entsteht.

Durch Initiative entsteht Vertrauen; Initiative innerhalb eines Musters bringt allerdings nur *Selbst*-Vertrauen, das sich völlig vom Vertrauen ohne ein Selbst unterscheidet. Wissen Sie, was es bedeutet, Vertrauen zu haben? Wenn Sie etwas mit Ihren eigenen Händen tun, wenn Sie einen Baum pflanzen und ihn wachsen sehen, wenn Sie ein Bild malen oder ein Gedicht schreiben oder, wenn Sie älter sind, eine Brücke bauen oder eine Verwaltungsarbeit verrichten, und es gelingt Ihnen ausgezeichnet, so gibt Ihnen das Vertrauen in Ihre Fähigkeit, etwas zu tun. Aber, sehen Sie, Vertrauen, wie wir es jetzt kennen, fassen wir immer nur zu etwas innerhalb des Gefängnisses, das die Gesellschaft – sei sie kommunistisch, hinduistisch oder christlich – um uns herum gebaut hat. Initiative im Gefängnis schafft ein bestimmtes Vertrauen, weil Sie merken, daß Sie bestimmte Dinge tun können: Sie können einen Motor entwerfen, ein sehr guter Arzt sein, ein exzellenter Wissenschaftler sein und so weiter. Dieses Gefühl von Vertrauen jedoch, das sich mit der Fähigkeit einstellt, innerhalb der Gesellschaftsstruktur Erfolg zu haben oder das Innere des Gefängnisses zu reformieren, besser zu beleuchten, zu dekorieren, ist in Wahrheit *Selbst*-Vertrauen: Sie wissen, daß Sie etwas tun können, und Sie fühlen sich wichtig dabei, es zu tun. Wenn Sie dagegen durch Ihr Prüfen und Begreifen aus der Gesellschaftsstruktur, von der Sie ein Teil sind, ausbrechen, gewinnen Sie ein ganz anderes Vertrauen, ohne

Sinn für eigene Wichtigkeit. Und wenn wir den Unterschied zwischen diesen beiden verstehen können – zwischen Selbst-Vertrauen und Vertrauen ohne Selbst –, denke ich, wird das große Bedeutung in unserem Leben haben.

Wenn Sie ein Spiel sehr gut spielen, wie Federball, Kricket oder Fußball, haben Sie ein bestimmtes Gefühl von Selbstver-trauen, nicht wahr? Es gibt Ihnen das Gefühl, daß Sie wirklich gut darin sind. Wenn Sie rasch im Lösen von Mathematik-Aufgaben sind, bekommen Sie ein Gefühl von Selbst-Sicher-heit. Wenn Vertrauen aus einer Tätigkeit innerhalb der Gesell-schaftsstruktur gewonnen wird, geht es immer einher mit einer seltsamen Arroganz. Das Vertrauen eines Menschen, der Dinge erledigen kann, der Ergebnisse erreichen kann, wird immer von der Arroganz seines Selbst gefärbt, vom Gefühl: »Ich bin es, der das geschafft hat.« Im Erreichen eines Resultats, im Zustande-bringen einer sozialen Reform innerhalb dieses Gefängnisses liegt schon die Arroganz des Selbst, nämlich das Gefühl, daß »ich« das geschafft habe, daß *mein* Ideal wichtig ist, daß *meine* Gruppe erfolgreich ist. Dieser Sinn für »mich« und »mein« geht immer einher mit jenem Vertrauen, das innerhalb des so-zialen Gefängnisses zum Ausdruck kommt.

Haben Sie nicht bemerkt, wie arrogant Idealisten sind? Die politischen Führer, die bestimmte Resultate erzielen, die große Reformen erreichen – haben Sie nicht bemerkt, daß sie ganz von sich selbst erfüllt sind, von ihren Idealen und ihren Erfol-gen aufgeblasen? Ihrer eigenen Einschätzung nach sind sie sehr bedeutend. Lesen Sie einige der politischen Reden, beobachten Sie einige dieser Leute, die sich selbst Reformer nennen; und Sie werden sehen, daß diese Leute gerade durch ihre Reformen ihr eigenes Ego kultivieren. Ihre Reformen, wie weitreichend sie auch sein mögen, finden immer noch innerhalb des Gefäng-nisses statt. Deshalb sind sie destruktiv und bringen den Men-schen letztlich nur noch mehr Leiden und Konflikte.

Falls Sie nun diese ganze Gsellschaftsstruktur durchschauen, das Kulturmuster des kollektiven Willens, das wir Zivilisation nennen – wenn Sie all das verstehen und sich davon freimachen können, wenn Sie die Gefängnismauern Ihrer speziellen Ge-sellschaft durchbrechen können, ob sie nun hinduistisch, kom-munistisch oder christlich ist, dann werden Sie feststellen, daß ein Vertrauen entsteht, das nicht vom Gefühl der Arroganz verdorben ist. Es ist das Vertrauen der Unschuld. Es ist wie das Vertrauen eines Kindes, das durch und durch unschuldig ist, so daß es alles versuchen wird. Es ist dieses unschuldige Vertrauen, das eine neue Zivilisation hervorbringen wird; dieses unschuldige Vertrauen kann jedoch nicht entstehen, solange Sie innerhalb des gesellschaftlichen Musters bleiben.

Bitte hören Sie aufmerksam zu! Der Sprecher ist nicht im mindesten wichtig, aber es ist für Sie sehr wichtig, die Wahrheit des hier Gesagten zu verstehen. Das ist schließlich Bildung, oder nicht? Die Aufgabe der Erziehung ist nicht, Sie gesellschaftlichen Mustern anzupassen; im Gegenteil besteht sie darin, Ihnen zu helfen, ganz, tiefgreifend und umfassend zu verstehen und dadurch aus dem Muster auszubrechen, so daß Sie ein Individuum ohne jene Selbstüberheblichkeit sind. Vertrauen aber haben Sie, weil Sie wirklich unschuldig sind.

Ist es nicht eine große Tragödie, daß wir uns fast alle nur damit beschäftigen, wie man sich der Gesellschaft anpaßt oder wie man sie reformiert? Haben Sie bemerkt, daß die meisten Fragen, die Sie stellen, diese Haltung widerspiegeln? Sie sagen letztlich: »Wie kann ich in die Gesellschaft passen? Was werden mein Vater und meine Mutter sagen, und was wird mir geschehen, wenn ich nicht hineinpasse?« Eine solche Einstellung zerstört jegliches Vertrauen, jegliche Initiative, die Sie haben. Und sie gehen von der Schule und vom College ab wie so viele »Automaten«, vielleicht höchst effizient, aber ohne irgendeine kreative Flamme. Deshalb ist es so wichtig, die Gesellschaft zu verstehen, die Umgebung, in der man lebt, und – durch diesen Vorgang des Verstehens – auszubrechen.

Sehen Sie, das ist überall auf der Welt ein Problem. Der Mensch sucht nach einer neuen Antwort auf das Leben, nach einem neuen Zugang zum Leben, weil die alten Wege verfallen, sei es in Europa, in Rußland oder hier in Indien. Leben ist eine ständige Herausforderung, und nur eine bessere Wirtschaftsordnung einführen zu wollen, ist keine totale Antwort auf diese Herausforderung, die sich immer wieder neu stellt. Und wenn Kulturen, Völker, Zivilisationen unfähig sind, sich der Herausforderung des Neuen total zu stellen, gehen sie unter .

Es sei denn, daß Sie auf die rechte Weise erzogen sind, es sei denn, daß Sie dieses außergewöhnliche Vertrauen der Unschuld haben. Sonst werden Sie unweigerlich vom Kollektiv absorbiert und verlieren sich in Mittelmäßigkeit. Sie werden Ihrem Namen einen Titel hinzufügen, Sie werden verheiratet sein, Kinder haben, und das wird Ihr Ende sein.

Wissen Sie, die meisten von uns haben Angst. Ihre Eltern fürchten sich, Ihre Erzieher haben Angst, die Regierungen und Religionen fürchten sich davor, daß Sie ganz Individuum werden, weil sie alle wollen, daß Sie gesichert im Gefängnis der Umwelt- und Kultureinflüsse bleiben. Es sind jedoch nur jene Individuen, welche die gesellschaftlichen Muster und Strukturen durchbrechen, indem sie sie durchschauen, und die deshalb nicht durch die Konditionierung ihres eigenes Geistes gebunden sind – es sind nur solche Leute, die eine neue Zivilisation hervorbringen können, nicht Leute, die sich nur anpassen oder sich einem bestimmten Muster widersetzen, weil sie von einem anderen geprägt sind. Die Suche nach Gott oder Wahrheit findet nicht im Gefängnis statt, sondern liegt vielmehr darin, das Gefängnis zu verstehen und seine Mauern zu durchbrechen – und genau diese Bewegung auf die Freiheit zu schafft eine neue Kultur, eine andere Welt.

*Frage:* Sir, warum wollen wir einen Gefährten haben?

*Krishnamurti:* Ein Mädchen fragt, warum wir einen Gefährten möchten. Warum möchte man einen Gefährten haben? Können Sie in dieser Welt allein leben, ohne einen Mann oder eine Frau, ohne Kinder, ohne Freunde? Die meisten Leute können nicht allein leben und brauchen deshalb Gefährten. Es erfordert enorme Intelligenz, allein zu sein, und Sie *müssen* allein sein, um Gott, um Wahrheit zu finden. Es ist schön, einen Gefährten zu haben, einen Mann oder eine Frau, und auch Babys zu haben; aber, sehen Sie, wir verlieren uns darin, wir verlieren uns in der Familie, im Job, in der dumpfen, monotonen Routine einer zerfallenden Existenz. Wir gewöhnen uns daran; und dann wird der Gedanke, allein zu leben, fürchterlich, etwas, wovor man Angst haben muß. Die meisten von uns haben ihren ganzen Glauben in eine Sache gesetzt, ihren ganzen Einsatz auf ein Pferd, und unser Leben kennt außer unseren Gefährten, außer unseren Familien und unserer Arbeit keine Fülle. Falls es aber Fülle, Reichtum im eigenen Leben gibt – nicht den Reichtum des Goldes oder des Wissens, den jeder erwerben kann, sondern den Reichtum, welcher die Bewegung der Wirklichkeit ohne Anfang und ohne Ende ist – dann wird Partnerschaft zu einer zweitrangigen Angelegenheit.

Aber, sehen Sie, Sie sind nicht dazu erzogen worden, allein zu sein. Gehen Sie jemals allein spazieren? Es ist sehr wichtig, allein spazierenzugehen, unter einem Baum zu sitzen – nicht mit einem Buch, nicht mit einem Gefährten, sondern ganz für sich allein – und das Fallen eines Blattes zu beobachten, das Schwappen des Wassers, das Lied des Fischers zu hören, den Flug eines Vogels zu beobachten und den Ihr eigenen Gedanken, wie sie sich im Raum ihres Geistes jagen. Falls Sie fähig sind, allein zu sein und diese Dinge zu beobachten, werden Sie außergewöhnliche Reichtümer entdecken, die keine Regierung besteuern kann, die keine menschliche Institution korrumpieren kann, und die niemand zerstören kann.

*Frage:* Ist es Ihr Hobby, Vorträge zu halten? Werden Sie dessen nicht überdrüssig? Warum machen Sie das?

*Krishnamurti:* Ich bin froh, daß Sie diese Frage gestellt haben. Wissen Sie, wenn Sie etwas lieben, werden Sie dessen nie überdrüssig. Ich meine eine Liebe, in der es kein Streben nach einem Ergebnis gibt, die nichts für sich zurück verlangt. Wenn Sie etwas lieben, ist das keine Selbsterfüllung, deshalb gibt es keine Enttäuschung, kein Ende. Warum ich das mache? Sie könnten genausogut fragen, warum die Rose blüht, warum der Jasmin duftet oder warum die Vögel fliegen.

Sehen Sie, ich habe versucht, *nicht* zu reden, herauszufinden, was geschieht, wenn ich nicht spreche. Das ist auch in Ordnung. Verstehen Sie? Wenn Sie sprechen, weil Sie etwas dafür erhalten – Geld, eine Belohnung, das Gefühl eigener Wichtigkeit –, dann gibt es Irritationen, dann ist Ihr Sprechen zerstörerisch; es hat keine Bedeutung, weil es nur Selbsterfüllung ist. Wenn aber Liebe in Ihrem Herzen ist und Ihr Herz nicht mit Dingen des Geistes beladen ist, dann ist das Sprechen wie ein Brunnen, wie eine Quelle, die zeitlos ist und frisches Wasser gibt.

101

*Frage:* Wenn ich eine Person liebe und sie ärgerlich wird, warum ist ihr Ärger so heftig?

*Krishnamurti:* Ersteinmal, lieben Sie jemand? Wissen Sie, was es heißt zu lieben? Es heißt, Ihren Geist, Ihr Herz, Ihr ganzes Wesen vollständig hinzugeben und nichts dafür zu verlangen, keine Bettlerschale hinauszustellen, um Liebe zu bekommen. Verstehen Sie? Wenn es sich um eine solche Art von Liebe handelt, gibt es dann Ärger? Und warum werden wir wütend, wenn wir jemand mit der gewöhnlichen, sogenannten Liebe lieben? Deshalb, weil wir etwas nicht erhalten, was wir von dieser Person erwarten, nicht wahr? Ich liebe meine Frau oder meinen Mann, meinen Sohn oder meine Tochter, aber im Moment, in dem sie etwas »Falsches« tun, werde ich ärgerlich. Warum?

Warum ärgert sich der Vater über seinem Sohn oder seine Tochter? Weil er möchte, daß das Kind etwas ist oder etwas tut, sich einem bestimmten Muster fügt, und das Kind lehnt sich auf. Eltern versuchen, sich selbst durch ihren Besitz und durch ihre Kinder zu erfüllen, zu verewigen, und wenn das Kind etwas macht, dem sie nicht zustimmen, werden sie ganz wütend. Sie haben eine Idealvorstellung von dem, was das Kind sein sollte, und über dieses Ideal erfüllen sie sich selbst; und sie werden ärgerlich, wenn das Kind nicht in das Muster paßt, das ihre Erfüllung ist.

Haben Sie beobachtet, wie ärgerlich Sie manchmal auf einen Ihrer Freunde werden? Da geht es um denselben Vorgang. Sie erwarten etwas von ihm, und wenn diese Erwartung nicht erfüllt wird, sind Sie enttäuscht – was bedeutet, daß Sie innerlich von dieser Person abhängig sind. Wo immer eine psychische Abhängigkeit besteht, muß es Frustration geben; Frustration bringt unweigerlich Ärger, Bitterkeit, Eifersucht und verschiedene andere Formen von Konflikt mit sich. Deshalb ist es sehr wichtig, besonders solange Sie jung sind, etwas mit Ihrem ganzen Wesen zu lieben – einen Baum, ein Tier, Ihren Lehrer, Ihre Eltern – denn dann werden Sie selbst feststellen, was es heißt, ohne Konflikt, ohne Furcht zu sein.

Aber wissen Sie, der Erzieher kümmert sich im allgemeinen um sich selbst, er geht ganz in seinen persönlichen Sorgen um seine Familie, sein Geld, seine Stellung auf. Er hat keine Liebe in seinem Herzen, und das ist eine der Schwierigkeiten in der Erziehung. *Sie* mögen Liebe in Ihrem Herzen tragen, weil es eine natürliche Sache ist zu lieben, wenn man jung ist; die Liebe wird aber bald von den Eltern, vom Erzieher, von der gesellschaftlichen Umgebung zerstört. Diese Unschuld, diese Liebe, die der Duft des Lebens ist, zu erhalten, ist außergewöhnlich anstrengend; es erfordert ein hohes Maß an Intelligenz und Einsicht.

*Frage:* Wie kann sich der Geist über seine Behinderungen erheben?

*Krishnamurti:* Um über Hindernisse hinauszugehen, muß der Geist diese erst einmal wahrnehmen, oder nicht? Sie müssen die Einschränkungen, die Begrenzungen, die Schranken Ihres eigenen Geistes kennen; aber sehr wenige unter uns kennen sie. Wir behaupten, daß wir das tun, aber das ist lediglich eine verbale Feststellung. Wir sagen nie: »Hier ist eine Barriere, eine Bindung in mir, und ich möchte sie verstehen; deshalb werde ich sie erkennen, sehen, wie sie entstand und was sie ihrem ganzen Wesen nach ist.« Wenn man eine Krankheit erkennt, gibt es die Möglichkeit, sie zu heilen. Um aber die Krankheit, die spezielle Behinderung, Bindung oder die Hindernisse des Geistes zu erkennen und zu verstehen, darf man sie nicht verurteilen, darf man sie nicht als richtig oder falsch bezeichnen. Man muß sie beobachten, ohne eine Meinung oder ein Vorurteil darüber zu haben – was außergewöhnlich schwierig ist, weil wir dazu erzogen worden sind zu verurteilen.

Um ein Kind zu verstehen, darf man es nicht verurteilen. Es zu verurteilen hat keinen Sinn. Sie müssen es beobachten, wenn es spielt, weint, ißt; Sie müssen es in all seinen Launen beobachten; Sie können das aber nicht, wenn Sie sagen, es sei häßlich, es sei dumm, es sei dies oder das. Wenn man in ähnlicher Weise die Behinderungen des Geistes beobachten kann, nicht nur die oberflächlichen Hindernisse, sondern auch jene tiefer im Unbewußten liegenden, – wenn man sie ohne Verurteilung beobachten kann, dann kann der Geist darüber hinausgehen. Und gerade dieses Überschreiten ist eine Bewegung zur Wahrheit hin.

*Frage:* Warum hat Gott so viele Männer und Frauen auf der Welt geschaffen?

*Krishnamurti:* Warum gehen Sie davon aus, daß Gott uns geschaffen hat? Es gibt eine sehr einfache Erklärung: den biologischen Instinkt. Instinkt, Verlangen, Leidenschaft, Lust sind alle Teil des Lebens. Wenn Sie sagen: »Leben ist Gott«, dann ist das eine andere Sache. Dann ist Gott alles, einschließlich Leidenschaft, Lust, Neid, Angst. All diese Faktoren haben zu einer überwältigenden Anzahl von Männern und Frauen geführt, so daß wir das Problem der Überbevölkerung haben, eine der Plagen dieses Landes. Aber wissen Sie, dies Problem ist nicht so einfach zu lösen. Der Mensch ist Erbe unterschiedlicher Instinkte und Zwänge, und wenn man versucht, nur die Geburtenrate zu regulieren, ohne den gesamten komplexen Prozeß zu verstehen, so hat das keine große Bedeutung. Wir haben über diese Welt Verderben gebracht; jeder von uns, weil wir nicht wissen, was Leben ist. Leben ist nicht diese klägliche, mittelmäßige, disziplinierte Angelegenheit, die wir unsere Existenz nennen. Leben ist etwas gänzlich anderes. Es ist überreich, zeitlos wandelbar, und solange wir diese ewige Bewegung nicht verstehen, wird unser Leben nur sehr wenig Sinn haben.

# Gleichheit und Freiheit

Regen über trockenem Land ist eine außerordentliche Sache, nicht wahr? Er wäscht die Blätter sauber, die Erde wird erfrischt. Und ich denke, wir alle sollten unseren Geist vollkommen reinwaschen, so wie die Bäume vom Regen gewaschen werden, weil sie vom Staub der Jahrhunderte so schwer beladen sind, von jenem Staub, den wir Wissen und Erfahrung nennen. Falls Sie und ich jeden Tag unseren Geist reinigen würden, frei machen von den Erinnerungen an gestern, dann würde jeder von uns einen frischen Geist haben, einen Geist, der in der Lage ist, mit den vielen Problemen der Existenz umzugehen.

Eines der großen Probleme, welches die Welt umtreibt, ist das, was Gleichheit genannt wird. In einem bestimmten Sinn gibt es so etwas wie Gleichheit nicht, weil wir alle viele unterschiedliche Fähigkeiten haben; aber wir besprechen Gleichheit in jenem Sinn, daß alle Menschen gleich behandelt werden sollten. In einer Schule zum Beispiel sind die Positionen des Rektors, der Lehrer und der Hauseltern lediglich Jobs, Funktionen. Aber, wie Sie wissen, ist mit gewissen Jobs oder Funktionen das verbunden, was Status genannt wird; und Status wird respektiert, weil er Macht und Prestige einschließt, weil er einige in die Lage versetzt, Leute abzuweisen, Leute herumzukommandieren, Jobs an Freunde und an Familienmitglieder zu vergeben. Mit der Funktion ist also Status verbunden. Wenn wir jedoch diese ganze Idee von Status, Macht, Position, Prestige und Begünstigungen beseitigen könnten, dann würden Funktionen eine ganz andere und einfache Bedeutung gewinnen. Dann würden Leute, ganz gleich ob sie Gouverneure, Premierminister, Köche oder arme Lehrer wären, alle mit demselben Respekt behandelt, weil sie alle eine zwar verschiedene, aber notwendige Funktion in der Gesellschaft ausüben.

Wissen Sie, was in einer Schule geschehen würde, falls wir bei Funktionen wirklich das ganze Gefühl von Macht, Stellung,

Prestige beseitigen könnten und das Gefühl: »Ich bin das Oberhaupt, ich bin bedeutend?« Wir alle würden in einer ganz anderen Atmosphäre leben, nicht wahr? Es gäbe keine Autorität im Sinne von »die da oben und die da unten,« von wichtigen und unwichtigen Menschen, und deshalb gäbe es Freiheit. Und es ist sehr wichtig, daß wir eine solche Atmosphäre in der Schule schaffen, eine Atmosphäre von Freiheit, in der Liebe ist, in der man ein ungeheures Gefühl von Vertrauen spürt. Vertrauen entsteht nämlich, wenn ihr euch ganz zu Hause und sicher fühlt. Fühlt ihr euch in eurem eigenen Haus wohl, wenn euer Vater, eure Mutter und eure Großmutter euch ständig sagen, was ihr zu tun habt, so daß ihr euch allmählich nicht mehr zutraut, selbst etwas zustande zu bringen? Während ihr aufwachst, müßt ihr diskutieren können, um herauszufinden, ob das, was ihr denkt, wahr ist und ihr dabei bleiben könnt. Ihr müßt fähig sein, für etwas einzustehen, was ihr als richtig betrachtet, obwohl es Schmerz, Leiden, Geldverlust und so weiter mit sich bringt; und daher müßt ihr euch, während ihr jung seid, vollständig sicher und wohl fühlen.

Die meisten jungen Leute fühlen sich nicht sicher, weil sie erschreckt sind. Sie fürchten sich vor den Älteren, ihren Lehrern, ihren Müttern und Vätern – also fühlen sie sich nie richtig zu Hause. Aber wenn Sie sich zu Hause fühlen, dann geschieht etwas sehr Merkwürdiges. Wenn Sie in Ihr Zimmer gehen, die Tür abschließen und dort unbemerkt Sie selbst sein dürfen, ohne jemand, der Ihnen sagt, was zu tun ist, dann fühlen Sie sich vollständig sicher; und dann beginnen Sie aufzublühen, zu verstehen, sich zu entfalten. Ihnen zu helfen, sich zu entfalten, ist die Aufgabe einer Schule; und wenn sie Ihnen nicht hilft, sich zu entfalten, ist es überhaupt keine Schule.

Wenn Sie sich an einem Ort in dem Sinn zu Hause fühlen, daß Sie sich sicher fühlen, nicht heruntergemacht und nicht gezwungen werden, dies oder das zu tun, oder nicht zu tun, wenn Sie sich sehr glücklich und völlig gelöst fühlen, dann sind Sie nicht unleidlich; nicht wahr? Wenn Sie wirklich glücklich sind, wollen Sie keinen verletzen, wollten Sie nichts zerstören. Den Schüler sich vollständig glücklich fühlen zu lassen, ist aber außerordentlich schwierig, weil er mit der Vorstellung zur Schule kommt, daß der Rektor, die Lehrer und die Hauseltern ihm sagen werden, was zu tun ist und ihn herumstoßen werden. Also hat er Angst.

Die meisten von Ihnen kommen aus Häusern oder aus Schulen, in denen Sie dazu erzogen worden seid, Status zu respektieren. Vater und Mutter haben Status, der Rektor hat Status, also kommen Sie mit Furcht hierher und respektieren den Status. Wir müssen in der Schule aber eine wirkliche Atmosphäre von Freiheit schaffen, und die kann nur entstehen, wenn die Funktionen keinen Status haben und es deshalb ein Gefühl von Gleichheit gibt. Das wahre Anliegen von richtiger Erziehung besteht darin, Ihnen zu helfen, ein vitaler, empfindsamer Mensch zu sein, der keine Angst hat und keinen falschen Respekt vor Status.

*Frage:* Warum machen uns Sport und Spiele Spaß und nicht unsere Lehrfächer?

*Krishnamurit:* Aus einem sehr einfachen Grund: weil Ihre Lehrer nicht unterrichten können. Das ist alles. Es gibt keinen komplizierten Grund dafür. Wissen Sie, wenn ein Lehrer Mathematik liebt oder Geschichte oder was immer er auch unterrichtet, dann werden auch Sie dieses Fach lieben, weil die Liebe, mit der etwas getan wird, sich überträgt. Wissen Sie das nicht? Wenn ein Musiker das Singen liebt und ganz darin aufgeht, überträgt sich dieses Gefühl nicht von selbst auf Sie, die Sie ihm zuhören? Sie spüren, daß Sie auch gern lernen würden zu singen. Aber die meisten Erzieher lieben ihr Fach nicht; es ist ihnen langweilig geworden, eine Routine, die sie durchziehen müssen, um ihren Lebensunterhalt zu verdienen. Wenn Ihre Lehrer das Unterrichten wirklich lieben würden, wissen Sie, was dann mit Ihnen geschehen würde? Sie würden zu außerordentlichen Menschen. Sie würden nicht nur Ihre Spiele und Ihre Studien lieben, sondern auch die Blumen, den Fluß, die Vögel, die Erde, weil Ihr Herz für diese Sache schlägt; und Sie würden viel schneller lernen. Ihr Geist wäre ausgezeichnet und nicht mittelmäßig.

Deshalb ist es so wichtig, den Erzieher zu erziehen – was sehr schwierig ist, weil die meisten Erzieher in ihren Gewohnheiten schon sehr festgelegt sind. Auf den Jungen lastet die Gewohnheit allerdings nicht so schwer, und wenn Sie auch nur eine einzige Sache um ihrer selbst willen lieben – wenn Sie Ihre Spiele wirklich lieben, oder Mathematik oder Geschichte oder Malerei oder Gesang – dann werden Sie feststellen, daß Sie intellektuell wach und vital sind, und Sie werden in allen ihren Studienfächern sehr gut sein. Schließlich will der Geist erforschen, erkennen, weil er neugierig ist; diese Neugier aber wird durch die falsche Art von Erziehung zerstört. Deshalb ist es nicht nur der Student, der ausgebildet werden muß, sondern auch der Lehrer. Leben ist in sich ein Prozeß der Erziehung, ein Prozeß des Lernens. Prüfungen hören einmal auf, aber Lernen hört nie auf, und Sie können von allem lernen, wenn Ihr Geist neugierig ist und wach.

*Frage:* Sie haben gesagt, wenn man etwas als falsch erkennt, dann verschwindet das Falsche. Täglich sehe ich, wie falsch das Rauchen ist, aber es läßt nicht nach.

*Krishnamurti:* Haben Sie je erwachsene Leute rauchen sehen, Ihre Eltern, Ihre Lehrer, Ihre Nachbarn oder sonst jemand? Für sie ist es zu einer Gewohnheit geworden, nicht wahr? Sie rauchen Tag für Tag, jahrein, jahraus, und sie sind zu Sklaven ihrer Gewohnheit geworden. Viele von ihnen erkennen, wie dumm es ist, Sklave einer Gewohnheit zu sein, und sie kämpfen gegen die Gewohnheit an, sie versuchen sie zu beherrschen, sie widerstehen ihr, sie versuchen auf jede mögliche Weise von ihr loszukommen. Aber, sehen Sie, eine Gewohnheit ist eine tote Sache, sie ist eine Handlungsweise, die automatisch geworden ist, und je mehr man dagegen ankämpft, desto mehr stärkt man sie. Wenn aber die Person, die raucht, ihre Gewohnheit bewußt verfolgt, wenn sie wahrnimmt, wie sie ihre Hand in die Tasche steckt, die Zigarette herausholt, sie aufklopft, sie in den Mund steckt, sie anzündet und den ersten Zug nimmt – wenn sie jedes Mal die Durchführung dieser Routine einfach beobachtet, ohne sie zu verurteilen, ohne zu sagen, wie schrecklich es ist zu rauchen, dann gibt die Person dieser speziellen Gewohnheit keine neue Nahrung. Um etwas, das zur Gewohnheit geworden ist, wirklich fallenzulassen, müssen Sie es viel intensiver untersuchen, was heißt, daß Sie sich mit dem Problem beschäftigen, warum der Geist Gewohnheiten kultiviert, warum der Geist also unaufmerksam ist. Wenn Sie sich jeden Morgen die Zähne putzen, während sie aus dem Fenster schauen, wird das Säubern der Zähne zur Gewohnheit; wenn Sie aber Ihre Zähne immer sehr sorgfältig putzen und dem Ihre ganze Aufmerksamkeit widmen, dann wird das nicht zur Gewohnheit, zu einer gedankenlos wiederholten Routine.

Experimentieren Sie damit, beobachten Sie, wie der Geist sich durch Gewohnheiten schlafen legen und dann ungestört bleiben will. Der Geist der meisten Leute funktioniert immer in gewohnten Geleisen, und je älter wir werden, desto schlimmer wird das. Wahrscheinlich haben Sie schon Dutzende von Gewohnheiten erworben. Sie haben Angst davor, was geschehen wird, wenn Sie sich nicht so verhalten, wie es Ihre Eltern wünschen, wenn Sie nicht so heiraten, wie Ihr Vater das möchte. Also funktioniert Ihr Geist bereits in einer festen Bahn. Obwohl Sie vielleicht erst zehn oder fünfzehn Jahre sind, sind Sie schon alt und verfallen innerlich bereits. Sie mögen einen guten Körper haben, aber sonst nichts. Ihr Körper mag jung und aufrecht sein, aber Ihr Geist ist durch seine eigene Schwerfälligkeit belastet.

Es ist also sehr wichtig, dieses ganze Problem zu verstehen, warum der Geist sich immer im Gewohnten einrichtet und in festen Bahnen läuft, warum er sich auf einem bestimmten Gleis bewegt wie eine Straßenbahn und sich davor fürchtet, etwas in Frage zu stellen und zu untersuchen. Wenn Sie sagen: »Mein Vater ist ein Sikh, deshalb bin ich auch ein Sikh, und ich lasse mein Haar wachsen und trage einen Turban« – wenn Sie das sagen, ohne es zu untersuchen oder in Frage zu stellen, ohne den geringsten Gedanken daran, davon abzuweichen, dann sind Sie wie eine Maschine. Rauchen macht Sie auch zu einer Maschine, zum Sklaven einer Gewohnheit; und nur, wenn Sie das alles verstehen, wird der Geist frisch, jung, aktiv, lebendig, so daß jeder Tag ein neuer Tag ist und jede Dämmerung, die sich im Fluß spiegelt, ein freudiger Anblick.

*Frage:* Warum fürchten wir uns, wenn manche aus der älteren Generation ernst sind? Und was macht sie so ernst?

Krishnamurti: Haben Sie je darüber nachgedacht, was es bedeutet, ernst zu sein? Sind Sie je ernst? Sind Sie immer fröhlich, immer heiter und lachend, oder gibt es Momente, in denen Sie still und ernst sind – nicht ernst aus einem bestimmten Grund, sondern einfach ernst? Und warum sollte man sich fürchten, wenn ältere Leute ernst sind? Wovor sollte man Angst haben? Befürchten Sie, daß diese etwas in Ihnen sehen könnten, was Sie an sich selbst nicht mögen? Die meisten von uns denken über diese Dinge nicht nach. Wenn wir uns in der Gegenwart einer ernsten oder nachdenklichen älteren Person befinden, untersuchen wir das nicht, fragen wir uns selbst nicht: »Warum habe ich Angst?«

Nun, was heißt es, ernst zu sein? Lassen Sie es uns herausfinden. Sie mögen sehr oberflächliche Dinge ernst nehmen. Wenn Sie zum Beispiel einen Sari kaufen, widmen Sie dem Ihre ganze Aufmerksamkeit, sorgen sich darum, gehen in zehn verschiedene Läden und verbringen den ganzen Morgen damit, nach unterschiedlichen Mustern Ausschau zu halten. Das wird auch »ernst sein« genannt, aber eine solche Person ist nur von oberflächlichem Ernst. Dann wieder können Sie es ernst nehmen, jeden Tag in den Tempel zu gehen, eine Blumengirlande niederzulegen, den Priestern Geld zu geben. Aber das alles ist ganz falsch, denn Wahrheit oder Gott ist nicht in einem Tempel. Und wenn Sie den Nationalismus sehr ernst nehmen würden, wäre das eine weitere Verkehrtheit.

Wissen Sie, was Nationalismus ist? Es ist das Gefühl: »Mein Indien, es ist mein Land, komme was da wolle« oder das Gefühl, Indien habe große Schätze spirituellen Wissens und sei deshalb bedeutender als irgendeine andere Nation. Wenn wir uns mit einem speziellen Land identifizieren und stolz darauf sind, bringen wir Nationalismus in die Welt. Nationalismus ist ein falscher Gott, aber Millionen von Leuten nehmen ihn sehr ernst; sie sind bereit, dafür in den Krieg zu ziehen, zu zerstören und im Namen ihres Landes zu töten oder getötet zu werden. Und diese Art von Ernsthaftigkeit wird von Politikern benutzt und ausgebeutet.

Man kann also die falschen Dinge ernst nehmen. Sobald Sie jedoch wirklich zu untersuchen beginnen, was es bedeutet, ernst zu sein, werden Sie finden, daß es eine Ernsthaftigkeit gibt, welche nicht aus einer falschverstandenen Aktivität kommt, oder durch ein bestimmtes Verhaltensmuster eingeübt wird – eine Ernsthaftigkeit, die entsteht, wenn der Geist kein Ziel verfolgt und kein Ergebnis erwartet.

*Frage:* Was ist Schicksal?

*Krishnamurti:* Wollen Sie sich wirklich auf dieses Problem einlassen? Eine Frage zu stellen, ist die einfachste Sache der Welt, aber Ihre Frage hat nur dann Sinn, falls sie Sie direkt betrifft und Sie sie sehr ernst nehmen. Haben Sie bemerkt, wieviele Leute das Interesse verlieren, sobald sie ihre Frage gestellt haben? Gestern stellte ein Mann eine Frage und fing dann an zu gähnen, sich am Kopf zu kratzen und mit seinem Nachbarn zu sprechen; er hatte das Interesse daran vollständig verloren. Ich schlage deshalb vor, eine Frage nur zu stellen, wenn Sie wirklich ernsthaft daran interessiert sind.

Das Problem, was Schicksal ist, ist wirklich sehr schwierig und komplex. Sehen Sie, wenn eine Ursache ausgelöst worden ist, muß sie unweigerlich eine Wirkung hervorrufen. Wenn sich eine große Anzahl von Leuten, seien es Russen, Amerikaner oder Hindus, auf einen Krieg vorbereiten, ist ihr Schicksal Krieg. Obwohl sie sagen mögen, daß sie Frieden wollen und sich nur auf ihre eigene Verteidigung vorbereiten, haben sie Ursachen in Bewegung gesetzt, die zum Krieg führen. Ähnlich ist es, wenn Millionen von Leuten jahrhundertelang an der Entwicklung einer bestimmten Zivilisation oder Kultur Anteil hatten: Sie haben eine Bewegung begonnen, von der einzelne Menschen erfaßt und mitgerissen werden, ob sie es mögen oder nicht. Dieser ganze Vorgang – von einem besonderen Strom der Kultur erfaßt und mitgerissen zu werden – kann vielleicht Schicksal genannt werden.

Wenn Sie schließlich als Sohn eines Rechtsanwalts geboren werden, der darauf besteht, daß auch Sie ein Rechtsanwalt werden, und wenn Sie sich dem unterordnen, obwohl Sie vielleicht lieber etwas anderes machen würden, dann ist es offensichtlich

111

Ihr Schicksal, Rechtsanwalt zu werden. Falls Sie sich jedoch weigern, Rechtsanwalt zu werden, falls Sie darauf bestehen zu tun, was Sie für sich als richtig ansehen, also was Sie wirklich liebend gern tun – mag es schreiben, malen, Geld scheffeln oder betteln sein –, dann sind Sie aus dem Strom herausgetreten, dann haben Sie mit dem Schicksal gebrochen, das Ihr Vater für Sie vorgesehen hatte. Mit einer Kultur oder Zivilisation ist es dasselbe.

Deshalb – und das ist so wichtig – sollten wir richtig erzogen sein, – dazu erzogen, nicht von Tradition erdrückt zu werden, nicht dem Schicksal einer bestimmten rassischen, kulturellen oder verwandtschaftlichen Gruppe zu verfallen – erzogen dafür, nicht zu mechanischen Wesen zu werden, die sich auf ein vorherbestimmtes Ziel zubewegen. Der Mensch, der diesen ganzen Vorgang versteht, der damit bricht und auf eigenen Füßen steht, schafft seine eigene Antriebskraft; und falls sein Handeln darin besteht, mit dem Falschen zu brechen um der Wahrheit willen, dann wird diese Antriebskraft selbst zur Wahrheit. Solche Menschen sind frei von Schicksal.

# Selbstdisziplin

Haben Sie je bedacht, warum wir uns diszipliniert verhalten oder warum wir Selbstdisziplin üben? Überall in der Welt bestehen politische Parteien darauf, daß die Parteidisziplin befolgt wird. Ihre Eltern, Ihre Lehrer, die Gesellschaft um Sie herum – sie alle erzählen Ihnen, daß Sie diszipliniert, kontrolliert sein müssen. Warum? Und gibt es überhaupt irgendeine Notwendigkeit für Disziplin, entweder für die von der Gesellschaft aufgezwungene Disziplin oder die eines religiösen Lehrers oder die nach einem bestimmten Moralkodex oder die Ihrer eigenen Erfahrung? Für den Ehrgeizigen, der etwas erreichen möchte, der viel Geld verdienen möchte, der ein großer Politiker sein möchte, wird gerade dieser Ehrgeiz zum Mittel seiner Selbstdisziplin. Jeder um Sie herum sagt also, daß Disziplin notwendig sei. Sie müssen zu einer bestimmten Zeit ins Bett gehen und aufstehen, Sie müssen studieren, Prüfungen bestehen, Ihren Eltern gehorchen und so weiter.

Warum sollten Sie nun überhaupt diszipliniert sein? Was bedeutet Disziplin? Sich an etwas anzupassen, nicht wahr? Ihr Denken dem anzupassen, was andere Leute sagen, manchen Formen des Verlangens zu widerstehen und andere zu akzeptieren, sich mit dieser Praxis einverstanden zu zeigen und mit jener nicht, konform zu sein, zu unterdrücken, zu folgen, nicht nur oberflächlich, sondern auch tief innen. All dies ist in Disziplin enthalten. Und jahrhundertelang, Generation um Generation, wurde uns von Lehrern, Gurus, Priestern, Politikern, Königen, Rechtsanwälten, von der Gesellschaft, in der wir leben, gesagt, daß es Disziplin geben müsse.

Also frage ich mich selbst – und ich hoffe, daß Sie sich das auch fragen – ob Disziplin überhaupt notwendig ist, und ob es nicht einen gänzlich anderen Ansatz bei diesem Problem gibt? Ich denke, es gibt tatsächlich einen anderen Zugang, und das ist das wahre Thema, mit dem nicht nur die Schule konfrontiert ist, sondern die ganze Welt. Es wird allgemein anerkannt, daß man, um effizient zu sein, diszipliniert sein muß, entweder durch einen Moralkodex, einen politischen Glauben oder dadurch, daß man trainiert worden ist, wie eine Maschine in einer Fabrik zu arbeiten. Aber genau dieser Prozeß der Beherrschung stumpft den Geist durch Konformität ab.

Befreit Disziplin Sie nun, oder bringt sie Sie dazu, sich einem ideologischen Muster anzupassen, sei es das utopische Modell des Kommunismus oder irgendeine Art von moralischem oder religiösem Vorbild? Kann Disziplin Sie je frei machen? Nachdem Disziplin Sie gebunden hat, Sie zum Gefangenen gemacht hat, wie es alle Formen von Disziplin tun, kann die Disziplin Sie dann loslassen? Wie soll das vor sich gehen? Oder gibt es einen ganz und gar davon verschiedenen Ansatz – der darin besteht, eine wirklich tiefe Einsicht in das ganze Problem von Disziplin zu wecken? Das heißt, können Sie, das Individuum, nur ein Verlangen haben und nicht zwei oder viele Wünsche, die nicht miteinander vereinbar sind? Verstehen Sie, was ich meine? Sobald Sie zwei, drei oder zehn Wünsche haben, haben Sie das Problem der Disziplin, nicht wahr? Sie möchten reich sein, Autos haben und Häuser; und gleichzeitig wollen Sie diese Dinge aufgeben, weil Sie denken, wenig oder nichts zu besitzen sei moralisch, ethisch, religiös. Und ist es möglich, in der rechten Weise erzogen zu werden, so daß das ganze Wesen integriert wird und ohne inneren Widerspruch ist und deshalb ohne Verlangen nach Disziplin? Integriert zu sein erfordert einen Sinn für Freiheit, und wenn diese Integration stattfindet, gibt es sicherlich keine Notwendigkeit mehr für Disziplin. Integration bedeutet, gleichzeitig auf allen Ebenen ein vollständiges Ganzes zu sein.

Wissen Sie, wenn wir von frühester Jugend an die richtige Erziehung hätten, würde sie einen Zustand herbeiführen, in dem es keinerlei Widerspruch gibt, weder innerlich noch äußerlich, und dann gäbe es kein Bedürfnis nach Disziplin oder Zwang, weil Sie etwas vollständig, rückhaltlos, mit Ihrem ganzen Sein tun würden. Disziplin taucht nur auf, wenn es einen Widerspruch gibt. Die Politiker, die Regierungen, die organisierten Religionen möchten, daß Sie nur auf eine einzige Weise denken, denn wenn sie aus Ihnen einen vollkommenen Kommunisten, vollkommenen Katholiken oder was immer machen können, dann sind Sie kein Problem. Sie glauben einfach und arbeiten wie eine Maschine; dann gibt es keinen Widerspruch, weil Sie immer nur gehorchen. Alles Gehorchen aber ist destruktiv, weil es mechanisch ist. Es ist reine Konformität, in der es keine kreative Freisetzung gibt.

Können wir nun von frühester Jugend an ein Gefühl vollständiger Geborgenheit hervorbringen, das Gefühl, zu Hause zu sein, so daß es in Ihnen keine Auseinandersetzung deswegen gibt, weil Sie dies sind, aber jenes nicht? Sobald es zu einer inneren Auseinandersetzung kommt, entstehen Konflikte, und um diese zu überwinden, muß es Disziplin geben. Wenn Sie dagegen richtig erzogen sind, ist alles, was Sie tun, eine integrierte Handlung; es gibt keinen inneren Widerspruch und deshalb auch keine zwanghafte Handlungsweise. Solange es keine Integration gibt, muß es Disziplin geben; aber Disziplin ist zerstörerisch, weil sie nicht zur Freiheit führt.

Integriert zu sein verlangt keinerlei Form von Disziplin. Das heißt, wenn ich tue, was gut ist, innerlich richtig, wirklich schön, und zwar mit meinem ganzen Wesen, dann gibt es keinen Widerspruch in mir, und ich passe mich nicht lediglich an irgend etwas an. Wenn das, was ich tue, uneingeschränkt gut ist, in sich richtig – nicht richtig nach irgendeiner hinduistischen Tradition oder kommunistischen Theorie, sondern zeitlos richtig unter allen Umständen –, dann bin ich ein integriertes menschliches Wesen und habe Disziplin nicht nötig. Und ist es nicht die Aufgabe einer Schule, in Ihnen diesen Sinn hervorzubringen, der integriertes Vertrauen ist, so daß Sie nicht nur tun, was Sie wollen, sondern das tun, was grundlegend richtig und gut ist und immerwährend wahr?

Sie wissen, wenn Sie lieben, ist Disziplin nicht notwendig. Liebe bringt ihr eigenes kreatives Verstehen mit sich, deshalb gibt es keinen Widerstand, keinen Konflikt; aber mit einer solchen vollständigen Ganzheitlichkeit zu lieben ist nur möglich, wenn Sie sich zutiefst sicher und vollkommen zu Hause fühlen, besonders wenn Sie jung sind. Das bedeutet tatsächlich, daß der Erzieher und der Studierende restloses Vertrauen zueinander haben müssen, sonst werden wir eine Gesellschaft schaffen, die genauso häßlich und destruktiv ist, wie die gegenwärtige. Wenn wir die Bedeutung einer vollständig integrierten Handlungsweise verstehen können, in der es keinen Widerspruch gibt und deshalb keine Notwendigkeit für Disziplin, dann – so denke ich – werden wir eine völlig andere Art von Kultur hervorbringen, eine neue Zivilisation. Wenn für uns aber Widerstand und Unterdrückung alles ist, dann wird das, was unterdrückt wird, unweigerlich in anderen Richtungen wieder aufbrechen und unterschiedliche schädliche Aktivitäten und destruktive Ereignisse auslösen.

Es ist also sehr wichtig, diese ganze Frage der Disziplin zu verstehen. Für mich ist Disziplin etwas durch und durch Häßliches; sie ist nicht kreativ, sie ist destruktiv. Bei einer solchen Feststellung aber stehenzubleiben mag den Anschein erwecken, daß Sie tun können, was Sie wollen. Im Gegenteil: ein Mensch, der liebt, tut eben *nicht*, was immer ihm beliebt. Nur die Liebe allein führt zur rechten Handlungsweise. Was Ordnung in der Welt schafft, ist: zu lieben und die Liebe tun zu lassen, was sie will.

*Frage:* Warum hassen wir die Armen?

*Krishnamurti:* Hassen Sie die Armen wirklich? Ich verurteile Sie nicht; ich frage nur, ob Sie die Armen wirklich hassen? Und falls Sie das tun, warum? Etwa, weil Sie eines Tages auch arm sein könnten und dies, wenn Sie sich Ihr eigenes Schicksal vorstellen, ablehnen? Oder lehnen Sie die schmutzige, dreckige, ungekämmte Existenz des Armen ab? Weil Sie Unsauberkeit, Unordnung, Schmutz und Dreck nicht mögen, sagen Sie: »Ich möchte nichts mit dem Armen zu tun haben.« Ist es das? Aber wer hat Armut, Dreck und Unordnung in der Welt geschaffen? Sie, Ihre Eltern, Ihre Regierung – unsere gesamte Gesellschaft hat sie geschaffen, weil wir keine Liebe in unseren Herzen haben. Wir lieben weder unsere Kinder noch unsere Nachbarn, weder die Lebenden noch die Toten. Wir haben keine Liebe für irgend etwas. Die Politiker werden nicht alle Not und Häßlichkeit in der Welt beseitigen, genausowenig wie es die Religionen und die Reformer tun werden, da sie sich nur mit ein bißchen Flickwerk hie und da beschäftigen. Falls es aber Liebe gäbe, würde all dies Häßliche morgen verschwinden.

Lieben Sie etwas? Wissen Sie, was es heißt, zu lieben? Sie wissen, wenn Sie etwas vollkommen lieben, mit Ihrem ganzen Wesen, dann ist diese Liebe nicht sentimental, sie ist keine Pflicht, sie wird nicht als körperlich oder göttlich eingeordnet. Lieben Sie irgend jemand oder irgend etwas mit Ihrem ganzen Wesen – Ihre Eltern, einen Freund, Ihren Hund, einen Baum? Tun Sie das? Ich fürchte, daß Sie das nicht tun. Deshalb haben Sie in Ihrem Wesen weite Räume, in denen es Häßlichkeit, Haß und Neid gibt.

Sie sehen, der Mensch, der liebt, hat keinen Raum für irgend etwas anderes. Wir sollten wirklich unsere Zeit dafür verwenden, all dies zu erörtern und herauszufinden, wie man jene Dinge beseitigen kann, die unseren Geist so verstellen, daß wir nicht lieben können; denn nur wenn wir lieben, können wir frei und glücklich sein. Nur Menschen, die liebevoll, vital und glücklich sind, können eine neue Welt schaffen, nicht die Politiker, nicht die Reformer oder die paar ideologischen Heiligen.

*Frage:* Sie sprechen über Wahrheit, Güte und Integration, was mit einschließt, daß es auf der anderen Seite Unwahrheit, Bosheit und Zerfall gibt. Wie also kann man wahr, gut und integriert sein ohne Disziplin?

*Krishnamurti:* Mit anderen Worten, wie kann man, wenn man neidisch ist, sich von Neid befreien ohne Disziplin? Ich denke, es ist sehr wichtig, die Frage selbst zu verstehen, weil die Antwort schon in der Frage liegt; sie ist nicht davon getrennt.

Wissen Sie, was Neid bedeutet? Sie sehen hübsch aus, Sie sind schön gekleidet, oder Sie tragen einen wunderbaren Turban oder einen schönen Sari, und ich möchte mich auch so kleiden, kann das aber nicht – also bin ich neidisch. Ich bin neidisch, weil ich das haben möchte, was Sie haben; ich möchte anders sein als das, was ich bin.

Ich bin neidisch, weil ich so schön sein möchte wie Sie; ich möchte die feine Kleidung haben, das elegante Haus, die hohe Stellung, die Sie haben. Unzufrieden mit dem, was ich bin, möchte ich so sein wie Sie. Wenn ich aber meine Unzufriedenheit und die Ursache davon verstünde, dann würde ich nicht wie

Sie sein wollen oder nach Dingen verlangen, die Sie haben. Mit anderen Worten: wenn ich einmal anfange zu verstehen, was ich bin, werde ich mich niemals mit einem anderen vergleichen oder auf jemand neidisch sein. Neid taucht auf, weil ich mich selbst ändern und wie jemand anders sein möchte. Wenn ich aber sage: »Was immer ich bin, das möchte ich verstehen«, ist Neid vergangen, dann ist Disziplin nicht notwendig, und indem ich verstehe, was ich bin, kommt es zur Integration.

Unsere Erziehung, unsere Umgebung, unsere gesamte Kultur dringt darauf, daß wir etwas werden. Alle unsere Philosophen, unsere Religionen und heiligen Schriften sagen das auch. Aber jetzt sehe ich, daß bereits in diesem Vorgang des Werdens Neid liegt, weil er bedeutet, daß ich nicht mit dem zufrieden bin, was ich bin. Und ich möchte verstehen, was ich bin, ich möchte herausfinden, warum ich mich immer mit anderen vergleiche und versuche, etwas zu werden – und um zu verstehen, was ich bin, ist Disziplin nicht notwendig. Durch den Vorgang des Verstehens entsteht Integration. Der Widerspruch in mir weicht dem Verstehen meiner selbst, und das wiederum bringt ein Handeln hervor, das aus einem Guß, also ganz ist.

*Frage:* Was ist Macht?

*Krishnamurti:* Es gibt die mechanische Kraft, die von einer eingebauten Verbrennungsmaschine produzierte Kraft oder die von Dampf oder von Elektrizität erzeugte Kraft. Es gibt Kraft, die ein Baum in sich hat und die den Saft fließen läßt, der das Blatt bildet. Es gibt die Kraft, sehr klar zu denken, die Kraft zu lieben, die Kraft zu hassen, die Macht eines Diktators, die Macht, Leute im Namen Gottes auszubeuten, im Namen der »Meister«, im Namen eines Landes. Dies sind alles Formen von Kraft oder Macht.

Nun, die Kraft der Elektrizität oder des Lichts, die Atomkraft und so weiter – solche Formen von Kraft sind in sich selbst gut. Aber die Geisteskraft, die diese Kräfte zum Zweck der Aggression und Tyrannei benutzt, um etwas für sich zu gewinnen – eine solche Macht ist unter allen Umständen böse. Das Oberhaupt jeder beliebigen Vereinigung, Kirche oder religiösen

Gruppe, das Macht über andere Leute ausübt, ist eine üble Person, weil sie andere kontrolliert, formt, anleitet, ohne zu wissen, wohin sie selbst geht. Das trifft nicht nur auf die großen Organisationen zu, sondern auf alle kleinen Vereinigungen überall in der Welt. Im Augenblick, in dem eine Person klar ist, ohne inneres Durcheinander, hört sie auf, ein Führer zu sein und hat deshalb keine Macht.

Es ist also sehr wichtig zu verstehen, warum der menschliche Geist danach verlangt, Macht über andere zu haben. Die Eltern haben Macht über ihre Kinder, die Frau über den Ehemann oder der Mann über die Ehefrau. Das Übel fängt in der kleinen Familie an und breitet sich aus, bis es zur Tyrannei von Regierungen, politischen Führern und religiösen Schriftdeutern wird. Und kann man ohne diesen Hunger nach Macht leben, ohne Leute beeinflussen oder ausbeuten zu wollen, ohne nach Macht zu streben, sei es für sich selbst oder für eine Gruppe oder Nation oder für einen Meister oder Heiligen? Alle solche Formen von Macht sind destruktiv, sie bringen Leiden über den Menschen.

Hingegen hat es – und das ist eine seltsame Sache – seine ganz eigene zeitlose Wirkung, wirklich freundlich zu sein, rücksichtsvoll zu sein und zu lieben. Liebe ist ihre eigene Ewigkeit, und wo Liebe ist, gibt es keine böse Macht.

*Frage:* Warum streben wir nach Ruhm?

*Krishnamurti:* Haben Sie je darüber nachgedacht? Wir wollen als Schriftsteller berühmt sein, als Dichter, als Maler, als Politiker, als Sänger, oder was immer Sie wollen. Warum? Weil wir nicht wirklich lieben, was wir tun. Wenn Sie es lieben würden zu singen oder zu malen oder Gedichte zu schreiben – wenn Sie es wirklich liebten, würden Sie sich nicht darum kümmern, ob Sie berühmt sind oder nicht. Berühmt sein zu wollen ist billig, trivial, dumm, es ist sinnlos. Aber da wir nicht lieben, was wir tun, möchten wir uns mit Ruhm bereichern. Unser gegenwärtiges Bildungswesen ist verdorben, weil es uns lehrt, Erfolg zu lieben und nicht das, was wir tun. Das Ergebnis ist wichtiger geworden als die Handlung.

Wissen Sie, es ist gut, Ihr Licht unter den Scheffel zu stellen,

119

anonym zu sein, zu lieben, was Sie tun und nicht zu prahlen. Es ist gut, als Unbekannter freundlich zu sein. Das macht Sie nicht berühmt, das bewirkt nicht, daß Ihr Foto in der Zeitung erscheint. Politiker klopfen nicht bei Ihnen an. Sie sind nur ein schöpferischer Mensch, der anonym lebt, und darin liegt großer Reichtum und große Schönheit.

# Zusammenarbeiten und Teilen

Wir haben von so vielen Dingen gesprochen, von den vielen Problemen des Lebens, nicht wahr? Aber ich frage mich, ob wir wirklich wissen, was ein Problem ist? Es wird schwierig, Probleme zu lösen, wenn man ihnen erlaubt, im Geist Wurzeln zu schlagen. Der Geist schafft die Probleme und wird dann zum Boden, in dem sie wurzeln; und wenn sich ein Problem erst einmal im Geist festgesetzt hat, ist es sehr schwierig, es mit der Wurzel auszureißen. Es ist deshalb wesentlich, daß der Geist selbst das Problem sieht und ihm nicht den Boden zum Wachsen bereitet.

Eines der grundlegenden Probleme, mit denen die Welt konfrontiert ist, ist das Problem der Kooperation. Was bedeutet das Wort Kooperation? Kooperieren heißt, Dinge gemeinsam tun, gemeinsam bauen, gemeinsam fühlen, etwas miteinander gemeinsam haben, so daß wir frei zusammenarbeiten können. Aber Leute fühlen sich im allgemeinen nicht geneigt, auf natürliche, leichte und glückliche Weise zusammenzuarbeiten. Also werden sie durch verschiedene Mittel gezwungen zusammenzuarbeiten: durch Drohung, Furcht, Strafe und Belohnung. Das ist die übliche Praxis überall auf der Welt. Unter tyrannischen Regierungen werden Sie brutal zur Zusammenarbeit gezwungen. Wenn Sie nicht »kooperieren«, werden Sie liquidiert oder in ein Konzentrationslager gesteckt. In den sogenannten zivilisierten Nationen werden Sie durch das Konzept »mein Land« zur Zusammenarbeit angehalten oder durch eine Ideologie, die sorgfältig ausgearbeitet ist und weit verbreitet wird, so daß Sie sie akzeptieren. Oder Sie arbeiten daran mit, einen Plan auszuführen, den jemand entworfen hat, eine Blaupause für Utopia.

Es sind also die Pläne, die Ideen, die Autoritäten, welche Menschen dazu veranlassen zusammenzuarbeiten. Das nennt man allgemein Kooperation und schließt Belohnung oder

Strafe immer mit ein, was bedeutet, daß hinter einer solchen »Kooperation« Furcht steckt. Sie arbeiten immer *für* etwas – für das Land, für den König, für die Partei, für Gott oder den Meister, für Frieden oder dafür, daß diese oder jene Reform zustandekommt. Ihre Vorstellung von Kooperation ist, daß man zusammenarbeitet, um ein bestimmtes Ergebnis zu erzielen. Sie haben ein Ideal – eine perfekte Schule zu bauen, oder was es auch sein mag –, auf das Sie hinarbeiten; deshalb sagen Sie, daß Kooperation notwendig sei. All das schließt Autorität ein, oder nicht? Es gibt immer jemand, der angeblich weiß, was das Richtige ist, und deshalb sagen Sie: »Wir müssen kooperieren, um das auszuführen.«

Nun, ich nenne das keineswegs Zusammenarbeit. Das ist keine Kooperation, es ist eine Form von Gier, eine Form von Angst und Zwang. Dahinter steckt die Drohung, daß, falls Sie nicht »kooperieren«, die Regierung Ihnen die Anerkenung entzieht oder der Fünf-Jahres-Plan scheitert oder Sie in ein Konzentrationslager geschickt werden, daß Ihr Land den Krieg verliert oder Sie vielleicht nicht in den Himmel kommen. Es gibt da immer eine Form von Antrieb, und wo Antrieb ist, kann es keine wirkliche Kooperation geben.

Es ist auch keine Zusammenarbeit, wenn Sie und ich einfach zusammenarbeiten, weil wir übereingekommen sind, etwas zu tun. Bei einer solchen Übereinkunft ist die Durchführung der speziellen Angelegenheit wichtig, nicht die Zusammenarbeit. Sie und ich mögen übereinkommen, eine Brücke zu bauen oder eine Straße anzulegen oder zusammen einige Bäume zu pflanzen; aber in dieser Übereinkunft liegt immer die Furcht vor einem Zwist, die Furcht, daß ich vielleicht nicht meinen Teil tue und Sie die ganze Arbeit machen lasse.

Es ist also keine Kooperation, wenn wir aus irgendeinem Beweggrund oder aufgrund einer bloßen Übereinkunft zusammenarbeiten, weil hinter all solchen Bemühungen die Absicht steckt, etwas zu gewinnen oder etwas zu vermeiden.

Für mich ist Kooperation ganz anders. Kooperation ist die Freude, zusammenzusein und zusammen etwas zu tun – nicht notwendigerweise etwas Bestimmtes. Verstehen Sie? Kleine Kinder haben normalerweise ein Gespür dafür, zusammenzusein und zusammen etwas zu tun. Haben Sie das nicht bemerkt?

Sie werden bei allem kooperieren. Die Frage nach Zustimmung oder Ablehnung, Belohnung oder Strafe taucht nicht auf; sie wollen nur helfen. Sie kooperieren instinktiv, weil es Spaß macht, zusammenzusein und zusammen etwas zu tun. Aber Erwachsene zerstören diesen natürlichen, spontanen Geist der Zusammenarbeit in Kindern, indem sie sagen: »Falls du das tust, werde ich dir jenes geben; falls du das nicht tust, werde ich dich nicht ins Kino gehen lassen«, was das korrumpierende Element einführt.

Wahre Kooperation ergibt sich also nicht einfach aus der Übereinkunft, ein Projekt gemeinsam durchzuführen, sondern aus der Freude, dem Gefühl der Gemeinsamkeit, falls man dieses Wort benutzen darf, weil es in diesem Gefühl nicht die Widerspenstigkeit persönlicher Vorstellungen, persönlicher Meinungen gibt.

Wenn Sie eine solche Kooperation kennen, werden Sie auch wissen, wann Sie *nicht* zusammenarbeiten, was ebenso wichtig ist. Verstehen Sie? Es ist notwendig für alle von uns, in uns diesen Geist der Kooperation zu wecken, denn dann wird es nicht ein bloßer Plan oder eine Übereinkunft sein, die uns zur Zusammenarbeit veranlaßt, sondern ein außergewöhnliches Gefühl von Gemeinsamkeit, das Gefühl von Freude am gemeinsamen Sein und Tun ohne jeglichen Gedanken an Belohnung oder Strafe. Das ist sehr wichtig. Aber es ist genauso wichtig zu wissen, wann man *nicht* kooperiert; denn, falls wir nicht klug sind, kooperieren wir vielleicht mit den Unklugen, mit ehrgeizigen Führern, die grandiose Pläne, phantastische Ideen haben wie Hitler oder andere Tyrannen zu allen Zeiten. Wir müssen also wissen, wann wir nicht kooperieren, und wir können dies nur erkennen, wenn wir die Freude wahrer Zusammenarbeit kennen.

Dies ist eine sehr wichtige Frage, die besprochen werden muß, weil Ihre spontane Reaktion auf den Vorschlag zur Zusammenarbeit, wahrscheinlich ist: »Warum? Was sollen wir zusammen tun?« Mit anderen Worten: die Sache, die erledigt werden soll, wird wichtiger als das Gefühl für Zusammengehörigkeit und Zusammenarbeit. Und wenn die Sache, die getan werden soll – der Plan, das Konzept, die ideologische Utopie – vorrangige Bedeutung einnimmt, dann gibt es keine wahre Zusammenarbeit. Dann ist es nur die Idee, die uns verbindet; und wenn uns die eine Idee zusammenführen kann, kann uns eine andere trennen. Es kommt also darauf an, in uns selbst diesen Geist der Kooperation zu wecken, dieses Gefühl von Freude am gemeinsamen Sein und Tun, ohne irgendeinen Gedanken an Belohnung oder Strafe. Die meisten jungen Leute haben ihn, spontan, und zwanglos, wenn er nicht von den Älteren korrumpiert ist.

*Frage:* Wie können wir unsere sorgenvollen Gedanken loswerden, wenn wir die Situationen nicht vermeiden können, die sie verursachen?

*Krishnamurti:* Dann müssen Sie sich ihnen stellen. Um Sorgen loszuwerden, versuchen Sie meistens, dem Problem zu entfliehen; Sie gehen in einen Tempel oder ins Kino, Sie lesen eine Illustrierte, stellen das Radio an oder suchen irgendeine andere Form der Ablenkung. Aber Flucht löst das Problem nicht, weil es, wenn Sie zurückkommen, immer noch da ist. Warum sollte man sich ihm also nicht von Anfang an stellen?

Nun, was sind Sorgen? Sie sorgen sich, ob Sie Ihre Prüfungen bestehen werden, und Sie befürchten, daß Sie es nicht schaffen werden, also schwitzen Sie und verbringen schlaflose Nächte. Wenn Sie nicht bestehen, werden Ihre Eltern enttäuscht sein, und auch Sie würden gern sagen können: »Ich habe es geschafft, ich habe meine Prüfungen bestanden.« Sie machen sich bis zum Examenstag und bis Sie die Ergebnisse bekommen Gedanken. Können Sie fliehen, können Sie vor der Situation weglaufen? Sie können das in der Tat nicht. Also müssen Sie sich ihr stellen. Aber warum sich darüber Sorgen machen? Sie haben gelernt, Sie haben Ihr Bestes getan, und Sie werden bestehen oder nicht bestehen. Je mehr Sie sich darüber Gedanken machen, desto ängstlicher und nervöser werden Sie und desto weniger denkfähig sind Sie. Und wenn der Tag da ist, können Sie auch nicht einen Satz zu Papier bringen. Sie können nur auf die Uhr blicken. Das genau ist mir selbst geschehen!

Wenn der Geist wieder und wieder an einem Problem hängenbleibt und sich endlos damit beschäftigt, dann nennen wir das sich sorgen. Wie kann man sich nun von Sorgen befreien?

Vor allem ist es wichtig, daß der Geist dem Problem nicht den Boden bereitet, in dem es Wurzeln schlagen kann.

Wissen Sie, was der Geist ist? Große Philosophen haben viele Jahre damit verbracht, die Natur des Geistes zu untersuchen, und Bücher sind darüber geschrieben worden. Aber wenn man wirklich seine ganze Aufmerksamkeit darauf richtet, denke ich, ist es ziemlich einfach herauszufinden, was der Geist ist. Haben sie je Ihren eigenen Geist beobachtet? Alles, was Sie bis jetzt gelernt haben, die Erinnerung an all Ihre kleinen Erfahrungen, was Ihnen von Ihren Eltern und Ihren Lehrern erzählt worden ist, was Sie in Büchern gelesen oder in der Welt um sich herum beobachtet haben – all das ist der Geist. Es ist der Geist, der beobachtet, unterscheidet, lernt, sogenannte Tugenden kultiviert, Ideen mitteilt, der Wünsche und Ängste hat. Er ist nicht nur das, was Sie an der Oberfläche sehen, sondern umfaßt ebenso die tiefen Schichten des Unbewußten, in denen die rassischen Ambitionen, Motive, Impulse und Konflikte verborgen sind. All das ist der Geist, der Bewußtsein genannt wird.

Nun möchte der Geist mit etwas beschäftigt werden, wie eine Mutter, die sich um ihre Kinder sorgt, oder eine Hausfrau, die sich um ihre Küche kümmert, oder ein Politiker, der über seine Popularität oder seine Stellung im Parlament sinniert. Ein Geist, der beschäftigt ist, ist unfähig, irgendein Problem zu lösen. Sehen Sie das? Nur der unbeschäftigte Geist kann frisch genug sein, um ein Problem zu verstehen.

Beobachten Sie Ihren eigenen Geist, und Sie werden sehen, wie ruhelos er ist, immer ist er mit irgend etwas beschäftigt: mit dem, was jemand gestern sagte, mit dem, was Sie jetzt gerade erfahren, mit dem, was Sie morgen tun werden, und so weiter. Er ist nie müßig – was nicht heißt, daß er dann ein stagnierender Geist wäre oder eine Art mentales Vakuum. Solange er beschäftigt ist, sei es mit dem Höchsten oder dem Niedrigsten, ist der Geist klein, ja kleinlich; und ein kleinlicher Geist kann niemals irgendein Problem lösen, er kann nur damit beschäftigt sein. So groß ein Problem auch sein mag, wenn der Geist sich damit beschäftigt, macht er es klein. Nur ein Geist, der nicht beschäftigt und deshalb frisch ist, kann das Problem angehen und lösen.

Es ist aber sehr schwierig, einen unbeschäftigten Geist zu haben. Beobachten Sie sich einmal, wenn Sie still am Fluß sitzen oder in Ihrem Zimmer. Sie werden sehen, wie der kleine Raum, dessen wir uns bewußt sind, und den wir Geist nennen, ständig von vielen hineinprasselnden Gedanken ausgefüllt wird. Solange der Geist ausgefüllt, mit etwas beschäftigt ist – sei es der einer Hausfrau oder des größten Wissenschaftlers – ist er klein und dürftig; und welches Problem er auch angehen mag, er wird dieses Problem nicht lösen können. Dagegen kann ein Geist, der unbeschäftigt ist, der Raum hat, das Problem angehen und lösen, weil ein solcher Geist frisch ist; er setzt am Problem neu an, nähert sich ihm nicht mit dem althergebrachten Erbe seiner eigenen Erinnerungen und Traditionen.

*Frage:* Wie können wir uns selbst erkennen?

*Krishnamurti:* Sie kennen Ihr Gesicht, weil Sie es oft im Spiegel angesehen haben. Nun, es gibt einen Spiegel, in dem Sie sich vollständig sehen können – nicht Ihr Gesicht, sondern all das, was Sie denken, all das, was Sie fühlen, Ihre Motive, Ihre Sehnsüchte, Ihre Instinkte und Ängste. Dieser Spiegel ist der Spiegel der Beziehungen: die Beziehung zwischen Ihnen und Ihren Eltern, zwischen Ihnen und Ihren Lehrern, zwischen Ihnen und dem Fluß, den Bäumen, der Erde, zwischen Ihnen und Ihren Gedanken. Beziehung ist ein Spiegel, in dem Sie sich selbst erkennen können, nicht so, wie Sie gern sein möchten, sondern so wie Sie sind. Ich wünschte vielleicht bei meinem Anblick in einem gewöhnlichen Spiegel, er würde zeigen, wie schön ich bin. Das passiert aber nicht, weil der Spiegel mein Gesicht genauso wiedergibt, wie es ist, und ich kann mich nicht selbst täuschen.

In ähnlicher Weise kann ich mich im Spiegel meiner Beziehungen mit anderen genau so sehen, wie ich bin. Ich kann beobachten, wie ich mit Leuten spreche: am höflichsten mit denen, von denen ich glaube, daß sie mir etwas geben können, und am gröbsten oder gar verächtlich mit jenen, die das nicht können. Ich bin vorsichtig bei jenen, vor denen ich Angst habe. Ich stehe auf, wenn wichtige Leute hereinkommen, aber achte nicht darauf, wenn der Dienstbote hereinkommt. Indem ich mich in meinen Beziehungen beobachte, habe ich herausgefunden, wie unaufrichtig mein Respekt vor Leuten ist. Und ich kann mich auch in meiner Beziehung zu den Bäumen und Vögeln, zu Ideen und Büchern entdecken, so wie ich bin.

Sie mögen alle akademischen Titel der Welt haben, wenn Sie sich aber nicht selbst kennen, sind Sie eine sehr dumme Person. Sich selbst zu erkennen ist der wahre Zweck jeder Bildung. Ohne Selbsterkenntnis lediglich Fakten zu sammeln oder Notizen zu machen, damit Sie Prüfungen bestehen können, ist eine stupide Existenzweise. Sie können vielleicht die *Bhagavad Gita* zitieren, die *Upanishaden*, den Koran und die Bibel, aber solange Sie sich nicht selbst erkennen, sind Sie wie ein Papagei, der Worte wiederholt. Sobald Sie sich dagegen selbst zu erkennen beginnen, wie wenig auch immer, wird bereits ein außerordentlicher Prozeß der Kreativität in Gang gesetzt. Es ist eine Entdeckung, sich plötzlich so zu sehen, wie man wirklich ist: habgierig, streitlustig, zornig, neidisch, dumm. Die Tatsache zu sehen, ohne zu versuchen, sie zu ändern, einfach genau zu sehen, was Sie sind, ist eine erstaunliche Offenbarung. Von dort aus können Sie tiefer und tiefer gehen, unendlich, weil es kein Ende der Selbsterkenntnis gibt.

Durch Selbsterkenntnis fangen Sie an herauszufinden, was Gott ist, was Wahrheit ist, was jener Zustand ist, der zeitlos ist. Ihr Lehrer gibt Ihnen vielleicht das Wissen weiter, das er von seinem Lehrer übernommen hat, und Sie mögen bei Ihren Prüfungen gut sein, einen Abschluß erlangen und so fort; aber, ohne sich selbst so zu erkennen, wie Sie Ihr Gesicht im Spiegel erkennen, hat alles andere Wissen sehr geringe Bedeutung. Gebildete Menschen, die sich nicht selbst kennen, sind in Wirklichkeit unintelligent; sie wissen nicht, was Denken ist, was Leben ist. Deshalb ist es für den Erzieher wichtig, selbst im wahren Sinn des Wortes erzogen zu werden, was heißt, daß er die Funktionsweise seines eigenen Geistes und Herzens erkennt und sich genau so sieht, wie er im Spiegel der Beziehungen ist. Selbsterkenntnis ist der Anfang von Weisheit. In der Selbsterkenntnis ist das ganze Universum; sie umfaßt alle Bemühungen der Menschheit.

*Frage:* Können wir uns selbst erkennen ohne einen Menschen, der uns inspiriert?

*Krishnamurti:* Brauchen Sie, um sich selbst zu erkennen, jemand, der Sie inspiriert, drängt, stimuliert, vorwärts treibt? Hören Sie sehr sorgfältig auf die Frage, und Sie werden die wahre Antwort entdecken. Sie wissen, daß die Hälfte des Problems gelöst ist, wenn Sie es untersuchen, nicht wahr? Sie können aber das Problem nicht vollständig untersuchen, wenn Ihr Geist zu eifrig damit beschäftigt ist, eine Antwort zu finden. Die Frage ist: Muß es nicht doch jemand geben, der uns inspiriert, damit wir Selbsterkenntnis haben?

Nun, wenn Sie einen Guru brauchen, jemand, der Sie inspiriert, Sie ermutigt, Ihnen sagt, daß Sie auf dem richtigen Weg sind, heißt das, daß Sie sich auf eine Person stützen und unvermeidlich verloren sind, wenn er eines Tages weggeht. Im Moment, in dem Ihre Inspiration von einer Person oder einer Idee abhängt, muß Angst entstehen, und deshalb ist das niemals echte Inspiration. Wenn Sie dagegen einen toten Körper betrachten, der fortgetragen wird, oder zwei Leute beobachten, die sich streiten, läßt Sie das nicht nachdenken? Wenn Sie jemand sehen, der sehr ehrgeizig ist, oder bemerken, wie Sie alle Ihrem Gouverneur zu Füßen fallen, wenn er hereinkommt, regt Sie das nicht zum Nachdenken an? Inspirieren kann also alles, vom fallenden Blatt oder dem Tod eines Vogels bis hin zum Verhalten des Menschen selbst. Wenn Sie all diese Dinge beobachten, lernen Sie die ganze Zeit über. Wenn Sie aber eine einzige Person als Ihren Lehrer ansehen, dann sind Sie verloren, und diese Person wird zu Ihrem Alptraum. Deshalb ist es so wichtig, niemand zu folgen, keinen speziellen Lehrer zu haben, sondern vom Fluß zu lernen, von den Blumen, den Bäumen, von der Frau, die eine Last trägt, von den Mitgliedern Ihrer Familie und von Ihren eigenen Gedanken. Dies ist eine Erziehung, die Ihnen niemand geben kann außer Sie selbst, und darin liegt ihre Schönheit. Das verlangt ständige Aufmerksamkeit, einen immer forschenden Geist. Sie müssen lernen, indem Sie beobachten, und sich abmühen, indem Sie glücklich und traurig sind.


*Frage:* Wie ist es mit all den inneren Widersprüchen möglich, daß Sein und Handeln übereinstimmen?

*Krishnamurti:* Wissen Sie, was ein innerer Widerspruch ist?

Wenn ich eine bestimmte Sache im Leben tun und gleichzeitig meine Eltern zufriedenstellen möchte, die mich dazu bringen wollen, etwas anderes zu tun, dann entsteht in mir ein Konflikt, ein Widerspruch. Wie kann ich ihn nun auflösen? Falls ich diesen Widerspruch nicht in mir selbst auflösen kann, kann es offensichtlich keine Integration von Sein und Handeln geben. Zuerst muß man also frei sein von inneren Widersprüchen.

Angenommen Sie möchten malen, weil Malen die Freude Ihres Lebens ist, und Ihr Vater sagt, daß Sie ein Rechtsanwalt oder ein Geschäftsmann werden müssen, weil er sonst nicht mehr Ihren Lebensunterhalt und Ihre Ausbildung zahlen wird. Dann entsteht ein Widerspruch in Ihnen, nicht wahr? Wie werden Sie nun diesen inneren Widerspruch beseitigen, um sich von den daraus folgenden Kämpfen und Leiden zu befreien? Solange Sie in Ihren inneren Widerspruch verstrickt sind, können Sie nicht denken. Also müssen Sie den Widerspruch beseitigen, Sie müssen entweder das eine oder das andere tun. Was wird es sein? Werden Sie Ihrem Vater nachgeben? Falls Sie es tun, bedeutet das, daß Sie Ihre Freude umgebracht haben, daß Sie sich mit etwas verheiratet haben, was Sie nicht lieben. Wird das den Widerspruch lösen? Falls Sie dagegen Ihrem Vater widerstehen, falls Sie sagen: »Es tut mir leid, es kümmert mich nicht, ob ich betteln und hungern muß, ich werde malen«, gibt es keinen Widerspruch – dann stimmen Sein und Handeln überein, weil Sie wissen, was Sie tun wollen und weil Sie es von ganzem Herzen tun. Wenn Sie aber ein Rechtsanwalt oder ein Kaufmann werden, während Sie innerlich darauf brennen, ein Maler zu sein, werden Sie für den Rest Ihres Lebens ein abgestumpfter, sorgenvoller Mensch sein, der in innerer Qual, in Frustration und in Trübsal lebt, der selbst zerstört ist und andere zerstört.

Das ist ein sehr wichtiges Problem, das Sie bedenken sollten, weil Ihre Eltern von Ihnen bestimmte Dinge verlangen, während Sie aufwachsen. Und wenn Sie sich nicht selbst sehr klar darüber sind, was Sie wirklich wollen, werden Sie wie ein Schaf zur Schlachtbank geführt. Wenn Sie aber herausfinden, was Sie liebend gern tun und dem Ihr ganzes Leben widmen, dann gibt es keinen Widerspruch, und in diesem Zustand ist Ihr Sein Ihr Handeln.

*Frage:* Sollten wir, um das tun zu können, was wir lieben, unsere Pflichten gegenüber unseren Eltern vergessen?

*Krishnamurti:* Was meinen Sie mit dem außerordentlichen Begriff »Pflicht«? Pflicht wem gegenüber? Ihren Eltern gegenüber, der Regierung, der Gesellschaft? Wenn Ihre Eltern sagen, es sei Ihre Pflicht, Rechtsanwalt zu werden und sie ordentlich zu unterstützen, aber Sie wollen wirklich Wandermönch sein, was werden Sie tun? In Indien ist ein Sannyasin sicher und wird respektiert. Also wird Ihr Vater vielleicht zustimmen. Wenn Sie das Gewand des Asketen überstreifen, sind Sie schon dadurch ein bedeutender Mann geworden, und Ihr Vater kann das gewinnträchtig nutzen. Falls Sie aber mit Ihren Händen arbeiten wollen, falls Sie ein schlichter Tischler sein oder schöne Gegenstände aus Ton herstellen wollen, wo liegt dann Ihre Pflicht? Kann Ihnen das irgend jemand sagen? Müssen Sie das nicht sehr sorgfältig selbst bedenken und dabei alle möglichen Folgen in Betracht ziehen, damit Sie sagen können: »Ich spüre, daß dies die richtige Sache für mich ist, und ich werde dabei bleiben, ganz gleich ob meine Eltern zustimmen oder nicht.« Sich nicht nur den Erwartungen Ihrer Eltern und der Gesellschaft zu fügen, sondern die Konsequenzen der Pflicht bis zu Ende zu denken, sehr klar zu sehen, was wahr ist und das ganze Leben lang dabei zu bleiben, obwohl das vielleicht Hunger, Leid und Tod bedeutet – das zu tun erfordert ein hohes Maß an Intelligenz, Wahrnehmungskraft, Einsicht und auch ein hohes Maß an Liebe. Sehen Sie, wenn Sie Ihre Eltern nur unterstützen, weil Sie es für Ihre Pflicht halten, ist Ihre Unterstützung ein Kuhhandel ohne tieferen Sinn, weil sie ohne Liebe ist.

*Frage:* So gern ich Ingenieur sein möchte; falls mein Vater dagegen ist und mir nicht hilft, wie kann ich da Ingenieurwesen studieren?

*Krishnamurti:* Falls Sie darauf beharren, Ingenieur werden zu wollen, selbst wenn Ihr Vater Sie aus dem Haus wirft, meinen Sie, daß Sie dann keine Wege und Mittel finden, um Ingenieurwesen zu studieren? Sie werden betteln, zu Freunden gehen. Das Leben ist sehr eigenartig: In dem Moment, in dem Sie sich ganz klar darüber sind, was Sie tun wollen, geschehen Dinge. Das Leben kommt Ihnen zu Hilfe – ein Freund, ein Verwandter, ein Lehrer, eine Großmutter, irgend jemand hilft Ihnen. Falls Sie sich aber davor fürchten, etwas zu versuchen, weil Ihr Vater sich vielleicht gegen Sie wendet, dann sind Sie verloren. Das Leben kommt denen nie zur Hilfe, die aus Angst Forderungen einfach nachgeben. Wenn Sie aber sagen: »Das ist es, was ich wirklich tun möchte, und ich werde es verfolgen«, dann werden Sie finden, daß sich etwas Wunderbares ereignet. Sie müssen vielleicht hungern, sich durchkämpfen, aber Sie werden ein wertvoller Mensch sein, nicht lediglich eine Imitation. Das ist das Wunder dabei.

Sehen Sie, die meisten von uns fürchten sich davor, auf eigenen Füßen zu stehen, und ich weiß, daß dies besonders schwierig für Sie ist, die Sie jung sind, weil es hier in Indien keine wirtschaftliche Freiheit gibt wie in Amerika oder Europa. Das Land hier ist übervölkert, also gibt jeder nach. Sie sagen: »Was passiert dann mit mir?« Wenn Sie aber durchhalten, stellen Sie fest, daß irgend etwas oder irgend jemand Ihnen hilft. Wenn Sie sich wirklich gegen die Volksmeinung stellen, dann sind Sie ein Individuum, und das Leben kommt Ihnen zu Hilfe.

Wissen Sie, in der Biologie kennt man das Phänomen der Spielart, einer plötzlichen, spontanen Abweichung vom Typ. Sie haben einen Garten und haben eine besondere Spezies von Blumen kultiviert und sehen eines Morgens, daß sich aus dieser Spezies etwas völlig Neues entwickelt hat. Dieses Neue wird Spielart genannt. Da es neu ist, fällt es auf, und der Gärtner kümmert sich in besonderer Weise darum. Und das Leben ist genauso. In dem Augenblick, in dem Sie sich hervorwagen, geschieht in Ihnen und um Sie herum etwas. Das Leben kommt Ihnen in vielfältiger Weise zu Hilfe. Sie mögen vielleicht die Form nicht, in der das Leben zu Ihnen kommt – es mag Not, Kampf, Hunger sein –, aber wenn Sie das Leben einladen, ereignen sich Dinge. Aber wir wollen das Leben nicht einladen, wir wollen auf Nummer Sicher gehen, und diejenigen, die auf Nummer Sicher gehen, sterben sehr sicher. Ist das nicht so?

# Sich geistig erneuern

Gestern morgen sah ich, wie ein toter Körper fortgetragen wurde, um verbrannt zu werden. Er war in ein helles, purpurfarbenes Tuch gewickelt und schwankte im Rhythmus der vier Sterblichen, die ihn trugen. Ich frage mich, was für einen Eindruck ein toter Körper auf uns macht. Wundern Sie sich nicht, daß es Verfall gibt? Sie kaufen einen brandneuen Motor, und nach wenigen Jahren ist er abgenutzt. Der Körper wird auch abgenutzt. Aber forschen Sie nicht etwas eingehender nach, um herauszufinden, warum der Geist verfällt? Früher oder später gibt es den Tod des Körpers, aber die meisten von uns haben einen Geist, der bereits tot ist. Der Verfall hat schon stattgefunden – und warum verfällt der Geist? Der Körper verfällt, weil wir ihn ständig benutzen und der physische Organismus sich abnutzt. Krankheit, Unfall, Alter, schlechte Nahrung, ungünstige Vererbung – all dies sind die Faktoren, die den Verfall und Tod des Körpers verursachen. Warum aber sollte der Geist verfallen, alt, schwerfällig und abgestumpft werden?

Haben Sie sich nie darüber gewundert, wenn Sie einen toten Körper sehen? Obwohl unsere Körper sterben müssen, warum sollte der Geist jemals verfallen? Ist Ihnen diese Frage nie in den Sinn gekommen? Denn der Geist verfällt in der Tat – wir sehen das nicht nur bei alten Leuten, sondern auch bei jungen. Wir sehen bei den jungen, wie der Geist bereits stumpf, schwerfällig, unsensibel wird; und wenn wir herausfinden können, warum der Geist verfällt, dann könnten wir vielleicht etwas wirklich Unzerstörbares entdecken. Wir verstehen dann vielleicht, was ewiges Leben ist, das Leben, das nicht endet, das zeitlos ist, das Leben, das unzerstörbar ist, das nicht verfällt wie der Körper, der zu den Verbrennungsstätten getragen und verbrannt wird und dessen Überreste in den Fluß geworfen werden.

Also, warum verfällt der Geist? Habt ihr ganz jungen Leute

unter meinen Zuhörern darüber je nachgedacht? Da ihr noch sehr jung seid – und wenn ihr noch nicht von der Gesellschaft, von euren Eltern, von den Lebensumständen abgestumpft seid – habt ihr einen frischen, eifrigen, wißbegierigen Geist. Ihr wollt wissen, warum die Sterne existieren, warum die Vögel sterben, warum die Blätter fallen, wie Düsenflugzeuge fliegen. Ihr wollt so viele Dinge wissen. Aber dieser lebendige Drang zu erforschen, zu erkunden, wird schnell erstickt, nicht wahr? Er wird erstickt von der Furcht, vom Gewicht der Tradition, von unserer eigenen Unfähigkeit, uns dieser außerordentlichen Angelegenheit zu stellen, die man Leben nennt. Habt Ihr nicht festgestellt, wie schnell euer lebhafter Eifer von einem scharfen Wort zerstört wird, von einer abwertenden Geste, von der Angst vor einer Prüfung oder der Drohung der Eltern – was bedeutet, daß unsere Empfindsamkeit bereits beseitigt und der Geist abgestumpft worden ist?

Eine weitere Ursache der Dumpfheit ist Imitation. Ihr sollt die Tradition imitieren. Die Last der Vergangenheit treibt euch dazu, euch anzupassen, euch gleichzuschalten, und in der Konformität fühlt sich der Geist sicher und sorglos; er hält sich an ein gut geöltes Geleise, so daß er leicht und ohne Störung laufen kann und ohne den leisesten Zweifel. Beobachtet die Erwachsenen um euch herum, und ihr werdet sehen, daß ihr Geist nicht gestört werden will. Sie wollen ihren Frieden, obwohl es ein toter Frieden ist; aber wahrer Frieden ist etwas gänzlich anderes.

Wenn sich der Geist an ein Geleise oder Muster hält, habt ihr nicht bemerkt, daß das immer vom Wunsch nach Sicherheit ausgelöst wird? Deshalb folgt er einem Ideal, einem Beispiel, einem Guru. Er möchte sicher sein, ungestört, und deshalb imitiert er. Wenn ihr in euren Geschichtsbüchern über große Führer, Heilige, Krieger lest, stellt ihr dann nicht fest, daß ihr sie kopieren wollt? Nicht, daß es keine großen Leute in der Welt gibt; es gibt aber den Instinkt, große Leute zu imitieren, es ihnen gleichzutun; und das ist einer der Faktoren des Verfalls, weil sich der Geist dann einer Form anpaßt.

Darüber hinaus will die Gesellschaft keine Individuen, die wach, scharfsinnig und revolutionär sind, weil solche Individuen nicht in die etablierten Sozialstrukturen passen und diese vielleicht auflösen werden. Deshalb sucht die Gesellschaft euren Geist in ihren Mustern zu halten, und deshalb ermutigt euch eure sogenannte Erziehung, zu imitieren, zu folgen, konform zu gehen.

Kann der Geist nun aufhören zu imitieren? Das heißt, kann er aufhören, Gewohnheiten zu bilden? Und kann der Geist, der schon in Gewohnheiten gefangen ist, frei von Gewohnheiten werden?

Der Geist ist das Ergebnis von Gewohnheiten, oder nicht? Er ist das Resultat von Tradition, das Resultat von Zeit. Zeit ist Wiederholung, eine Fortsetzung der Vergangenheit. Und kann der Geist, *euer* Geist, aufhören, vom Standpunkt des Vergangenen aus zu denken – und des Zukünftigen, das in Wahrheit eine Projektion des Vergangenen ist? Kann euer Geist frei von Gewohnheiten sein und davon, neue Gewohnheiten anzunehmen? Falls ihr sehr gründlich auf dieses Problem eingeht, werdet ihr feststellen, daß er das kann. Und wenn der Geist sich selbst erneuert, ohne neue Muster und Gewohnheiten zu bilden, ohne wiederum in die vorgezeichnete Spur der Imitation zu verfallen, dann bleibt er frisch, jung und unschuldig und ist deshalb eines Verstehens fähig, das unendlich ist.

Für einen solchen Geist gibt es keinen Tod, weil es den Prozeß des Ansammelns nicht mehr gibt. Es ist dieser Prozeß des Ansammelns, der Gewohnheiten und Imitation schafft; und der Geist, der ansammelt, verfällt und stirbt. Ein Geist jedoch, der nicht anhäuft, nicht sammelt, der jeden Tag, in jeder Minute stirbt – für einen solchen Geist gibt es keinen Tod. Er ist unbegrenzter Raum.

Der Geist muß allem sterben, was er angesammelt hat – allen Gewohnheiten, nachgeahmten Tugenden, allen Dingen, auf die er sich aus seinem Bedürfnis nach Sicherheit heraus verließ. Dann bleibt er nicht mehr länger im Netz seines eigenen Denkens gefangen. Indem er von Augenblick zu Augenblick für das Vergangene stirbt, wird der Geist frisch und kann deshalb nie verfallen oder die Welle der Dunkelheit in Bewegung setzen.

*Frage:* Wie können wir das verwirklichen, was Sie uns sagen?

*Krishnamurti:* Sie hören etwas, was Sie für richtig halten und wollen es in Ihrem Alltagsleben anwenden – also gibt es eine Kluft zwischen dem, was Sie denken und was Sie tun, nicht wahr? Sie denken eines, und Sie tun etwas anderes. Aber Sie möchten praktizieren, was Sie denken. Also gibt es diese Kluft zwischen Handeln und Denken; und dann fragen Sie danach, wie man die Kluft überbrücken, wie man Ihr Denken mit Ihrem Handeln verbinden kann.

Nun, wenn Ihnen sehr viel daran liegt, etwas zu tun, dann tun Sie es auch, oder nicht? Wenn Sie unbedingt Kricket spielen oder etwas anderes tun wollen, woran Sie wirklich interessiert sind, werden Sie Mittel und Wege finden, es zu tun. Sie fragen dann nie danach, wie sich Ihre Absicht verwirklichen läßt. Sie tun es, weil es Sie danach verlangt, weil Sie mit Ihrem ganzen Wesen, mit Herz und Seele dabei sind.

Aber bei dieser anderen Sache hier haben Sie es sich sehr überlegt. Sie denken eines und tun etwas anderes. Sie sagen: »Das ist eine ausgezeichnete Idee; und verstandesmäßig stimme ich dem zu, aber ich weiß nicht, was damit anfangen. Also sagen Sie mir bitte, wie ich sie verwirklichen kann.« Das bedeutet, daß Sie es überhaupt nicht wollen. Was Sie wirklich wollen, ist, das Handeln aufschieben, weil Sie lieber noch ein bißchen neidisch sein wollen, oder was auch immer. Sie sagen: »Alle anderen sind auch neidisch, warum also nicht ich?« und machen weiter wie bisher. Falls Sie aber wirklich nicht mehr neidisch sein wollen und so klar sehen, was Neid in Wahrheit ist, wie Sie die Wahrheit einer Kobra sehen, dann hören Sie auf, neidisch zu sein und zwar endgültig; Sie fragen nie mehr, wie Sie von Neid befreit sein können.

Es ist also wichtig zu sehen wie etwas in Wahrheit ist, und nicht erst zu fragen, wie man das anstellen soll – was nämlich heißt, daß Sie diese Wahrheit nicht sehen. Wenn Sie auf dem Weg auf eine Kobra stoßen, fragen Sie nicht: »Was soll ich tun?« Sie begreifen die Gefahr einer Kobra sehr wohl und halten sich von ihr fern. Aber Sie haben noch nie wirklich untersucht, was Neid alles mit sich bringt. Niemand hat je mit Ihnen darüber gesprochen oder ist gar tiefer darauf eingegangen. Es wurde Ihnen gesagt, daß Sie nicht neidisch sein dürfen, aber Sie haben in das Wesen von Neid nie Einblick gewonnen; Sie haben nie beobachtet, wie die Gesellschaft und alle organisierten Religionen darauf aufbauen, also auf dem Verlangen, etwas zu werden. Im Augenblick jedoch, in dem Sie Neid wirklich erkennen und seine Wahrheit sehen, fällt Neid von Ihnen ab.

Zu fragen: »Wie soll ich das anstellen?« ist eine gedankenlose Frage, denn wenn Sie wirklich an etwas Interesse haben, was Sie noch nicht kennen, machen Sie sich dran und fangen bald an, es herauszufinden. Wenn Sie sich zurücklehnen und sagen: »Bitte sagen Sie mir einen praktischen Weg, wie ich Habgier loswerde«, werden Sie habgierig bleiben. Falls Sie aber Geiz mit einem wachen Geist ohne jedes Vorurteil erforschen und Ihr ganzes Wesen dabei einsetzen, dann befreit Sie diese Wahrheit, nicht Ihre Suche nach einem Weg, der zur Befreiung führt.


*Frage:* Warum werden unsere Wünsche niemals ganz erfüllt? Warum gibt es immer Hindernisse, die uns daran hindern, alles genau so zu machen, wie wir wollen?

*Krishnamurti:* Falls Ihr Wunsch, etwas zu tun, vollständig ist, falls Ihr ganzes Wesen sich daran beteiligt, ohne ein Ergebnis zu erwarten, ohne etwas erfüllen zu wollen, also ohne Angst – dann gibt es kein Hindernis. Ein Hindernis, einen Widerspruch gibt es nur dann, wenn Ihr Verlangen unvollständig und in sich gebrochen ist: Sie möchten etwas tun und haben gleichzeitig Angst davor oder sind halbentschlossen, etwas anderes tun. Im übrigen - können Sie Ihre Wünsche jemals voll verwirklichen? Verstehen Sie? Ich werde es erklären.

Die Gesellschaft, welche die kollektive Beziehung zwischen Mensch und Mensch ist, erlaubt Ihnen nicht, einen vollständigen Wunsch zu haben, weil Sie sonst eine Belästigung, eine Gefahr für die Gesellschaft wären. Es wird Ihnen erlaubt, ehrbare Wünsche zu haben wie Ehrgeiz und Neid – das ist vollkommen in Ordnung. Da die Gesellschaft aus Menschen besteht, die neidisch und ehrgeizig sind, die glauben und imitieren, akzeptiert man Neid, Ehrgeiz, Glauben, Imitation, obwohl das alles Anzeichen von Angst sind. Solange Ihre Wünsche in das etablierte

Muster passen, sind Sie ein ehrbarer Bürger. Aber von dem Augenblick an, in dem Sie einen vollständigen Wunsch hegen, der nicht dem Muster entspricht, werden Sie zu einer Gefahr. Die Gesellschaft paßt immer darauf auf und verhindert, daß Sie einen vollständigen Wunsch hegen, ein Verlangen, das der Ausdruck Ihres ganzen Seins wäre und deshalb eine revolutionäre Handlung bewirken würde.

Die Handlung des Seins unterscheidet sich völlig von der Handlung des Werdens. Die Handlung des Seins ist so revolutionär, daß die Gesellschaft sie zurückweist und sich ausschließlich mit der Handlung des Werdens beschäftigt, die ehrbar ist, weil sie ins Muster paßt. Jeglicher Wunsch jedoch, der sich in der Handlung des Werdens ausdrückt, die eine Form von Ehrgeiz ist, bleibt ohne Erfüllung. Früher oder später wird er verhindert, verzögert, frustriert, und wir rebellieren gegen diese Frustration auf negative Weise.

Das ist für Sie eine wichtige Frage, mit der Sie sich beschäftigen sollten, weil Sie mit zunehmendem Alter feststellen werden, daß Ihre Wünsche sich niemals wirklich erfüllen. In jeder Erfüllung gibt es immer einen Schatten von Frustration, und in Ihrem Herzen ist kein Lied, sondern ein Schrei. Der Wunsch, etwas zu werden – ein bedeutender Mensch, ein großer Heiliger, dieser oder jener von Bedeutung zu werden, kennt kein Ende und deshalb keine Erfüllung. Sein Verlangen ist immer nach »Mehr«, und ein solches Verlangen erzeugt Schmerz, Leiden und Kriege. Wenn man aber frei ist von jedem Wunsch, etwas zu werden, entsteht der Seinszustand, dessen Handlungsweise vollkommen anders ist. Er ist. Das, was ist, ist ohne Zeit. Es denkt nicht in Kategorien von Erfüllung. Sein eigenes Wesen ist seine Erfüllung.

*Frage:* Ich merke, daß ich schwer von Begriff bin. Andere sagen aber, daß ich intelligent sei. Was sollte für mich gelten: das, was ich merke, oder das, was andere sagen?

*Krishnamurti:* Nun, hören Sie sehr sorgfältig auf die Frage, ganz ruhig; versuchen Sie nicht, eine Antwort zu finden. Wenn Sie sagen, daß ich ein intelligenter Mensch bin und ich sehr wohl weiß, daß ich dumm bin, wird mich dann beeinflussen, was Sie sagen? Es wird, wenn ich versuche, intelligent zu sein, nicht wahr? Dann werde ich durch Ihre Bemerkung geschmeichelt, beeinflußt. Wenn ich aber erkenne, daß eine dumme Person niemals aufhören kann, dumm zu sein, indem sie versucht, intelligent zu sein, was passiert dann?

Sicher werde ich weiterhin dumm sein, wenn ich dumm bin und versuche, intelligent zu sein, weil der Versuch, etwas zu sein oder zu werden, ein Teil der Dummheit ist. Eine dumme Person mag den Anschein von Klugheit erwecken, sie besteht vielleicht einige Examina, erhält einen Job, aber sie hört deshalb nicht auf, dumm zu sein. (Bitte verstehen Sie das nicht als zynische Bemerkung.) In dem Moment jedoch, in dem einer Person bewußt wird, daß sie dumpf und dumm ist, und sie, statt zu versuchen, intelligent zu sein, ihre Dummheit zu untersuchen und zu verstehen beginnt – in dem Augenblick erwacht Intelligenz.

Nehmen Sie Habgier. Wissen Sie, was Habgier ist? Sie besteht darin, mehr zu essen, als Sie brauchen, andere beim Spielen übertrumpfen zu wollen, mehr Besitz oder ein größeres Auto als der andere haben zu wollen. Dann sagen Sie sich, daß Sie *nicht* habgierig sein dürfen. Also praktizieren Sie „Nicht-Habgier« – was wirklich albern ist, weil Habgier nie aufhören kann, indem Sie Nicht-Habgier anstreben. Wenn Sie aber alle Folgen der Habgier zu verstehen beginnen, wenn Sie Ihren Verstand und Ihr Herz einsetzen, um die Wahrheit über Habgier herauszufinden, dann sind Sie von Habgier ebenso frei wie von ihrem Gegenteil. Dann sind Sie ein wirklich intelligenter Mensch, weil Sie sich mit dem auseinandersetzen, was *ist*, und nicht das imitieren, was sein *sollte*.

Wenn Sie also etwas schwer von Begriff sind, versuchen Sie nicht, intelligent oder clever zu sein, sondern verstehen Sie das, was Sie so abstumpft. Imitation, Furcht, Kopieren eines Vorbilds, Nachahmen eines Beispiels oder das Verfolgen eines Ideals – all dies stumpft den Geist ab. Wenn Sie aufhören, hinter anderen herzulaufen, wenn Sie keine Furcht haben, wenn Sie fähig sind, klar für sich selbst zu denken, sind Sie dann nicht der aufgeweckteste Mensch? Wenn Sie jedoch abgestumpft sind und clever zu sein versuchen, schließen Sie sich der Gruppe jener an, die in ihrer Tätigkeit ziemlich langweilig sind.

*Frage:* Warum sind wir ungezogen?

*Krishnamurti:* Wenn ihr Kinder diese Frage stellt, sobald ihr ungezogen seid, dann hat sie ihren Sinn, ihre Bedeutung. Aber wenn ihr zum Beispiel wütend seid, fragt ihr nie, warum ihr wütend seid, oder doch? Erst hinterher stellt ihr diese Frage. Nachdem ihr euch geärgert habt, sagt ihr: »Wie dumm, ich hätte mich nicht ärgern sollen.« Falls ihr dagegen im Moment des Ärgers bewußt und überlegt bleibt, ohne den Ärger zu verurteilen, falls ihr »ganz da« seid, wenn die Erregung im Geist aufsteigt, dann werdet ihr sehen, wie schnell sie vergeht.

Kinder sind in einem bestimmten Alter ungezogen, und das sollten sie auch sein, weil sie lebenssprühend, voller Leben und Übermut sind, und das muß sich in der einen oder anderen Form ausdrücken. Aber dies ist wirklich eine komplexe Frage, weil Ungezogenheit vielleicht auch durch falsche Ernährung, Mangel an Schlaf oder ein Gefühl der Unsicherheit und so weiter entsteht. Wenn alle damit zusammenhängenden Faktoren nicht in der rechten Weise verstanden werden, dann wird Ungezogenheit seitens der Kinder zu einer Revolte innerhalb der Gesellschaft, in der es kein Ventil für sie gibt.

Wissen Sie, was »schwererziehbare« Kinder sind? Es sind Kinder, die alle möglichen schrecklichen Dinge tun; sie lehnen sich innerhalb des Gefängnisses der Gesellschaft auf, weil ihnen nie geholfen wurde, das ganze Problem der Existenz zu verstehen. Sie sind vital, und manche von ihnen sind außerordentlich intelligent; und ihre Rebellion ist ihre Art zu sagen: »Helft uns zu verstehen und die Zwänge zu durchbrechen, diese entsetzliche Anpassung.« Deshalb ist diese Frage sehr wichtig für den Erzieher, der Erziehung noch nötiger braucht als die Kinder.

*Frage:* Ich bin daran gewöhnt, Tee zu trinken. Ein Lehrer sagt, es sei eine schlechte Angewohnheit, und ein anderer sagt, es sei in Ordnung.

*Krishnamurti:* Was meinst denn du? Lassen wir für den Augenblick beiseite, was andere Leute sagen. Es mag deren Vorurteil sein. Hören wir auf die Frage. Was halten wir von einem Jungen, der bereits an irgend etwas »gewöhnt« ist – Tee zu trinken, zu rauchen, viel zu essen oder was auch immer? Es ist vielleicht in Ordnung, einer Gewohnheit verfallen zu sein, wenn du siebzig oder achtzig bist, mit einem Fuß im Grab. Aber du fängst dein Leben erst an, und jetzt schon an etwas gewöhnt zu sein ist eine schreckliche Angelegenheit. Das ist die entscheidende Frage, nicht, ob du Tee trinkten solltest oder nicht.

Siehst du, wenn du dich an etwas gewöhnt hast, ist dein Geist schon auf dem Weg zum Friedhof. Falls du wie ein Hindu, ein Kommunist, ein Katholik, ein Protestant denkst, dann geht es mit deinem Geist schon bergab, er zeigt schon Auflösungserscheinungen. Falls dein Geist aber wach ist und erforscht, warum du an einer bestimmten Gewohnheit hängst, warum du auf eine besondere Weise denkst, dann kann auch die zweitrangige Frage behandelt werden, ob du rauchen oder Tee trinken solltest.

# Der Strom des Lebens

Ich weiß nicht, ob Sie auf Ihren Spaziergängen einen langen, schmalen Teich neben dem Fluß bemerkt haben? Fischer müssen ihn wohl ausgegraben haben, er ist mit dem Fluß nicht verbunden. Der Fluß fließt stetig, tief und breit dahin, aber den Teich überzieht ein schmieriger Film, weil er mit dem lebendigen Fluß nicht verbunden ist und es keine Fische in ihm gibt. Er ist ein stehendes Gewässer, der tiefe Strom voller Leben und Vitalität, aber fließt rasch dahin.

Nun, denken Sie nicht, daß Menschen auch so sind? Sie graben sich ihren kleinen Teich, abseits vom raschen Strom des Lebens. In diesem kleine Teich stagnieren sie und sterben, und diese Stagnation, dieses Verkommen nennen wir Existenz. Denn wir alle wollen stabile Verhältnisse; wir möchten, daß die Erfüllung bestimmter Wünsche ewig anhält, wir wollen Freuden ohne Ende. Wir graben ein kleines Loch und verbarrikadieren uns darin mit unseren Familien, mit unserem Ehrgeiz, unserer Kultiviertheit, unseren Ängsten, unseren Göttern, unseren unterschiedlichen Gebetsritualen; und dort lassen wir das Leben vorüberziehen und sterben – jenes Leben, das nicht von Dauer ist, sich ständig wandelt, so rasch ist, solche enorme Tiefen, solche außergewöhnliche Vitalität und Schönheit hat.

Haben Sie bemerkt, daß Sie das Lied des Flusses hören, wenn Sie still an seinem Ufer sitzen – das Schwappen des Wassers, das Geräusch der vorbeiziehenden Strömung? Immerfort ist Bewegung zu spüren eine außerordentliche Bewegung zum Tieferen und Weiteren hin. Im kleinen Teich jedoch gibt es keinerlei Bewegung, sein Wasser stagniert. Und durch Beobachtung werden Sie erkennen, daß es das ist, was die meisten von uns wünschen: kleine, unbewegte Teiche einer vom Leben getrennten Existenz. Wir sagen, daß unsere Teich-Existenz richtig ist, und wir haben eine Philosophie erfunden, um sie zu rechtfertigen. Wir haben soziale, politische, ökonomische und religiöse

Theorien entwickelt, die sie stützen, und wir wollen nicht gestört werden, denn wir suchen das Gefühl von Dauer.

Wissen Sie, was es bedeutet, Dauer anzustreben? Es bedeutet, man wünscht, das Erfreuliche möge endlos dauern und das Unerfreuliche so schnell wie möglich aufhören. Wir wollen, daß der Name, den wir tragen, bekannt und durch die Familie, durch den Besitz weitergeführt wird. Wir wünschen uns ein Gefühl von Dauer in unseren Beziehungen, in unserer Tätigkeit, und das bedeutet, wir suchen ein bleibendes, stetiges Leben im stagnierenden Teich. Wir wollen dort keinerlei wirkliche Veränderungen, also haben wir eine Gesellschaft aufgebaut, die uns die Dauer des Besitzes, des Namens, des Ruhms garantiert.

Aber sehen Sie, das Leben ist nicht so, Leben ist nichts Bleibendes. Wie die Blätter, die vom Baume fallen, sind alle Dinge vorübergehend, nichts überdauert, immer gibt es Wandel und Tod. Haben Sie je beachtet, wie sich ein kahler Baum gegen den Himmel abhebt, wie schön er ist? Jeder einzelne Zweig zeichnet sich ab, und seine Kahlheit formt sich zum Lied oder zum Gedicht. Jedes Blatt hat er verloren, und nun erwartet er den Frühling. Wenn der Frühling kommt, erfüllt er den Baum erneut mit der Musik seiner vielen Blätter, welche zu ihrer Zeit wieder fallen werden und verwehen – das ist der Lauf des Lebens.

Aber *wir* wollen nichts, was dem ähnlich ist. Wir klammern uns an unsere Kinder, an unsere Traditionen, an unsere Gesellschaft, an unsere Namen und unsere kleinen Tugenden, weil wir Dauer wollen; und deshalb haben wir Angst davor zu sterben. Wir fürchten uns, Dinge zu verlieren, die wir kennen. Aber Leben ist nicht so, wie wir es gerne hätten; Leben ist überhaupt nicht dauerhaft. Vögel sterben, Schnee schmilzt, Bäume werden gefällt oder vom Sturm geknickt, und so weiter. Wir aber wollen, daß alles, was uns Befriedigung gibt, von Dauer ist; wir wollen, daß unsere Stellung und die Autorität, die wir über Leute haben, andauern. Wir weigern uns, das Leben so zu akzeptieren, wie es tatsächlich ist.

Es ist eine Tatsache, daß das Leben wie ein Fluß ist: in unaufhörlicher Bewegung, immer auf der Suche, forschend, drängend, tritt er über seine Ufer, dringt sein Wasser durch jede Öffnung. Aber sehen Sie, der Geist gestattet sich nicht, daß dasselbe mit ihm geschieht. Der Geist sieht es als gefährlich, als riskant an, in einem Zustand der Unbeständigkeit und Unsicherheit zu leben; also baut er eine Mauer um sich herum – die Mauer der Tradition, der organisierten Religion, der politischen und sozialen Theorien. Familie, Name, Besitz, die kleinen Tugenden, die wir kultiviert haben – all dies befindet sich innerhalb der Mauern, vom Leben getrennt. Leben bewegt sich ohne Dauer und versucht unaufhörlich, diese Mauern zu durchdringen, niederzubrechen, hinter denen Verwirrung und Elend ist. Die Götter innerhalb der Mauern sind alles falsche Götter, und sie betreffende Schriften und Philosophien haben keine Bedeutung, weil Leben sich außerhalb von ihnen befindet.

Nun, für einen Geist, der keine Mauern hat, der unbelastet von eigenen Erwerbungen, von angehäuften Besitztümern, von eigenem Wissen ist, der zeitlos und ungesichert lebt – für einen solchen Geist ist Leben etwas Außerordentliches. Ein solcher Geist ist selbst Leben, weil Leben keinen Rastplatz hat. Aber die meisten von uns möchten einen Rastplatz; wir wollen ein kleines Haus, einen Namen, eine Stellung, und wir sagen, daß diese Dinge sehr wichtig sind. Wir verlangen Dauer und schaffen eine Kultur, die auf diesem Verlangen beruht, und erfinden Götter, welche ganz und gar keine Götter sind, sondern lediglich eine Projektion unserer eigenen Wünsche.

Ein Geist, der Dauer sucht, wird bald stagnieren; wie jener Teich neben dem Fluß wird er bald ganz verdorben und faulig sein. Nur der Geist, der keine Mauern, keinen sicheren Halt, keine Schutzschranke, keinen Rastplatz hat und der ganz der Bewegung des Lebens folgt, zeitlos weiterdrängt, forscht und sich explosionsartig öffnet – nur ein solcher Geist kann glücklich und ewig neu sein, weil er in sich kreativ ist.

Verstehen Sie, worüber ich spreche? Das sollten Sie, weil dies alles Teil einer wirklichen Erziehung ist. Indem Sie es verstehen, verwandelt sich Ihr ganzes Leben; Ihr Verhältnis zur Welt, zu Ihrem Nachbarn, zu Ihrer Frau oder zu Ihrem Mann wird einen ganz anderen Inhalt haben. Dann werden Sie nicht versuchen, sich durch irgend etwas anderes zu erfüllen, weil Sie sehen, daß das Verlangen nach Erfüllung nur Kummer und Not mit sich bringt. Deshalb sollten Sie Ihre Lehrer darüber befragen und es auch untereinander diskutieren. Wenn Sie es dann begreifen, werden Sie angefangen haben, die außergewöhnliche Wahrheit über das Leben zu verstehen; und in diesem Verstehen liegt große Schönheit und Liebe, das Aufblühen der Güte. Aber die Bemühungen eines Geistes, der einen Teich der Sicherheit und Dauer sucht, kann nur zu Dunkelheit und Verderben führen. Wenn der Geist sich erst einmal in einem solchen Teich eingerichtet hat, hat er Angst, sich herauszuwagen, zu suchen, zu erkunden; aber Wahrheit, Gott, Realität oder wie Sie es nennen wollen, liegt weit außerhalb des Teichs.

Wissen Sie, was Religion ist? Sie ist nicht im Lobgesang, nicht in der Ausübung eines Rituals, nicht in der Anbetung eines Götzen oder eines Steinbildnisses, sie ist nicht in den Tempeln und Kirchen, nicht im Lesen der Bibel oder der *Bhagavad Gita*, nicht in der Wiederholung eines heiligen Namens oder im Befolgen irgendeines Aberglaubens, den Menschen erfunden haben. Nichts davon ist Religion.

Religion ist das Gefühl von Güte, ist jene Liebe, die wie der Fluß ist, lebendig und immerwährend bewegt. In jenem Zustand werden Sie feststellen, daß ein Augenblick kommt, in dem es überhaupt keine Suche mehr gibt; und dieses Ende des Suchens ist der Anfang von etwas total anderem. Die Suche nach Gott, nach Wahrheit, das Gefühl, vollständig gut zu sein – nicht die Kultivierung von Güte, von Demut, sondern das Aufsuchen von etwas jenseits der Erfindungen und Tricks des Geistes, was bedeutet, ein Gespür für jenes Etwas zu haben, in ihm zu leben, es zu sein – *das* ist wahre Religion. Aber Sie können das nur tun, wenn Sie den Teich verlassen, den Sie sich selbst gegraben haben, und in den Fluß des Lebens hinausgehen. Dann nimmt sich das Leben auf erstaunliche Weise Ihrer an, indem es sich um Sie kümmert, weil Sie sich keine Sorgen mehr machen. Das Leben trägt Sie, wohin es will, weil Sie selbst Teil des Lebens sind. Dann ist Sicherheit kein Problem mehr und auch nicht, was Leute sagen oder nicht sagen, und das ist die Schönheit des Lebens.

*Frage:* Was läßt uns den Tod fürchten?

*Krishnamurti:* Denken Sie, ein Blatt, das zu Boden fällt, fürchtet den Tod? Meinen Sie, ein Vogel lebt mit der Angst vor dem

Tod? Er begegnet dem Tod, sobald der Tod kommt, macht sich um seinen Tod aber keine Sorgen; er ist viel zu sehr mit dem Leben beschäftigt, damit, Insekten zu fangen, ein Nest zu bauen, ein Lied zu singen und zu fliegen, aus reiner Freude am Fliegen. Haben Sie einmal beobachtet, wie Vögel sich hoch in die Lüfte aufschwingen ohne einen einzigen Flügelschlag, nur getragen vom Wind? Wie unendlich scheinen sie sich ihres Lebens zu freuen! Sie machen sich keine Sorgen um ihren Tod. Wenn der Tod kommt, ist das in Ordnung, sie sind am Ende. Sie machen sich keine Sorgen darüber, was auf sie zukommt, sie leben von Augenblick zu Augenblick, nicht wahr? Wir Menschen aber machen uns ständig Gedanken über den Tod – weil wir nicht leben. Das ist das Problem: Wir sterben, wir leben nicht. Die alten Menschen stehen mit einem Fuß im Grab, und die jungen sind nicht sehr weit davon entfernt.

Es gibt diese Beschäftigung mit dem Tod, weil wir befürchten, das Vertraute zu verlieren, die Dinge, die wir angesammelt haben. Wir fürchten, die Frau oder den Mann, ein Kind oder einen Freund zu verlieren; wir fürchten zu verlieren, was wir gelernt oder angehäuft haben. Falls wir alle Dinge, die wir zusammengetragen haben, mit hinübernehmen könnten – unsere Freunde, unseren Besitz, unsere Tugenden, unseren Charakter – dann hätten wir vor dem Tod keine Angst, nicht wahr? Deshalb erfinden wir Theorien über Tod und Jenseits. Tatsache aber ist, daß Tod ein Abschluß ist, und die meisten von uns wollen sich dieser Tatsache nicht stellen. Wir wollen das Bekannte nicht verlassen. Aber nicht das Unbekannte erzeugt die Angst in uns, sondern das starre Festhalten am Bekannten. Das Unbekannte kann vom Bekannten nicht wahrgenommen werden. Weil das Bewußtsein jedoch aus dem Bekannten besteht, sagt es sich: »Das wäre mein Ende!« und schreckt deshalb zurück.

Falls Sie von Augenblick zu Augenblick und ohne Sorge um die Zukunft leben können, falls Sie ohne den Gedanken an morgen leben können – damit ist allerdings nicht die oberflächliche Beschäftigung mit dem bloß Nächstliegenden gemeint – falls Sie sich der ganzen Wirkungsweise des Bekannten bewußt sind und das Bekannte aufgeben, es vollständig loslassen können, werden Sie feststellen, daß sich etwas Erstaunliches ereignet. Versuchen Sie es einen Tag lang – legen Sie alles beiseite, vergessen Sie, was Sie wissen, und sehen Sie einfach zu, was geschieht. Schleppen Sie Ihre Sorgen nicht von einem Tag zum nächsten, von einer Stunde zur anderen, von einem Augenblick zum nächsten mit. Lassen Sie alle Sorgen hinter sich, und Sie werden entdecken, daß aus dieser Freiheit ein außergewöhnliches Leben entsteht, das sowohl Leben wie Sterben umfaßt. Tod ist nur das Ende von etwas Bestimmtem, und gerade in diesem Sterben ist Erneuerung.

*Frage:* Es heißt, in jedem von uns ist Wahrheit, unveränderlich und zeitlos; aber wie kann in uns Wahrheit sein, da unser Leben doch vergänglich ist?

*Krishnamurti:* Sehen Sie, wir haben aus der Wahrheit etwas Unveränderliches gemacht. Ist Wahrheit unveränderlich? Falls das so ist, stimmt es innerhalb des Bereichs der Zeit. Zu sagen, daß etwas unveränderlich sei, heißt auch, daß es sich gleichbleibt, und was sich gleichbleibt, ist nicht Wahrheit. Das ist die Schönheit der Wahrheit: Sie muß von Augenblick zu Augenblick entdeckt werden, bleibt nicht in Erinnerung. Eine erinnerte Wahrheit ist eine tote Sache. Wahrheit muß von Augenblick zu Augenblick entdeckt werden, weil sie lebendig ist; sie ist nie dieselbe, und doch ist sie jedesmal, wenn Sie sie entdecken, dieselbe.

Es ist wichtig, keine Theorie der Wahrheit zu haben, nicht zu sagen, die Wahrheit sei ständig in uns und so fort. Das ist eine Erfindung der Alten, die sich sowohl vor dem Tod wie vor dem Leben fürchten. Diese wunderbaren Theorien – daß Wahrheit unveränderlich sei, daß Sie keine Angst zu haben brauchen, weil Sie eine unsterbliche Seele sind und so weiter – sind von verängstigten Leuten erfunden worden, deren Geist in Verfall begriffen war und deren Philosophien keine Gültigkeit haben. Tatsache ist, daß Wahrheit Leben ist und Leben keine Unveränderlichkeit kennt. Leben muß von Augenblick zu Augenblick, von Tag zu Tag entdeckt werden. Es muß *entdeckt* werden, es kann nicht als gegeben hingenommen werden. Wenn Sie als sicher annehmen, daß Sie das Leben kennen, leben Sie nicht. Drei Mahlzeiten am Tag, Kleidung, Behausung, Sexualität, Ihre Arbeit, Ihre Vergnügungen und Ihre Denkvorgänge – dieser langweilige, sich wiederholende Prozeß ist nicht Leben. Leben ist etwas, das entdeckt sein will; und Sie können es nicht entdecken, wenn Sie nicht die Dinge, die Sie gefunden haben, wieder verlieren, beiseite legen. Experimentieren Sie mit dem, was ich Ihnen sage. Legen Sie alle Ihre Philosophien, Ihre Religionen, Ihre Sitten, Ihre rassischen Tabus und was sonst noch da ist beiseite, denn diese sind nicht das Leben. Wenn Sie davon eingefangen sind, werden Sie Leben nie entdecken; und die Aufgabe der Erziehung besteht sicherlich darin, Ihnen zu helfen, immer wieder das Leben zu entdecken.

Ein Mensch, der sagt, er wisse, ist schon tot. Der Mensch indes, der denkt: »Ich weiß nicht«, der entdeckt, der herausfindet, der kein Ergebnis erwartet, der nicht in Kategorien von Erreichen oder Werden denkt – ein solcher Mensch ist lebendig, und dieses Lebendigsein ist Wahrheit.

*Frage:* Kann ich zu einer Vorstellung von Vollkommenheit gelangen?

*Krishnamurti:* Wahrscheinlich können Sie das. Indem Sie spekulieren, erfinden, projizieren, indem Sie sagen: »Dies ist häßlich und das ist vollkommen«, werden Sie sich eine *Vorstellung* von Vollkommenheit machen. Aber Ihre Vorstellung von Vollkommenheit hat, wie Ihr Glaube an Gott, keine Bedeutung. Vollkommenheit ist etwas, das in einem nicht vorbedachten Augenblick gelebt wird, und dieser Augenblick hat keine Dauer. Deshalb kann Vollkommenheit weder erdacht werden, noch läßt sich eine Möglichkeit finden, ihr Dauer zu verleihen. Nur der Geist, der sehr still ist, der nichts vorherplant, erfindet oder projiziert, kann einen Augenblick von Vollkommenheit erkennen, einen Moment, der in sich vollständig ist.

*Frage:* Warum wollen wir Rache nehmen, indem wir den verletzen, der uns verletzt hat?

*Krishnamurti:* Das ist eine instinktive Überlebensreaktion, nicht wahr? Der intelligente Geist jedoch, der wache Geist, der tief darüber nachgedacht hat, verspürt nicht den Wunsch zurückzuschlagen – nicht weil er versucht, tugendhaft zu sein oder Ver-

gebung zu kultivieren, sondern weil er wahrnimmt, daß zurückzuschlagen albern ist und keinerlei Sinn hat. Aber sehen Sie, das
erfordert Meditation.

*Frage:* Mir macht es Spaß, andere zu ärgern, aber ich selbst
werde ärgerlich, wenn ich aufgezogen werde.

*Krishnamurti:* Ich fürchte, daß das bei älteren Menschen genauso ist. Die meisten von uns beuten andere gerne aus, aber
wir mögen es nicht, wenn wir auch ausgebeutet werden. Andere
verletzen oder ärgern zu wollen ist höchst gedankenlos, nicht
wahr? Er entsteht aus einem egozentrischen Leben. Weder Sie
noch der andere wollen geärgert werden, warum hören Sie also
nicht beide auf, sich aufzuziehen? Das bedeutet, nicht mehr gedankenlos zu sein.

*Frage:* Worin besteht die Aufgabe des Menschen?

*Krishnamurti:* Was denken Sie darüber? Besteht die Aufgabe
darin, zu studieren, Prüfungen zu bestehen, Arbeit zu finden
und dann für den Rest des Lebens seine Arbeit zu tun? Oder
darin, in den Tempel zu gehen, Gruppen beizutreten, den An-
stoß zu einigen Reformen zu geben? Ist es Aufgabe des Menschen, Tiere zu töten, um sie zu essen? Ist es Aufgabe des Menschen, eine Brücke zu bauen, damit Züge darüber fahren können, Brunnen in einem trockenen Landstrich zu bohren, Öl zu
finden, Berge zu besteigen, die Erde und die Luft zu erobern,
Gedichte zu schreiben, zu malen, zu lieben, zu hassen? Ist all das
die Aufgabe des Menschen? Zivilisationen werden errichtet, die
nach wenigen Jahrhunderten zusammenbrechen, Kriege werden begonnen, Gott wird nach unserem eigenen Bildnis geschaffen, Leute werden im Namen von Religion oder Staat
getötet, es wird von Frieden und Bruderschaft gesprochen,
während man Macht an sich reißt und anderen gegenüber skrupellos ist. Das ist es doch, was der Mensch überall um Sie herum
tut, oder nicht? Und ist dies die wahre Aufgabe des Menschen?
Sie können sehen, daß all diese Arbeit zu Zerstörung und Elend,
zu Chaos und Verzweiflung führt. Großer Luxus findet sich
Seite an Seite mit extremer Armut, Krankheit und Hunger ne-

ben Kühlschränken und Düsenflugzeugen. Dies alles ist das Werk des Menschen, und wenn Sie das sehen, fragen Sie sich dann nicht: »Ist das alles? Gibt es nicht irgend etwas anderes, das die wahre Aufgabe des Menschen ist?« Falls wir herausfinden können, was die wahre Aufgabe des Menschen ist, werden alle Düsenflugzeuge, Waschmaschinen, Brücken, Herbergen eine gänzlich andere Bedeutung haben. Finden wir die wahre Aufgabe des Menschen aber nicht heraus, dann wird es auch zu nichts führen, sich lediglich in Reformen zu stürzen und das vom Menschen bereits Geschaffene umzugestalten.

Worin besteht also die wahre Aufgabe des Menschen? Sicherlich ist es die eigentliche Aufgabe des Menschen, die Wahrheit, Gott, zu entdecken, zu lieben und nicht, sich in isolierenden Aktivitäten zu verlieren. Gerade in der Entdeckung des Wahren findet sich Liebe, und diese Liebe in den zwischenmenschlichen Beziehungen wird eine andere Zivilisation, eine neue Welt schaffen.

*Frage:* Warum beten wir Gott an?

*Krishnamurti:* Ich fürchte, wir beten Gott nicht an. Lachen Sie nicht. Sehen Sie, wir lieben Gott nicht; wenn wir Gott liebten, gäbe es nicht diese Sache, die wir Anbetung nennen. Wir beten Gott an, weil wir Angst vor ihm haben; in unseren Herzen ist Furcht, nicht Liebe. Der Tempel, die Rituale, die heilige Gebetsschnur – diese Dinge sind nicht von Gott, sie sind Schöpfungen menschlicher Eitelkeit und Angst. Es sind nur die Unglücklichen, die Furchtsamen, die Gott anbeten. Auch jene, die Reichtum, Ansehen und Macht haben, sind keine glücklichen Leute. Ein ehrgeiziger Mann ist ein tief unglücklicher Mensch. Glück kommt nur, wenn Sie ganz frei davon sind – und dann beten Sie Gott nicht an. Es sind die Leidenden, die Gequälten, die Verzweifelten, welche zum Tempel kriechen; wenn sie aber diese sogenannte Anbetung aufgeben und ihre Not verstehen, werden sie glückliche Männer und Frauen sein, denn sie werden entdecken, was Wahrheit, was Gott ist.

# Der aufmerksame Geist

Haben Sie dem Läuten der Tempelglocken je aufmerksam zugehört? Nun, auf was achten Sie? Auf die Klänge oder die Stille zwischen den Klängen? Wenn es keine Stille gäbe, würde es Klänge geben? Und wenn Sie auf die Stille hörten, wären die Klänge dann nicht eindringlicher, von einer anderen Qualität? Aber sehen Sie, wir achten nur selten wirklich auf etwas; und ich denke, es ist wichtig herauszufinden, was es bedeutet, wirklich aufmerksam zu sein. Ob Ihr Lehrer ein mathematisches Problem erklärt, ob Sie Historisches lesen, ob ein Freund redet und Ihnen eine Geschichte erzählt oder ob Sie am Fluß sind und das Schwappen des Wassers am Ufer hören: Sie sind im allgemeinen sehr wenig aufmerksam. Wenn wir aber herausfinden könnten, was es bedeutet, aufmerksam zu sein, würde Lernen vielleicht eine ganz andere Bedeutung gewinnen und viel einfacher werden.

Wenn Ihr Lehrer Sie auffordert, in der Stunde aufzupassen, was meint er damit? Er meint, Sie sollen nicht aus dem Fenster schauen, sondern sich, ohne Ihre Aufmerksamkeit auf alles mögliche zu richten, ganz auf das konzentrieren, was Sie zu studieren haben. Oder, wenn Sie in einen Roman vertieft sind, haben Sie sich so darauf konzentriert, daß Sie momentan an allem anderen das Interesse verloren haben. Das ist eine weitere Form von Aufmerksamkeit. Im üblichen Sinne ist Aufmerksamkeit also eine Einengung der Wahrnehmung, nicht wahr?

Nun, ich denke, es gibt noch eine völlig andere Art von Aufmerksamkeit. Die Aufmerksamkeit, die allgemein angeraten, geübt oder aufgebracht wird, führt zu einer Verengung des Geistes auf einen Punkt, und das ist ein Vorgang des Ausschließens. Wenn Sie sich bemühen, aufmerksam zu sein, widerstehen Sie in Wirklichkeit dem Wunsch, aus dem Fenster zu blicken, zu sehen, wer hereinkommt und so weiter. Ein Teil Ihrer Energie ist schon in den Widerstand geflossen. Sie ziehen eine Mauer um Ihren Geist, um ihn zu veranlassen, sich vollständig auf eine spezielle Sache zu konzentrieren. Und das nennen Sie: geistige Disziplin üben, um Aufmerksamkeit zu entwickeln. Sie versuchen, sich jedem Gedanken zu verschließen außer dem einen, auf den Sie sich völlig konzentrieren wollen. Das ist es, was die meisten Leute unter »aufmerksam sein« verstehen. Aber ich denke, es gibt eine andere Art von Aufmerksamkeit, einen Geisteszustand, der nicht exklusiv ist, der nichts ausschließt; und weil er ohne Widerstand ist, ist der Geist zu sehr viel größerer Aufmerksamkeit fähig. Aber unter widerstandsloser Aufmerksamkeit ist nicht die gebannte Aufmerksamkeit zu verstehen.

Die Art von Aufmerksamkeit, die ich gern diskutieren möchte, ist gänzlich anders als das, was wir üblicherweise mit Aufmerksamkeit meinen; und sie hat unermeßliche Möglichkeiten, weil sie nicht ausgrenzt. Wenn Sie sich auf ein Thema, auf eine Unterhaltung konzentrieren, errichten Sie bewußt oder unbewußt eine Mauer des Widerstands gegen das Eindringen anderer Gedanken, und deshalb ist Ihr Geist nicht völlig bei der Sache; er ist nur teilweise da, wieviel Aufmerksamkeit Sie auch aufbringen mögen, weil ein Teil Ihres Geistes sich gegen jedes Eindringen, jede Ablenkung oder Zerstreuung wehrt.

Lassen Sie uns die Sache andersherum ansehen. Wissen Sie, was Ablenkung ist? Sie möchten Ihre Aufmerksamkeit auf das richten, was Sie gerade lesen, aber Sie werden durch irgendeinen Krach von draußen abgelenkt und schauen aus dem Fenster. Wenn Sie sich auf etwas konzentrieren wollen und Ihr Geist schweift ab, wird das Abschweifen Ablenkung genannt; dann wehrt sich ein Teil Ihres Geistes gegen die sogenannte Ablenkung, und in dieser Abwehr wird Energie vergeudet. Sind Sie sich dagegen in jedem Moment Ihres Geistes bewußt, von Augenblick zu Augenblick, dann gibt es zu keiner Zeit so etwas wie Ablenkung, und die Energie Ihres Geistes wird nicht durch Widerstand vergeudet. Es ist also wichtig, herauszufinden, was Aufmerksamkeit wirklich ist.

Wenn Sie sowohl dem Klang der Glocke lauschen als auch der Stille zwischen den einzelnen Schlägen, ist die Ganzheit Ihres Lauschens Aufmerksamkeit. Ähnlich ist es, wenn jemand spricht: Aufmerksamkeit ist dann die Hingabe Ihres Geistes nicht nur an die Worte, sondern auch an das Schweigen zwischen den Worten. Wenn Sie damit experimentieren, werden Sie feststellen, daß Ihr Geist vollkommen aufmerksam sein kann, ohne Ablenkung und ohne Widerstand. Wenn Sie Ihren Geist disziplinieren, indem Sie sagen: »Ich darf nicht aus dem Fenster blicken; ich darf die hereinkommenden Leute nicht beachten; ich muß aufpassen, obwohl ich etwas anderes tun will«, so schafft das eine Spaltung, die sehr destruktiv ist, weil sie die Energie des Geistes zerstreut. Falls Sie jedoch umfassend zuhören, gibt es keine Spaltung mehr und deshalb keine Form von Widerstand. Sie werden feststellen, daß Ihr Geist ohne Anstrengung allem vollkommene Aufmerksamkeit schenken kann. Sehen Sie das? Mache ich mich verständlich?

Den Geist zu disziplinieren, damit er aufmerksam wird, führt sicher zu seinem Verfall – was nicht heißt, daß der Geist ruhelos wie ein Affe umherschweifen soll. Aber neben der gebannten Aufmerksamkeit sind diese beiden Zustände alles, was wir kennen. Entweder versuchen wir, den Geist so eng zu führen, daß er nicht abweichen kann, oder wir lassen ihn einfach ziellos umherwandern. Was ich nun beschreibe, ist kein Kompromiß zwischen beiden Zuständen; im Gegenteil, es hat mit beiden nichts zu tun. Es handelt sich um einen völlig anderen Ansatz: Es geht darum, daß Sie total bewußt sind, so daß Ihr Geist jederzeit aufmerksam ist, ohne durch den Vorgang des Ausgrenzens gehemmt zu sein.

Versuchen Sie, was ich Ihnen sage, und Sie werden sehen, wie schnell Ihr Geist lernen kann. Sie können ein Lied oder einen Klang hören und lassen den Geist davon so erfüllt sein, daß die Mühe des Lernens fehlt. Wenn Sie übrigens Ihrem Lehrer zuzuhören verstehen, der über eine historische Begebenheit spricht, wenn Sie dem ohne Widerstand zuzuhören verstehen, weil Ihr Geist Raum und Stille hat und deshalb nicht abgelenkt ist, dann werden Sie sich nicht nur der historischen Tatsache bewußt, sondern auch des Vorurteils, mit dem er es Ihnen vielleicht darstellt, und ebenso Ihrer eigenen inneren Reaktion.

Ich werde Ihnen etwas erzählen. Sie wissen, was Raum ist. In diesem Zimmer ist Raum. Von hier bis zu Ihrer Herberge, von der Brücke bis zu Ihrem Haus, von diesem Flußufer bis zu jenem – all das ist Raum. Gibt es nun auch in Ihrem Geist Raum? Oder ist er so überfüllt, daß es darin überhaupt keinen Raum mehr gibt? Falls Ihr Geist Raum hat, dann ist in diesem Raum Stille – und dieser Stille entspringt alles andere, denn dann können Sie zuhören, dann können Sie aufmerksam sein ohne Widerstand. Deshalb ist es sehr wichtig, Raum im eigenen Geist zu haben. Wenn der Geist nicht überlastet, nicht unaufhörlich beschäftigt ist, kann er dem Hundegebell zuhören, dem Geräusch eines Zuges, der über eine entfernte Brücke fährt und gleichzeitig völlig verstehen, was von einer hier anwesenden Person gesagt wird. Dann ist der Geist etwas Lebendiges; er ist nicht tot.

*Frage:* Nach dem Treffen gestern sahen wir, wie Sie zwei von den armen Bauernkindern beobachteten, die am Straßenrand spielten. Wir würden gern wissen, welche Gefühle in Ihnen aufstiegen, während Sie ihnen zusahen?

*Krishnamurti:* Gestern nachmittag sprachen mich einige Studenten auf der Straße an, und bald nachdem ich sie verließ, sah ich die beiden Kinder des Gärtners spielen. Der Fragesteller möchte wissen, welche Gefühle ich hatte, während ich den Kindern zusah.

Nun, welche Gefühle haben *Sie*, wenn Sie armen Kindern zuschauen? Das herauszufinden ist wichtiger als die Gefühle, die ich gehabt haben mag. Oder sind Sie auf dem Weg in Ihre Wohnung oder in Ihr Klassenzimmer immer so beschäftigt, daß Sie die Kinder überhaupt nie sehen?

Nun, wenn Sie diese armen Frauen beobachten, die eine schwere Last zum Markt tragen, oder den Kindern zuschauen, die im Schlamm spielen, ohne sehr viel mehr zum Spielen zu haben, die nicht die Erziehung erhalten werden, die Sie bekommen, die kein richtiges Heim, nichts Sauberes, nicht genug anzuziehen und nicht ausreichend zu essen haben. Wenn Sie das alles beobachten, wie reagieren Sie? Es ist sehr wichtig für Sie selbst, herauszufinden, wie Sie reagieren. Ich werde Ihnen von meiner Reaktion erzählen.

Diese Kinder haben keinen richtigen Schlafplatz; Vater und Mutter arbeiten den ganzen Tag lang, ohne auch nur einen freien Tag zu haben; die Kinder erfahren nie, was es heißt, geliebt zu werden, umsorgt zu werden; die Eltern setzen sich nie zu ihnen und erzählen ihnen Geschichten von den Schönheiten der Erde und des Himmels. Und was für eine Gesellschaft ist das, die diese Verhältnisse verursacht hat – unter denen es ungeheuer reiche Leute gibt, die alles auf Erden haben können, was sie sich wünschen, und es gleichzeitig Jungen und Mädchen gibt, die nichts haben? Was für eine Gesellschaft ist das, und wie ist sie entstanden? Sie machen vielleicht eine Revolution, und sprengen das Muster dieser Gesellschaft, aber mit dem Sprengen selbst wird ein neues Muster erzeugt, das dasselbe in anderer Form ist: die Volkskommissare mit den zur Verfügung gestellten Landhäusern, den Privilegien, den Uniformen und so weiter die Ränge hinunter. Das ist nach jeder Revolution passiert, nach der französischen, der russischen und der chinesischen. Und ist es überhaupt möglich, eine Gesellschaft zu schaffen, in welcher es diese ganze Korruption und dieses Elend nicht gibt? Sie kann nur geschaffen werden, wenn Sie und ich als Individuen aus dem Kollektiv ausbrechen, wenn wir frei von Ehrgeiz sind und wissen, was es bedeutet zu lieben. Das war meine ganze Reaktion; sie kam blitzartig.

Aber haben Sie dem, was ich sage, zugehört?


*Frage:* Wie kann der Geist mehreren Dingen zur selben Zeit zuhören?

*Krishnamurti:* Das ist es nicht, worüber ich gesprochen habe. Es gibt Menschen, die sich auf viele Dinge zugleich konzentrieren können – was nur eine Frage der geistigen Übung ist. Darüber spreche ich überhaupt nicht. Ich spreche über einen Geist, der keinen Widerstand hat, der zuhören kann, weil er den Raum, die Stille hat, woraus alles Denken entspringen kann.


*Frage:* Warum wollen wir so gern faul sein?

*Krishnamurti:* Was ist an Faulheit schlimm? Was ist schlimm daran, nur still dazusitzen und einem fernen Klang zu lauschen, der näher und näher kommt? Oder daran, am Morgen im Bett zu liegen und den Vögeln in einem nahen Baum zuzuschauen, oder einem einzelnen Blatt, das in einem Lufthauch tanzt, während alle anderen Blätter ganz still sind? Was ist daran falsch? Wir verurteilen Faulheit, weil wir glauben, es sei falsch, faul zu sein. Also lassen Sie uns herausfinden, was wir mit Faulheit meinen. Wenn Sie sich wohlfühlen und dennoch über eine bestimmte Stunde hinaus im Bett bleiben, nennen manche Leute Sie vielleicht faul. Wenn Sie nicht spielen oder lernen wollen, weil Ihnen die Energie dazu fehlt oder Sie sich nicht wohl fühlen, mag auch das von manchem Faulheit genannt werden. Aber was ist Faulheit wirklich?

Wenn der Geist sich seiner Reaktionen, seiner subtilen Bewegungen nicht bewußt ist, dann ist ein solcher Geist faul und unwissend. Wenn Sie Prüfungen nicht bestehen, wenn Sie nicht viele Bücher gelesen haben und schlecht informiert sind, ist das nicht Unwissenheit. Wirkliche Unwissenheit besteht darin, keine Kenntnis von sich selbst zu haben, nicht wahrzunehmen, wie Ihr Geist arbeitet, welche Motive Sie haben und wie Sie reagieren. Und Sie sind gleichfalls faul, wenn der Geist eingeschlafen ist. Und der Geist der meisten Menschen schläft in der Tat. Sie sind von Informationen betäubt, von den Schriften, von dem, was Shankara oder sonst jemand gesagt hat. Sie folgen einer Philosophie, praktizieren Übungen, so daß ihr Geist – der reich, voll und überfließend sein sollte wie ein Fluß – eng, stumpf und erschöpft wird. Ein solcher Geist ist faul. Und ein Geist, der ehrgeizig ist und ein Ziel anstrebt, ist nicht im wahren Sinn des Wortes aktiv; obwohl er oberflächlich betrachtet aktiv sein mag, vorwärtsdrängt, den ganzen Tag lang arbeitet, um zu bekommen, was er möchte, ist er unter der Oberfläche unbeweglich aus Verzweiflung und Frustration.

Man muß also sehr gut beobachten, um herauszufinden, ob man wirklich faul ist. Nehmen Sie es nicht einfach an, wenn Leute Ihnen sagen, Sie seien faul. Stellen Sie selbst fest, was Faulheit ist. Der Mensch, der nur akzeptiert, ablehnt oder imitiert, der Mensch, der sich aus Angst nur im gewohnten Gleise bewegt – ein solcher Mensch ist faul, und deshalb verfällt sein Geist und bricht zusammen. Ein Mensch aber, der beobachtet, ist nicht faul, obwohl er vielleicht oft sehr ruhig dasitzt und die Bäume, die Vögel, die Leute, die Sterne und den stillen Strom betrachtet.

*Frage:* Sie sagen, wir sollten uns gegen die Gesellschaft auflehnen, und gleichzeitig sagen Sie, wir sollten keinen Ehrgeiz haben. Ist nicht der Wunsch, die Gesellschaft zu verbessern, ehrgeizig?

*Krishnamurti:* Ich habe sehr sorgfältig erklärt, was ich mit Auflehnung, mit Revolte oder Rebellion meine, aber ich werde zwei andere Begriffe benutzen, um es noch klarer zu machen. Im Rahmen der Gesellschaft zu rebellieren, um sie ein bißchen besser zu machen, um bestimmte Reformen zu bewirken, ist wie die Revolte von Gefangenen, die ihre Lebensbedingungen innerhalb der Gefängnismauern verbessern wollen. Ein solches Aufbegehren ist noch längst keine Rebellion, sondern einfach Meuterei. Sehen Sie den Unterschied? Rebellion im Rahmen der Gesellschaft ist wie eine Meuterei von Gefangenen, die besseres Essen und bessere Behandlung innerhalb des Gefängnisses wollen; bei einer Rebellion aber, die dem Verstehen entspringt, reißt sich das Individium von der Gesellschaft los, und das ist eine kreative Revolution.

Wenn Sie als Individuum nun aus der Gesellschaft ausbrechen, ist diese Handlung dann durch Ehrgeiz motiviert? Wenn Sie es ist, dann sind Sie gar nicht ausgebrochen, sondern Sie befinden sich noch innerhalb des Gefängnisses, weil gerade Ehrgeiz, Gewinnsucht und Neid die Grundlagen der Gesellschaft sind. Falls Sie das alles aber verstehen und in Ihrem eigenen Herzen und Geist einen Umsturz auslösen, sind Sie nicht mehr ehrgeizig, nicht mehr durch Neid, Habgier, Gewinnsucht motiviert, und deshalb werden Sie völlig außerhalb der Gesellschaft stehen, die darauf basiert. Dann sind Sie ein kreatives Individuum, und in Ihrem Handeln wird der Keim zu einer anderen Kultur liegen.

Es gibt also einen großen Unterschied zwischen der Aktion der kreativen Revolution und einer im Rahmen der Gesellschaft liegenden Aktion des Aufbegehrens oder der Meuterei. Solange Sie sich nur mit Reformen, mit dem Dekorieren der Gitterstäbe und Gefängnismauern befassen, sind Sie nicht kreativ. Eine Reformation zieht immer eine weitere Reform nach sich und führt zu neuem Leiden und neuer Zerstörung. Wenn der Geist allerdings diese ganze Struktur von Gewinnsucht, von Neid, von Ehrgeiz versteht und ausbricht – dann lebt ein solcher Geist in ständiger Revolution. Er ist ein offener, ein kreativer Geist; und deshalb bringt sein Handeln Wellen hervor wie ein Stein, der in einen stillen Teich geworfen wird, und diese Wellen werden eine völlige andere Kultur bilden.

*Frage:* Warum hasse ich mich, wenn ich nicht lerne?

*Krishnamurti:* Hören Sie auf die Frage. Warum hasse ich mich, wenn ich nicht so lerne, wie es von mir erwartet wird? Warum hasse ich mich, wenn ich nicht so nett bin, wie ich es sein sollte? Mit anderen Worten, warum lebe ich nicht nach meinen Idealen?

Wäre es nicht sehr viel einfacher, gar keine Ideale zu haben? Wenn Sie keine Ideale hätten, hätten Sie dann irgendeinen Grund, sich selbst zu hassen? Warum sagen Sie also: »Ich muß freundlich sein; ich muß großzügig sein; ich muß aufpassen; ich muß studieren.« Wenn Sie das herausfinden und sich von Idealen befreien können, dann werden Sie sich vielleicht anders verhalten – und das möchte ich jetzt besprechen.

Warum haben Sie also Ideale? Erst einmal, weil Leute Ihnen immer gesagt habe, daß Sie ein wertloser Bursche sind, wenn Sie keine haben. Die Gesellschaft bestimmt, sei es nach dem kommunistischen oder dem kapitalistischen Modell: »Dies ist das Ideal«, und Sie übernehmen es und versuchen danach zu leben, nicht wahr? Bevor Sie nun nach irgendeinem Ideal zu leben versuchen, sollten Sie nicht erst herausfinden, ob es überhaupt nötig ist, ein Ideal zu haben? Das würde gewiß weitaus mehr Sinn machen. Sie haben das Ideal von Rama und Sita und so viele andere Ideale, die Ihnen die Gesellschaft gegeben hat oder die Sie selbst erfunden haben. Wissen Sie, warum Sie Ideale haben? Weil Sie Angst haben zu sein, was Sie sind.

Wir wollen es einfach halten, wir wollen es nicht kompliziert machen. Sie haben Angst zu sein, was Sie sind – was bedeutet, daß Sie kein Vertrauen zu sich selbst haben. Deshalb versuchen Sie zu sein, was die Gesellschaft, was Ihre Eltern und Ihre Religion Ihnen zu sein vorschreibt.

Warum fürchten Sie zu sein, was Sie sind? Warum beginnen Sie mit dem, was Sie sein sollten und nicht mit dem, was Sie sind? Wenn Sie nicht verstehen, was Sie sind, hat der Versuch keinen Sinn, sich zu dem zu machen, was Sie meinen, sein zu müssen. Verwerfen Sie deshalb alle Ideale. Ich weiß, daß die älteren Leute das nicht gern sehen, aber das ist gleichgültig. Werfen Sie alle Ideale über Bord, ertränken Sie sie im Fluß, werfen Sie sie in den Papierkorb, und fangen Sie mit dem an, was Sie sind. Und was ist das?

Sie sind faul, Sie wollen nicht studieren, Sie wollen spielen, Sie wollen sich eine schöne Zeit machen, wie alle jungen Leute. Beginnen Sie damit. Was meinen Sie damit, wenn Sie davon sprechen, sich eine schöne Zeit machen zu wollen? Benutzen Sie Ihren Verstand, um das zu untersuchen. Finden Sie heraus, was damit wirklich zusammenhängt; gehen Sie nicht danach, was Ihre Eltern oder Ihre Ideale sagen. Aktivieren Sie Ihren Geist, um herauszufinden, warum Sie nicht lernen wollen. Aktivieren Sie Ihren Geist, um festzustellen, was Sie im Leben tun möchten – was Sie tun möchten, nicht, was Ihnen die Gesellschaft oder ein Ideal aufträgt. Falls Sie sich mit Ihrem ganzen Wesen dieser Frage widmen, sind Sie ein Revolutionär. Dann trauen Sie sich auch zu, etwas schöpferisch zu gestalten, zu sein, was Sie sind, und darin liegt eine sich immer wieder erneuernde Vitalität. Denn sonst verschwenden Sie nur Ihre Energie, indem Sie versuchen, wie ein anderer zu sein.

Verstehen Sie denn nicht? Es ist wirklich etwas Außerordentliches, daß Sie eine derartige Angst davor haben, zu sein, was Sie sind; denn es liegt Schönheit darin, zu sein, was Sie sind. Wenn Sie sehen, daß Sie faul sind, daß Sie dumm sind, und wenn Sie dann Faulheit verstehen und mit Dummheit direkt konfrontiert sind, ohne zu versuchen, sie in etwas anderes zu verwandeln, dann werden Sie in diesem Zustand feststellen, daß es eine enorme Befreiung gibt, daß es große Schönheit, große Intelligenz gibt.


*Frage:* Selbst, wenn wir eine neue Gesellschaft schaffen, indem wir gegen die jetzige revoltieren, ist die Gestaltung einer neuen Gesellschaft nicht nur eine andere Form von Ehrgeiz?

*Krishnamurti:* Ich fürchte, Sie haben dem, was ich sagte, nicht zugehört. Wenn der Geist innerhalb der Gesellschaftsstruktur aufbegehrt, ist eine solche Revolte wie eine Gefängnismeuterei, und sie ist lediglich eine andere Form von Ehrgeiz. Wenn aber der Geist diesen ganzen zerstörerischen Prozeß der derzeitigen

Gesellschaft versteht und sie verläßt, dann ist seine Aktion nicht ehrgeizig. Ein solches Handeln kann eine neue Kultur schaffen, eine bessere Sozialordnung, eine andere Welt. Aber der Geist kümmert sich nicht um diese Schöpfung. Er beschäftigt sich nur damit zu entdecken, was wahr ist. Und es ist diese Bewegung der Wahrheit, die eine neue Welt schafft, nicht der Geist, der gegen die Gesellschaft rebelliert.

# Wissen und Tradition

Ich frage mich, wie viele von Ihnen den Regenbogen gestern Abend bemerkt haben. Er befand sich dicht über dem Wasser, und man sah ihn ganz plötzlich. Er war wunderschön anzusehen, und mit ihm kam ein Gefühl tiefer Freude auf, wurde man sich der Weite und Schönheit der Erde bewußt. Um eine solche Freude mitzuteilen, muß man sich in den Worten, im Rhythmus und in der Schönheit einer angemessenen Sprache auskennen, nicht wahr? Aber weitaus wichtiger ist das Gefühl selbst, die Ekstase, die mit dem tiefen Gefallenfinden an etwas Lieblichem kommt; und dieses Gefühl kann nicht durch die bloße Kultivierung von Wissen oder Erinnerungen geweckt werden.

Sie sehen, wir brauchen Wissen, um zu kommunizieren, um uns gegenseitig etwas zu berichten; und um Wissen zu kultivieren, muß Erinnerung zur Verfügung stehen. Ohne Wissen können Sie kein Flugzeug steuern, keine großen Straßen konstruieren, sich nicht um die Bäume kümmern oder um Tiere sorgen und nicht die vielen anderen Dinge tun, die ein zivilisierter Mensch tun muß. Um Elektrizität zu erzeugen, um in den verschiedenen Wissenschaften zu arbeiten, um dem Menschen durch die Medizin zu helfen und so weiter – um all das zu tun, müssen Sie Wissen, Information und Erinnerung haben, und in diesen Angelegenheiten ist es notwendig, die bestmögliche Ausbildung zu erhalten. Deshalb ist es sehr wichtig, daß Sie technisch erstklassige Lehrer haben, die Sie richtig informieren und Ihnen helfen, eine umfassende Kenntnis auf verschiedenen Gebieten zu erwerben.

Aber, sehen Sie, so notwendig Wissen auf der einen Ebene ist, so sehr wird es auf einer anderen Ebene zum Hindernis. Auf dem Gebiet des Physischen verfügen wir über eine Fülle an Wissen, das ständig erweitert wird. Es ist wesentlich, ein solches Wissen zu haben und es zum Wohl des Menschen anzuwenden. Aber haben wir nicht auch eine andere Art von Wissen, das uns auf der psychologischen Ebene daran hindert zu entdecken, was wahr ist? Schließlich ist Wissen eine Form von Tradition. Und Tradition ist die Kultivierung von Erinnerung. Tradition ist auf mechanischem Gebiet wesentlich. Wenn Tradition aber dazu benutzt wird, den Menschen innerlich zu führen, wird sie zum Hindernis für die Entdeckung größerer Dinge.

Wir verlassen uns bei mechanischen Dingen und im Alltagsleben auf Wissen, auf Erinnerung. Ohne Kenntnisse könnten wir kein Auto fahren, wären wir unfähig, viele Dinge zu tun. Wissen wird aber zu einem Hindernis, wenn es eine Tradition wird, ein Glaube, der den Geist, die Psyche, das innere Leben leitet; und es trennt die Menschen auch. Haben Sie bemerkt, wie Leute überall in der Welt getrennte Gruppen bilden, die sich Hindus, Muslime, Buddhisten, Christen und so weiter nennen? Was trennt sie voneinander? Nicht die Forschungsergebnisse der Wissenschaft, nicht die Kenntnisse der Landwirtschaft oder das Wissen, wie man Düsenflugzeuge baut und fliegt. Was Menschen trennt, sind Tradition und Glaube, die den Geist auf bestimmte Weise konditionieren.

Wissen wird also zu einem Hindernis, wenn es zu einer Tradition geworden ist, die den Geist nach einem bestimmten Muster formt oder konditioniert, weil sie dann nicht nur Menschen trennt und Feindschaft zwischen ihnen schafft, sondern auch die tiefgehende Entdeckung verhindert, was Wahrheit, was Leben, was Gott ist. Um zu entdecken, was Gott ist, muß der Geist frei von aller Tradition sein, von jeder Ablagerung, von allem Wissen, das er zu seiner psychischen Absicherung benutzt.

Die Aufgabe der Erziehung ist es, dem Lernenden reiches Wissen auf den verschiedenen Gebieten menschlichen Strebens zu vermitteln und gleichzeitig seinen Geist von aller Tradition zu befreien, damit er forschen, erkunden und entdecken kann. Sonst wird der Geist durch die Maschinerie des Wissens mechanisch, schwerfällig. Wenn er sich nicht laufend von der in ihm sich ansammelnden Tradition befreit, ist der Geist unfähig, das Höchste zu entdecken, das, was ewig ist. Er muß aber natürlich auch immer größeres Wissen und Information erwerben,

161

damit er in der Lage ist, mit den Dingen umzugehen, die der Mensch braucht und herstellen muß.

Wissen, die kultivierte Erinnerung, ist also auf einer bestimmten Ebene nützlich und notwendig, wird aber auf einer anderen Ebene zur Behinderung. Den Unterschied zu erkennen, zu sehen, wo Wissen destruktiv ist und beiseite gelassen werden muß, und wo es wesentlich ist und in möglichst großem Umfang wirken darf – ist der Anfang von Intelligenz.

Was geschieht nun gegenwärtig im Bildungswesen? Ihnen werden unterschiedliche Arten von Kenntnissen vermittelt, nicht wahr? Wenn Sie aufs College gehen, werden Sie vielleicht Ingenieur, Arzt oder Rechtsanwalt; Sie mögen einen Doktorgrad in Mathematik oder einem anderen Wissenszweig erwerben; vielleicht studieren Sie Hauswirtschaft und lernen, ein Haus zu führen, zu kochen und so weiter. Aber niemand hilft Ihnen, frei von allen Traditionen zu sein, so daß Ihr Geist von Anfang an frisch ist, eifrig und deshalb fähig, jederzeit etwas völlig Neues zu entdecken. Die Philosophien, Theorien und Glaubenssätze, die Sie sich aus Büchern holen und die zu Ihrer Tradition werden, sind wirklich eine Behinderung für den Geist, denn der Geist nutzt diese Dinge zum Zweck der eignen psychischen Absicherung und wird so von ihnen konditioniert. Es ist also notwendig, sowohl den Geist von jeder Tradition zu befreien, als auch gleichzeitig Wissen und Technik zu kultivieren; und das ist die Aufgabe der Erziehung.

Die Schwierigkeit besteht darin, den Geist vom Bekannten zu befreien, so daß er jederzeit entdecken kann, was neu ist. Ein großer Mathematiker erzählte einmal, wie er tagelang an einem Problem arbeitete und die Lösung nicht finden konnte. Eines Morgens, als er gerade seinen üblichen Spaziergang machte, sah er plötzlich die Antwort. Was war passiert? Sein Geist, der nun still war, hatte einen freien Blick auf das Problem, und das Problem enthüllte seine Lösung selbst. Man benötigt Information über ein Problem, aber der Geist muß frei von dieser Information sein, um die Lösung zu finden.

Die meisten von uns lernen Fakten, sammeln Information oder Wissen, aber der Geist lernt nie, wie er still sein kann, wie er frei vom Tumult des Lebens bleiben kann und frei von dem Boden, in dem Probleme Wurzeln schlagen. Wir treten Gesellschaften bei, hängen an irgendeiner Philosophie, geben uns irgendeinem Glauben hin. Aber das alles ist völlig sinnlos, weil es unsere menschlichen Probleme nicht löst. Im Gegenteil, es bringt größeres Leiden und größere Sorgen mit sich. Wir brauchen keine Philosophie und keinen Glauben, sondern der Geist muß frei sein, um forschen, entdecken und schöpferisch sein zu können. Sie büffeln, um Prüfungen zu bestehen, Sie sammeln eine Menge Informationen und schreiben alles auf, um zu einem Titel zu kommen, in der Hoffnung, Arbeit zu finden und zu heiraten. Und ist das alles? Sie haben Wissen und Fertigkeiten erworben, aber Ihr Geist ist nicht frei, also werden Sie zum Sklaven des herrschenden Systems – was in Wirklichkeit bedeutet, daß Sie kein kreativer Mensch sind. Sie haben vielleicht Kinder, Sie mögen einige Bilder malen oder gelegentlich ein Gedicht schreiben, aber das ist bestimmt nicht Kreativität. Der Geist muß erst frei sein, bevor er kreativ sein kann, und dann kann Technik verwendet werden, um diese Kreativität auszudrücken. Aber es ist sinnlos, Technik zu haben, ohne einen kreativen Geist, ohne die außerordentliche Kreativität, die aus der Entdeckung des Wahren kommt. Unglücklicherweise kennen die meisten von uns diese Kreativität nicht, weil wir unseren Geist mit Wissen, Tradition und Erinnerung belastet haben, mit dem, was Shankara, Buddha, Marx oder andere gesagt haben. Falls Ihr Geist jedoch die Freiheit hat zu entdecken, was wahr ist, werden Sie feststellen, daß ein überfließender und unzerstörbarer Reichtum kommt, in dem tiefe Freude liegt. Dann gewinnen alle Ihre Beziehungen – zu Menschen, zu Ideen und zu Dingen – einen ganz anderen Sinn.

*Frage:* Wird sich ein ungezogener Junge durch Strafe oder durch Liebe ändern?

*Krishnamurti:* Was glauben Sie? Hören Sie sehr sorgfältig auf die Frage, denken Sie sich hinein, fühlen Sie sich hinein. Wird ein ungezogener Junge sich durch Strafe oder durch Liebe ändern? Wenn er sich durch Strafe, also eine Form von Zwang, ändert, ist das Veränderung? Sie sind eine ältere Person, Sie haben Autorität als Lehrer oder Vater; und wenn Sie ihn bedrohen, ihn einschüchtern, wird der arme Kerl vielleicht das tun, was Sie sagen, aber ist das Veränderung? Kann es durch Gesetzgebung oder durch irgendeine Form von Angst jemals zu einer Veränderung kommen?

Und wenn Sie fragen, ob Liebe bei einem ungezogenen Jungen eine Veränderung bewirken kann, was meinen Sie mit dem Wort »Liebe«? Wenn »Lieben« heißt, den Jungen zu verstehen – nicht, ihn zu verändern, sondern die Ursachen zu verstehen, die ihn ungezogen sein lassen –, dann wird gerade dieses Verständnis das Ende der Ungezogenheit bei ihm bewirken. Wenn ich den Jungen ändern möchte, damit er aufhört, ungezogen zu sein, ist schon meine Absicht, ihn zu ändern, eine Form von Zwang. Wenn ich aber zu verstehen beginne, warum er ungezogen ist, wenn ich die Ursachen entdecken und beseitigen kann, die sein ungezogenes Verhalten hervorrufen – es mag sich um falsche Ernährung handeln, um Mangel an Schlaf, Mangel an Zuneigung oder darum, daß er von einem anderen Jungen geärgert wird, und so weiter –, dann wird der Junge nicht mehr ungezogen sein. Wenn mein Wunsch aber nur darin besteht, den Jungen zu ändern, ich also möchte, daß er einem bestimmten Verhaltensmuster folgt, dann kann ich ihn nicht verstehen.

Sie sehen, das führt zu dem Problem, was wir mit »Veränderung« meinen. Selbst wenn der Junge aufgrund Ihrer Liebe zu ihm, die eine Form von Einfluß ist, sein ungezogenes Benehmen aufgibt – ist das eine wirkliche Veränderung? Es ist vielleicht Liebe, aber dennoch wird eine Art Druck auf ihn ausgeübt, etwas zu tun oder zu sein. Und wenn Sie sagen, ein Junge muß sich ändern, was meinen Sie damit? Eine Änderung von was zu was? Von dem, was er ist, zu dem, was er sein *sollte?* Wenn er zu dem wird, der er sein sollte, hat er dann nicht nur das modifiziert, was er war, und deshalb ist es überhaupt keine Veränderung?

Um es anders auszudrücken: Wenn ich habgierig bin, und ich werde nicht–habgierig, weil Sie und die Gesellschaft und die heiligen Schriften es von mir verlangen, habe ich mich dann verändert oder belege ich die Habgier einfach mit einem anderen Namen? Wenn ich dagegen fähig bin, das gesamte Problem meiner Habgier zu untersuchen und zu verstehen, dann werde ich von ihr frei sein – und das ist etwas ganz anderes als nicht-habgierig zu werden.

*Frage:* Wie kann man intelligent werden?

*Krishnamurti:* Sobald Sie versuchen, intelligent zu werden, hören Sie auf, intelligent zu sein. Das ist wirklich wichtig, also wenden Sie sich dem ein wenig zu. Wenn ich dumm bin und mir jeder sagt, daß ich intelligent werden muß, was geschieht dann im allgemeinen? Ich strenge mich an, intelligent zu werden, ich lerne mehr, ich versuche, bessere Noten zu bekommen. Dann sagen die Leute: »Er strengt sich mehr an« und klopfen mir auf die Schulter. Aber ich bin weiterhin dumm, weil ich nur den Anschein von Intelligenz erworben habe. Also besteht das Problem nicht darin, wie man intelligent wird, sondern wie man sich von Dummheit befreit. Wenn ich dumm bin und versuche, intelligent zu werden, so handle ich immer noch dumm.

Sie sehen, das grundlegende Problem ist das der Veränderung. Wenn Sie fragen: »Was ist Intelligenz und wie kann man intelligent werden?« schließt das eine Vorstellung von Intelligenz ein, und dann versuchen Sie, diesem Begriff zu entsprechen. Eine Formel, eine Theorie oder einen Begriff davon zu haben, was Intelligenz ist, und dieser Form zu genügen versuchen, ist töricht, nicht wahr? Wenn man dagegen beschränkt ist und herauszufinden beginnt, was Beschränktheit ist, ohne irgendein Verlangen, diese zu etwas anderem zu machen, ohne zu sagen: »Ich bin beschränkt, ich bin dumm, wie schrecklich!«, dann wird man feststellen, daß sich während der Klärung dieses Problems eine von Dummheit befreite Intelligenz einstellt, und zwar mühelos.


*Frage:* Ich bin ein Muslim. Wenn ich nicht täglich den Traditionen meiner Religion folge, drohen meine Eltern, mich aus dem Haus zu werfen. Was soll ich tun?

*Krishnamurti:* Sie, die Sie keine Muslime sind, werden dem Fragesteller sicherlich raten, sein Heim zu verlassen, oder nicht? Aber ungeachtet des Etiketts, das Sie tragen – Hindu, Parsi, Kommunist, Christ oder was sonst noch –, gilt das gleiche auch für Sie; fühlen Sie sich also nicht überlegen und sitzen Sie nicht auf dem hohen Roß. Falls Sie Ihren Eltern erzählen, daß ihre Tradition in Wirklichkeit alter Aberglaube ist, könnten *sie* Sie auch aus dem Haus werfen.

Nun, wenn Sie in einer bestimmten Religion erzogen worden sind und Ihr Vater sagt, daß Sie das Haus verlassen müssen, wenn Sie nicht gewisse Praktiken befolgen – die Sie jetzt als alten Aberglauben erkannt haben –, was werden Sie tun? Es kommt darauf an, wie lebenswichtig es für Sie ist, dem alten Aberglauben nicht zu folgen, nicht wahr? Werden Sie sagen: »Ich habe über die Angelegenheit viel nachgedacht, und ich denke, es ist Unsinn, sich selbst Muslim, Hindu, Buddhist, Christ oder dergleichen zu nennen. Wenn ich aus diesem Grund mein Heim verlassen muß, werde ich es tun. Ich bin bereit, mich dem zu stellen, was immer das Leben bringen mag, selbst Elend und Tod, weil ich spüre, daß das richtig ist, und ich werde dazu stehen.« Werden Sie das sagen? Wenn Sie das nicht tun, werden Sie einfach von der Tradition, vom Kollektiv geschluckt.

Was also werden Sie tun? Wenn die Erziehung Ihnen diese Art von Vertrauen nicht gibt, welchen Zweck hat dann Erziehung? Besteht er lediglich darin, Sie für einen Job vorzubereiten und einer Gesellschaft anzupassen, die offensichtlich destruktiv ist? Sagen Sie nicht: »Nur wenige können ausbrechen, und ich bin nicht stark genug.« Jeder kann ausbrechen, der seinen Geist darauf ausrichtet. Damit Sie den Druck der Tradition verstehen und sich ihm nicht beugen, brauchen Sie nicht Stärke, sondern Vertrauen – das gewaltige Vertrauen, das kommt, wenn Sie für sich selbst zu denken verstehen! Aber sehen Sie, Ihre Erziehung lehrt Sie nicht, *wie* man denkt; sie bringt Ihnen bei, *was* man denken soll. Es wird Ihnen gesagt, Sie seien ein Muslim, ein Hindu, ein Christ, dies oder das. Es ist jedoch die Aufgabe rechter Erziehung, Ihnen zu zeigen, wie Sie selbständig denken, so daß Sie aufgrund Ihres unabhängigen Denkens ein immenses Vertrauen spüren. Dann sind Sie ein schöpferischer Mensch und nicht eine sklavische Maschine.

*Frage:* Sie sagen uns, daß es beim Aufmerksamsein keinen Widerstand geben sollte. Wie kann das sein?

*Krishnamurti:* Ich habe gesagt, daß jede Form von Widerstand Unaufmerksamkeit, Ablenkung ist. Übernehmen Sie das nicht, denken Sie darüber nach. Akzeptieren Sie überhaupt nichts – es spielt keine Rolle, wer es sagt –, sondern untersuchen Sie die Sache selbst. Wenn Sie etwas einfach übernehmen, werden Sie mechanisch und abgestumpft. Sie sind bereits tot. Wenn Sie aber nachforschen, wenn Sie die Dinge selbst bedenken, dann leben Sie, dann sind Sie vital, ein kreativer Mensch.

Können Sie aufmerksam anhören, was gerade gesagt wird und gleichzeitig bewußt wahrnehmen, wie jemand hereinkommt, ohne Ihren Kopf zu drehen, um zu sehen, wer es ist, und zwar ohne jeden Widerstand gegen das Umdrehen? Wenn Sie einer Neigung widerstehen, den Kopf zu wenden, um nachzusehen, ist Ihre Aufmerksamkeit bereits verloren, und Sie vergeuden Ihre geistige Energie in diesem Widerstreben. Kann es also einen Zustand totaler Aufmerksamkeit geben, in dem es keine Ablenkung gibt und deshalb auch keinen Widerstand? Das heißt, können Sie mit Ihrem ganzen Wesen für etwas da sein und gleichzeitig die Außenseite Ihres Bewußtseins für alles, was um Sie herum und in Ihnen geschieht, offenhalten?

Der Geist ist ein außergewöhnliches Instrument, er nimmt ständig auf – indem er verschiedene Formen und Farben sieht, unzählige Eindrücke registriert, den Sinn von Worten oder die Bedeutung eines Blicks auffängt und so weiter. Und unser Problem besteht darin, aufmerksam für etwas zu sein und gleichzeitig den Geist wirklich offen zu halten gegenüber allem, was geschieht, einschließlich aller unbewußten Eindrücke und Reaktionen.

Was ich sage, betrifft das ganze Problem der Meditation. Wir können nicht darauf eingehen, aber wenn man nicht meditieren kann, ist man kein reifes menschliches Wesen. Meditation gehört zum Wichtigsten im Leben und ist weit wichtiger, als Prüfungen zu bestehen, um zu einem Titel zu kommen. Zu verstehen, was richtige Meditation ist, heißt nicht, Meditation zu praktizieren. Das »Praktizieren« von irgend etwas, das dem Bereich des Spirituellen angehört, ist tödlich. Um zu begreifen, was richtige Meditation ist, muß es Klarheit über die Funktionsweise des eigenen Bewußtseins geben, und dann entsteht vollkommene Aufmerksamkeit. Vollkommene Aufmerksamkeit ist jedoch nicht möglich, wenn es irgendeine Form von Widerstand gibt. Sehen Sie, die meisten von uns werden dazu erzogen, durch Widerstand aufmerksam zu sein. Also ist unsere

Aufmerksamkeit immer geteilt, niemals vollständig – und deshalb wird Lernen zu einer anstrengenden, langweiligen, gefürchteten Angelegenheit. Deshalb ist es sehr wichtig, aufmerksam im tiefen Sinne des Wortes zu sein, was heißt, sich der Arbeitsweise des eigenen Geistes bewußt zu sein. Deshalb darf in einer wahren Schule der Schüler nicht nur in verschiedenen Fächern unterrichtet werden, sondern ihm muß geholfen werden, sich den Vorgang seines eigenen Denkens bewußtzumachen. Indem er sich selbst versteht, begreift er, was es heißt, ohne Widerstand aufmerksam zu sein – denn das Verstehen seiner selbst ist der Weg der Meditation.

*Frage:* Warum sind wir daran interessiert, Fragen zu stellen?

*Krishnamurti:* Sehr einfach: weil man neugierig ist. Möchten Sie nicht wissen, wie man Kricket oder Fußball spielt, oder wie man Drachen fliegen läßt? Vom Augenblick an, in dem Sie aufhören, Fragen zu stellen, sind Sie schon tot – und das ist älteren Leuten im allgemeinen geschehen. Sie haben aufgehört zu fragen, weil ihr Geist mit Informationen überlastet ist, mit dem, was andere gesagt haben; sie haben das übernommen und sind in der Tradition festgefahren. Solange Sie fragen, brechen Sie durch, aber im Augenblick, in dem Sie beginnen, etwas hinzunehmen, sind Sie psychisch tot. Also, akzeptieren Sie Ihr ganzes Leben hindurch überhaupt nichts, sondern fragen Sie, untersuchen Sie. Dann werden Sie feststellen, daß Ihr Geist etwas wirklich Außergewöhnliches ist, daß er unbegrenzt ist, und für einen solchen Geist gibt es keinen Tod.

# Religiös sein heißt, aufgeschlossen sein für Wirklichkeit

Das grüne Feld mit senfgelben Blumen und einem Bach, der hindurchfließt, ist lieblich anzusehen, nicht wahr? Gestern abend schaute ich es an, und wenn man die außergewöhnliche Schönheit und Stille auf dem Land bemerkt, fragt man sich unweigerlich, was Schönheit ist. Es gibt eine unmittelbare Reaktion auf das, was lieblich ist, und auch auf das, was häßlich ist, die Reaktion von Vergnügen oder von Schmerz; und wir fassen dieses Gefühl in Worte, indem wir sagen: »Dies ist schön« oder: »Das ist häßlich«. Aber worauf es ankommt, ist nicht das Vergnügen oder der Schmerz, sondern vielmehr, daß man sich mit allem in Kommunion befindet, daß man sowohl für das Häßliche als auch für das Schöne aufgeschlossen ist.

Nun, was ist Schönheit? Dies ist eine der grundlegendsten Fragen. Sie ist nicht oberflächlich, also wischen Sie sie nicht beiseite. Zu verstehen, was Schönheit ist, diesen Sinn für Güte zu haben, der kommt, wenn Geist und Herz ungehindert mit etwas Lieblichem in Übereinstimmung sind, so daß man sich vollkommen leicht fühlt – das hat gewiß große Bedeutung im Leben, und solange wir diese Reaktion auf Schönheit nicht kennen, wird unser Leben sehr schal sein. Man mag von großer Schönheit umgeben sein, von Bergen und Feldern und Flüssen, aber wenn man dabei nicht auflebt, könnte man genausogut tot sein.

Ihr Mädchen und Jungen und ihr älteren Leute, stellt euch einfach die Frage: Was ist Schönheit? Sauberkeit, ordentliche Kleidung, ein Lächeln, die Anmut einer Geste, der Rhythmus des Gehens, eine Blume im Haar, gute Manieren, Klarheit der Sprache, Bedachtheit, Rücksicht andern gegenüber, was Pünktlichkeit einschließt – all dies gehört zur Schönheit, ist aber nur die Oberfläche, nicht wahr? Und ist das alles, was Schönheit ist, oder gibt es noch etwas viel Tieferes?

Wir kennen Schönheit der Form, Schönheit der Gestaltung,

Schönheit des Lebens. Haben Sie die liebliche Form eines Baums bemerkt, der voller Blätter ist, oder die außergewöhnliche Zartheit eines Baums, der kahl vor dem Himmel steht? Solche Dinge sind schön anzuschauen, aber sie alle sind der oberflächliche Ausdruck von etwas viel Tieferem. Was ist das also, was wir Schönheit nennen?

Sie mögen ein schönes Gesicht mit klar geschnittenen Zügen haben. Sie kleiden sich vielleicht mit Geschmack und haben feine Manieren, Sie mögen gut malen oder die Schönheit einer Landschaft beschreiben, aber ohne dieses innere Gespür von Güte führen alle äußeren Erscheinungen von Schönheit nur zu einem sehr oberflächlichen, anspruchsvollen Leben, einem Leben ohne viel Sinn.

Wir müssen also herausfinden, was Schönheit wirklich ist, nicht wahr? Bitte, ich sage nicht, wir sollten die äußeren Ausdrucksformen von Schönheit vermeiden. Wir alle brauchen gute Manieren, müssen reinlich sein und uns geschmackvoll und ohne aufzufallen kleiden, wir müssen pünktlich sein, deutlich sprechen und so weiter. Diese Dinge sind notwendig, und sie schaffen eine angenehme Atmosphäre; aber nur für sich genommen haben sie keine große Bedeutung.

Es ist die innere Schönheit, die der äußeren Form und Bewegung ihre Anmut und besondere Sanftheit verleiht. Und was ist diese innere Schönheit, ohne die unser Leben sehr flach ist? Haben Sie je darüber nachgedacht? Wahrscheinlich nicht. Sie sind zu geschäftig, Ihr Geist ist zu sehr damit beschäftigt zu lernen, zu spielen, zu sprechen, zu lachen und sich gegenseitig zu ärgern. Es ist jedoch Aufgabe einer rechten Erziehung, Ihnen entdecken zu helfen, was innere Schönheit ist, ohne welche die äußere Form und Bewegung sehr wenig Sinn hat. Und die tiefe Aufgeschlossenheit für Schönheit ist ein wesentlicher Teil Ihres eigenen Lebens.

Kann ein flacher Geist Schönheit schätzen? Er mag über Schönheit sprechen, kann er aber auch das Aufsteigen immenser Freude erfahren, wenn er etwas anschaut, das wirklich lieblich ist? Wenn der Geist lediglich mit sich selbst und mit seinen eigenen Aktivitäten beschäftigt ist, ist er nicht schön; was immer er tut, er bleibt häßlich, beschränkt und deshalb unfähig zu erkennen, was Schönheit ist. Ein Geist dagegen, der sich nicht um sich selbst kümmert, der frei von Ehrgeiz ist, der nicht in seine eigenen Wünsche verstrickt ist oder von seinem Streben nach Erfolg getrieben wird – ein solcher Geist ist nicht oberflächlich und blüht in Güte. Verstehen Sie? Es ist diese innere Güte, die Schönheit gibt, selbst dem sogenannten häßlichen Gesicht. Wo es innere Güte gibt, wird das häßliche Gesicht transformiert, denn innere Güte ist in Wirklichkeit ein tiefes, religiöses Gefühl.

Wissen Sie, was es heißt, religiös zu sein? Es hat weder etwas mit Tempelglocken zu tun, obwohl sie aus der Ferne hübsch klingen, noch mit Ritualen, noch mit den Zeremonien der Priester oder all dem anderen ritualistischen Unfug. Religiös sein ist aufgeschlossen für die Wirklichkeit sein. Ihr ganzes Wesen – Körper, Geist und Herz – ist aufgeschlossen für Schönheit und für Häßlichkeit, für den Esel, der an einen Pfosten gebunden ist, für die Armut und den Dreck in dieser Stadt, für das Lachen und das Weinen, für alles um Sie herum. Aus dieser Aufgeschlossenheit für die Ganzheit der Existenz entspringt Güte, Liebe; und ohne diese Aufgeschlossenheit gibt es keine Schönheit, obwohl Sie vielleicht Talent haben, sehr gut gekleidet sind, in einem teuren Auto fahren und peinlich sauber sind.

Liebe ist etwas Außerordentliches. Sie können nicht lieben, wenn Sie an sich selbst denken – was nicht bedeutet, daß Sie an jemand anderen denken sollen. Liebe *ist*, sie kennt kein Objekt. Der Geist, der liebt, ist ein wirklich religiöser Geist, weil er sich in der Bewegung der Realität, der Wahrheit Gottes befindet, und nur ein solcher Geist kann erkennen, was Schönheit ist. Der Geist, der nicht von einer Philosophie gefangen ist, der nicht einem System oder Glauben verfallen ist, der nicht von seinem eigenen Ehrgeiz angetrieben wird und der deshalb sensibel, wach und achtsam ist – ein solcher Geist hat Schönheit.

Es ist sehr wichtig, daß Sie, während Sie jung sind, lernen, sauber und ordentlich zu sein, ohne nervöse Bewegungen stillzusitzen, gute Tischmanieren zu haben und rücksichtsvoll und pünktlich zu sein. Aber das alles ist oberflächlich, so notwendig es ist, und wenn Sie lediglich das Oberflächliche kultivieren ohne Verständnis für das Tiefere, werden Sie niemals die wahre Bedeutung von Schönheit erkennen. Ein Geist, der nicht irgendeiner Nation, Gruppe oder Gesellschaft angehört, der keine Autorität anerkennt, der nicht von Ehrgeiz angetrieben oder von Angst zurückgehalten wird – ein solcher Geist blüht immer in Liebe und Güte. Denn in der Bewegung der Wirklichkeit erkennt der Geist, was Schönheit ist. Indem er sowohl für das Häßliche wie für das Schöne aufgeschlossen ist, ist er ein schöpferischer Geist und hat unbegrenztes Verständnis.

*Frage:* Wenn ich in der Kindheit einen bestimmten Ehrgeiz habe, wird er sich dann erfüllen, wenn ich erwachsen bin?

*Krishnamurti:* Ein Ehrgeiz in der Kindheit hält allgemein nicht sehr lange an, oder? Ein kleiner Junge möchte Lokomotivführer werden, oder er sieht ein Düsenflugzeug durch die Luft schießen und möchte ein Pilot sein, oder er hört einen politischen Redner und möchte sein wie er, oder er sieht einen Wandermönch und beschließt, auch einer zu werden. Ein Mädchen möchte vielleicht viele Kinder haben, oder die Frau eines reichen Mannes sein und in einem großen Haus leben, oder sie mag sich danach sehnen, zu malen oder Gedichte zu schreiben.

Nun, werden Kindheitsträume erfüllt? Und sind Träume es wert, erfüllt zu werden? Bei jedem Verlangen, gleich welchem, nach Erfüllung zu suchen, bringt immer Kummer. Vielleicht haben Sie das noch nicht bemerkt, aber Sie werden es merken, sobald Sie älter werden. Kummer ist der Schatten des Verlangens. Wenn ich reich oder berühmt sein will, strenge ich mich an, mein Ziel zu erreichen, indem ich andere beiseite schiebe und Feindseligkeit verursache; und obwohl ich vielleicht bekomme, was ich möchte, passiert früher oder später unweigerlich etwas. Ich werde krank oder verlange, nachdem mein Wunsch erfüllt ist, nach mehr, und außerdem schleicht der Tod um die Ecke. Ehrgeiz, Verlangen und Erfüllung führen unweigerlich zu Frustration und Kummer. Sie können diesen Vorgang selbst beobachten. Studieren Sie die älteren Leute um sich herum, berühmte Menschen, die Großen im Lande, die sich einen Namen gemacht haben und Macht besitzen. Schauen Sie sich ihre Gesichter an: Sehen Sie, wie traurig oder wie fett und aufgeblasen sie sind. Ihre Gesichter haben häßliche Linien. Sie blühen nicht in Güte, weil in ihren Herzen Kummer ist.

Ist es nicht möglich, in dieser Welt ohne Ehrgeiz zu leben,

und einfach zu sein, was Sie sind? Falls Sie anfangen zu verstehen, was Sie sind, ohne es ändern zu wollen, dann wird das, was Sie sind, eine Transformation durchmachen. Ich denke, daß man in dieser Welt anonym, vollständig unbekannt leben kann, ohne berühmt, ehrgeizig oder grausam zu sein. Man kann sehr glücklich leben, wenn dem Ich keine Bedeutung beigemessen wird, und auch das gehört zur rechten Erziehung.

Die ganze Welt betet Erfolg an. Sie hören Geschichten, in denen der arme Junge nachts studierte und schließlich Richter wurde; oder wie ein anderer anfing, Zeitungen zu verkaufen und am Ende Multimillionär wurde. Sie werden mit der Verherrlichung von Erfolg gefüttert. Mit dem Erreichen eines großen Erfolgs kommen auch große Sorgen. Aber die meisten von uns verfangen sich im Wunsch, etwas zu erreichen, und Erfolg ist uns viel wichtiger, als zu einem Verstehen des Kummers zu kommen und ihn aufzulösen.

*Frage:* Ist es im gegenwärtigen Gesellschaftssystem nicht sehr schwierig, das in die Tat umzusetzen, worüber Sie sprechen?

*Krishnamurti:* Wenn Sie sich sehr stark für etwas interessieren, finden Sie es dann schwierig, dies in die Tat umzusetzen? Wenn Sie darauf aus sind, Kricket zu spielen, spielen Sie es von ganzem Herzen, nicht wahr? Und nennen Sie das schwierig? Nur wenn Sie nicht von der Wahrheit Ihrer Sache durchdrungen sind, sagen Sie, es sei schwierig, sie zu verwirklichen. Sie lieben sie nicht. Das, was Sie lieben, machen Sie mit Hingabe. Es macht Ihnen Freude, und dann spielt es keine Rolle, was die Gesellschaft oder Ihre Eltern sagen. Wenn Sie aber von der Sache nicht zutiefst überzeugt sind, wenn Sie sich nicht frei und glücklich dabei fühlen, zu tun, was Sie für richtig halten, dann ist Ihr Interesse an der Sache sicherlich verfehlt und unrealistisch. Deshalb steht sie Ihnen bevor wie ein Berg, und Sie sagen, es sei schwierig, sie in die Tat umzusetzen.

Wenn Sie tun, was Sie lieben, treten natürlich Schwierigkeiten auf, aber das macht Ihnen nichts aus, das gehört zum Leben. Sie sehen, wir haben aus Schwierigkeiten eine Philosophie gemacht, wir betrachten es als eine Tugend, uns anzustrengen, zu kämpfen, zu widerstehen.

Ich spreche nicht über Kompetenz, die durch Bemühung und Anstrengung gewonnen wird, sondern über die Liebe zu dem, was man macht. Aber kämpfen Sie nicht gegen die Gesellschaft, greifen Sie nicht eine tote Tradition an, falls Sie diese Liebe nicht in sich haben, sonst wird Ihre Anstrengung sinnlos sein, und Sie werden nur noch mehr Probleme schaffen. Falls Sie indes zutiefst empfinden, was richtig ist, und deshalb auf eigenen Füßen stehen können, wird Ihre aus Liebe erwachsene Handlung außerordentliche Bedeutung haben, sie wird Vitalität und Schönheit haben.

Sie wissen, daß nur in einem sehr stillen Geist große Dinge hervorgebracht werden, und ein stiller Geist entsteht nicht durch Anstrengung, durch Kontrolle, durch Disziplin.

*Frage:* Was meinen Sie mit einem totalen Wandel, und wie kann er im eigenen Wesen verwirklicht werden?

*Krishnamurti:* Denken Sie, daß es einen totalen Wandel geben kann, wenn Sie versuchen, ihn herbeizuführen? Wissen Sie, was Wandel ist? Nehmen wir an, Sie sind ehrgeizig und haben angefangen, alles zu sehen, was mit Ehrgeiz zusammenhängt: Hoffnung, Befriedigung, Frustration, Grausamkeit, Kummer, Gedankenlosigkeit, Habgier, Neid und einen völligen Mangel an Liebe. Sie sehen das alles, und was sollen Sie nun tun? Eine Anstrengung zu machen, um den Ehrgeiz zu ändern oder umzuwandeln, ist eine andere Form von Ehrgeiz, nicht wahr? Sie geht vom Wunsch aus, etwas anderes zu sein. Sie mögen das eine Verlangen ablehnen, aber gerade dadurch kultivieren Sie einen weiteren Wunsch, der auch Kummer mit sich bringt.

Falls Sie nun begreifen, daß Ehrgeiz Kummer verursacht und der Wunsch, den Ehrgeiz aufzugeben, auch Kummer bringt, falls Sie diese Wahrheit sehr klar für sich erkennen und nicht handeln, sondern der Wahrheit erlauben zu handeln, wird diese Wahrheit einen fundamentalen Wandel im Geist hervorbringen, eine totale Revolution. Das erfordert aber ein hohes Maß an Aufmerksamkeit, Durchblick und Einsicht.

Wenn Ihnen gesagt wird, – und es wurde Ihnen allen gesagt –, daß Sie gut sein sollen, daß Sie lieben sollen, was geschieht dann im allgemeinen? Sie sagen: »Ich muß üben, um gut zu sein; ich muß meinen Eltern gegenüber Liebe zeigen, auch dem Dienstboten, dem Esel, allem gegenüber.« Das heißt, Sie bemühen sich, Liebe zu zeigen – und dann wird »Liebe« sehr schäbig, sehr kleinlich, wie sie es bei jenen nationalistischen Leuten wird, die unentwegt in Bruderschaft machen, was lächerlich ist und dumm. Habgier verursacht diese Praktiken. Wenn Sie aber die Wahrheit des Nationalismus, der Habgier sehen und diese Wahrheit auf sich wirken lassen, diese Wahrheit handeln lassen, dann werden Sie, ohne eine Anstrengung zu machen, brüderlich sein. Ein Geist, der Liebe praktiziert, kann nicht lieben. Wenn Sie aber lieben und nicht eingreifen, wird die Liebe wirken.

*Frage:* Sir, was ist Selbsterweiterung?

*Krishnamurti:* Wenn Sie Gouverneur oder ein berühmter Professor werden wollen, wenn Sie einen bedeutenden Mann oder Helden imitieren, wenn Sie Ihrem Guru oder einem Heiligen zu folgen versuchen, dann ist dieser Vorgang des Werdens, des Imitierens, des Folgens eine Form von Selbsterweiterung, nicht wahr? Ein ehrgeiziger Mensch, ein Mensch, der bedeutend sein will, der sich selbst verwirklichen will, sagt vielleicht: »Ich tue dies im Namen des Friedens und für die Sache meines Landes« – und doch erweitert er mit dieser Handlung immer nur sich selbst.

*Frage:* Warum ist der Reiche stolz?

*Krishnamurti:* Ein kleiner Junge fragt, warum der reiche Mann stolz ist. Hast Du wirklich bemerkt, daß der reiche Mann stolz ist? Und hat der Arme nicht auch seinen Stolz? Wir alle haben unsere eigene Form von Arroganz, die wir auf verschiedene Weise zeigen. Der reiche Mensch, der arme Mensch, der gebildete Mensch, der kompetente Mensch, der Heilige, der Führer – jeder hat auf seine Weise das Gefühl, daß er es geschafft hat, daß er erfolgreich ist, daß er jemand ist oder etwas zustande bringt. Der Mensch indes, der niemand ist, der nicht jemand Besonderes sein möchte, der nur er selbst ist und sich selbst versteht – ein solcher Mensch ist frei von Arroganz und von Stolz.

*Frage:* Warum sind wir immer in dem »Ich« und dem »Mein« gefangen, und warum bringen wir in unseren Treffen mit Ihnen immer wieder die Probleme zur Sprache, die dieser geistige Zustand hervorbringt?

*Krishnamurti:* Möchten Sie das wirklich wissen, oder hat Sie jemand dazu angestiftet, diese Frage zu stellen? Das Problem des »Ich« und »Mein« ist eines, mit dem wir alle beschäftigt sind. Es ist in Wirklichkeit das einzige Problem, das wir haben; und wir sprechen auf die eine oder andere Art ständig darüber – manchmal in Begriffen von Erfüllung und manchmal in Begriffen von Frustration und Kummer. Das Verlangen nach ewigem Glück, die Angst vor dem Sterben oder vor dem Verlust von Besitz, die Freude an Komplimenten, die Abneigung gegen Beleidigungen, der Streit über Ihren Gott und meinen Gott, über Ihren Weg und meinen Weg – der Geist ist endlos damit und mit nichts anderem beschäftigt. Er mag vorgeben, Frieden zu suchen, brüderlich zu empfinden, gut zu sein, zu lieben, aber hinter diesem Schleier von Worten bleibt er im Konflikt des »Ich« und des »Mein« gefangen, und deshalb schafft er die Probleme, die Sie jeden Morgen mit neuen Worten vorbringen.

*Frage:* Warum machen sich Frauen schick?

*Krishnamurti:* Haben Sie sie noch nicht gefragt? Und haben Sie nie die Vögel beobachtet? Oft ist es der männliche Vogel, der farbiger und auffälliger ist. Körperlich attraktiv zu sein ist Teil der sexuellen Beziehung, um Nachwuchs zu produzieren. So ist das Leben. Und die jungen Männer sind auch so. Wenn sie aus dem Jungenalter herauswachsen, tragen sie ihre Haare gern auf bestimmte Weise, tragen eine schöne Mütze, ziehen attraktive Sachen an – und das ist dasselbe. Wir wollen uns alle zeigen. Der reiche Mann in seinem teuren Auto, das Mädchen, das sich schön zurechtmacht, der Junge, der flott aussehen möchte – sie alle wollen zeigen, daß sie ein gewisses Etwas haben. Es ist schon eine seltsame Welt, nicht wahr? Sehen Sie, eine Lilie oder eine Rose gibt nie an, und ihre Schönheit liegt darin, daß sie ist, was sie ist.

# Der Sinn des Lernens

Interessiert es Sie herauszufinden, was Lernen ist? Sie gehen
zur Schule, um zu lernen, nicht wahr? Und was ist Lernen? Haben Sie darüber schon einmal nachgedacht? Wie lernen Sie,
warum lernen Sie, und was lernen Sie? Was ist der Sinn, die tiefere Bedeutung des Lernens? Sie müssen das Lesen und Schreiben lernen, verschiedene Fächer studieren und auch Fertigkeiten erwerben, um sich auf einen Beruf vorzubereiten, mit dem
Sie später Ihren Lebensunterhalt verdienen. Das meinen wir,
wenn wir über das Lernen sprechen – und damit hören die meisten von uns auf. Sobald wir bestimmte Examina bestanden und
Arbeit und einen Beruf haben, scheinen wir alles, was mit Lernen zusammenhängt, zu vergessen.

Aber hat Lernen ein Ende? Wir sagen, Lernen aus Büchern
und Lernen durch Erfahrung seien zwei verschiedene Dinge.
Sind sie es? Aus Büchern lernen wir, was andere Leute zum Beispiel in den Wissenschaften geschrieben haben. Dann machen
wir unsere eigenen Experimente und lernen durch diese Experimente immer mehr hinzu. Und wir lernen auch aus Erfahrung
– zumindest behaupten wir das. Aber letztlich muß es Freiheit
geben, um die außergewöhnlichen Tiefen des Lebens auszuloten, um herauszufinden, was Gott oder Wahrheit ist; und läßt
uns Erfahrung noch die Freiheit des Entdeckens und des Lernens?

Haben Sie darüber nachgedacht, was Erfahrung ist? Es ist die
Empfindung, mit der wir auf eine Herausforderung antworten,
nicht wahr? Auf eine Herausforderung zu antworten ist Erfahrung. Und lernen Sie durch Erfahrung? Wenn Sie auf eine Herausforderung, auf einen Reiz reagieren, beruht Ihre Reaktion
auf Ihrer Konditionierung, auf der Erziehung, die Sie erhalten
haben, auf Ihrem kulturellen, religiösen, sozialen und wirtschaftlichen Hintergrund. Sie antworten auf eine Herausforderung so, wie Sie durch Ihren Hintergrund als Hindu, Christ,

Kommunist oder was Sie sonst sein mögen, konditioniert sind. Wenn Sie sich nicht von Ihrem Hintergrund freimachen, wird Ihre Reaktion auf jede Herausforderung diesen Hintergrund nur stärken oder modifizieren. Infolgedessen sind Sie nie wirklich frei zu erforschen, zu entdecken, zu verstehen, was Wahrheit, was Gott ist.

Erfahrung befreit den Geist also nicht, und Lernen durch Erfahrung ist nur ein Prozeß, der auf der Grundlage der eigenen, alten Konditionierung neue Muster bildet. Ich denke, es ist sehr wichtig, dies zu verstehen, weil wir mit zunehmendem Alter mehr und mehr in unserer Erfahrung wurzeln, in der Hoffnung, daraus zu lernen. Was wir lernen, wird aber durch den Hintergrund diktiert. Und das bedeutet: Die Erfahrung, aus der wir lernen, führt niemals zur Freiheit, sondern nur zu einer Variante unserer Konditionierung.

Was ist nun Lernen? Sie fangen damit an zu lernen, wie man liest und schreibt, wie man stillsitzt, wie man gehorcht oder nicht gehorcht. Sie lernen die Geschichte dieses oder jenes Landes; Sie lernen Sprachen, die zur Verständigung notwendig sind; Sie lernen, wie man seinen Lebensunterhalt verdient, wie man Felder düngt und so fort. Gibt es aber einen Zustand des Lernens, in welchem der Geist vom Hintergrund frei ist, einen Zustand, in dem es kein Suchen gibt? Verstehen Sie diese Frage?

Was wir lernen nennen, ist ein laufender Prozeß der Anpassung, des Widerstands, der Unterordnung; wir lernen, entweder etwas zu vermeiden oder etwas zu gewinnen. Gibt es nun einen Zustand, in dem der Geist kein Instrument des Lernens ist, sondern des Seins? Sehen Sie den Unterschied? Solange wir erwerben, bekommen, vermeiden, muß der Geist lernen, und mit einem solchen Lernen ist immer ein hohes Maß an Spannung und Widerstand verbunden. Um zu lernen, müssen Sie sich konzentrieren, oder vielleicht nicht? Und was ist Konzentration?

Haben Sie je bemerkt, was geschieht, wenn Sie sich auf etwas konzentrieren? Wenn verlangt wird, daß Sie ein Buch studieren, das Sie nicht studieren oder vielleicht sogar studieren wollen, dann müssen Sie einen Widerstand aufbauen, und andere Dinge beiseite zu lassen. Um sich zu konzentrieren, widerstehen Sie der Versuchung, aus dem Fenster zu schauen oder mit jemand zu reden. In der Konzentration ist also immer Anstrengung enthalten, nicht wahr? Hinter der Konzentration steht ein Motiv, ein Anreiz, die Bemühung zu lernen, um etwas zu erlangen; und unser Leben ist eine Serie solcher Bemühungen, ein Spannungszustand, in dem wir zu lernen versuchen. Wenn es jedoch keinerlei Spannung gibt, kein Erwerben, kein Aufschichten von Wissen, ist der Geist dann nicht fähig, viel intensiver und rascher zu lernen? Dann wird er zum Forschungsinstrument, um herauszufinden, was Wahrheit ist, was Schönheit ist, was Gott ist – und das bedeutet in Wirklichkeit, daß er sich keiner Autorität unterordnet, sei es die Autorität des Wissens, der Gesellschaft, der Religion, der Kultur oder der Konditionierung.

Sehen Sie, nur wenn der Geist frei vom Ballast des Wissens ist, kann er herausfinden, was wahr ist; und bei diesem Prozeß des Erforschens findet kein Speichern statt, oder doch? Sobald Sie zu speichern beginnen, was Sie erfahren oder gelernt haben, wird dies zum Anker, der Ihren Geist festhält und ihn daran hindert, weiterzugehen. Während des Nachforschens wirft der Geist Tag für Tag ab, was er gelernt hat, so daß er immer frisch und ungetrübt von gestriger Erfahrung ist. Wahrheit ist lebendig, sie ist nicht statisch, und der Geist, der Wahrheit entdecken möchte, muß ebenfalls lebendig sein, unbelastet von Wissen oder Erfahrung. Nur dann besteht jener Zustand, in dem Wahrheit eintritt.

All dies mag verbal schwierig klingen, ist aber nicht schwer zu verstehen, wenn Sie es geistig erfassen. Um die tieferen Dinge des Lebens zu erkunden, muß der Geist frei sein; aber sobald Sie lernen und dieses Lernen zur Basis weiterer Nachforschungen machen, ist Ihr Geist nicht frei und Ihr Nachforschen ist beendet.

*Frage:* Warum vergessen wir so leicht das, was uns zu lernen schwerfällt?

*Krishnamurti:* Lernen Sie nur, weil die Umstände Sie zum Lernen zwingen? Wenn Sie Physik und Mathematik studieren und eigentlich Rechtsanwalt werden wollen, werden Sie Physik und

Mathematik bald vergessen. Lernen Sie wirklich, wenn Sie wegen eines Anreizes lernen? Wenn Sie bestimmte Prüfungen nur bestehen wollen, um Arbeit zu finden und zu heiraten, geben Sie sich vielleicht Mühe, sich zu konzentrieren und zu lernen; aber sobald Sie die Prüfungen einmal bestanden haben, vergessen Sie schnell, was Sie gelernt haben. Wenn Lernen nur ein Mittel ist, um irgendwohin zu gelangen, vergessen Sie das Mittel, sobald Sie angelangt sind, wohin Sie wollten – und das ist nun ganz sicher *kein* Lernen. Den Zustand des Lernens gibt es also vielleicht nur, wenn es kein Motiv, keinen Anreiz gibt, wenn Sie etwas aus Liebe zur Sache tun.

*Frage:* Was bedeutet das Wort »Fortschritt«?

*Krishnamurti:* Wie die meisten Leute haben Sie Ideale, nicht wahr? Und das Ideal ist nichts Wirkliches, nichts Tatsächliches; es ist etwas, das sein *sollte*, es ist etwas Zukünftiges. Was ich nun sage, ist dies: Vergessen Sie das Ideal und seien Sie bewußt, was Sie sind. Streben Sie nicht an, was sein *sollte*, sondern verstehen Sie, was *ist*. Das Verstehen dessen, was Sie tatsächlich sind, ist weit wichtiger als das Streben danach, was Sie sein *sollten*. Warum? Weil mit dem Verstehen, was Sie sind, ein spontaner Prozeß der Transformation beginnt. Wenn Sie dagegen das werden, was Sie glauben, sein zu müssen, tritt überhaupt keine Veränderung ein, sondern dieselbe alte Sache setzt sich nur in anderer Form fort. Wenn der Geist seine Dummheit begreift und versucht, sie in Intelligenz zu verwandeln, die das ist, was er sein *sollte*, so ist das albern, bedeutungslos und ohne Wirklichkeit. Man versucht nur, einem Ich-Entwurf zu folgen und schiebt nur auf zu verstehen, was ist. Solange der Geist versucht, seine Dummheit in etwas anderes zu verwandeln, bleibt er dumm. Falls aber das Gemüt sagt: »Ich erkenne, daß ich dumm bin und ich möchte verstehen, was Dummheit ist, deshalb werde ich mich damit auseinandersetzen; ich werde beobachten, wie sie entsteht«; dann wird genau dieser Vorgang des Erforschens eine fundamentale Wandlung bewirken.

»Was bedeutet das Wort ›Fortschritt‹?« Gibt es so etwas wie Fortschritt? Sie sehen, wie sich der Ochsenkarren mit drei Stundenkilometern fortbewegt und wie dieses merkwürdige

180

Ding, das Düsenflugzeug genannt wird, mit neunhundert oder mehr Stundenkilometern dahinfliegt. Das ist Fortschritt, nicht wahr? Es gibt technologischen Fortschritt: bessere Kommunikationsmittel, bessere Gesundheit und so fort. Aber gibt es irgendeine andere Art von Fortschritt? Gibt es psychologischen Fortschritt im Sinne einer allmählichen spirituellen Entwicklung? Kommt die Vorstellung eines spirituellen Fortschritts aus der spirituellen Wirklichkeit oder ist sie lediglich eine Erfindung des Geistes?

Wissen Sie, ist es sehr wichtig, fundamentale Fragen zu stellen, aber leider finden wir sehr einfache Antworten auf fundamentale Fragen. Wir halten die einfache Antwort schon für eine Lösung, aber sie ist es nicht. Wir müssen eine fundamentale Frage stellen und zulassen, daß die Frage zu wirken beginnt, daß sie beginnt, in uns zu wirken, um herauszufinden, worin ihre Wahrheit besteht.

Fortschritt braucht Zeit, nicht wahr? Schließlich erforderte es Jahrhunderte, um vom Ochsenkarren zum Düsenflugzeug zu kommen. Nun denken wir, Wirklichkeit oder Gott auf dieselbe Weise finden zu können, nämlich im Laufe der Zeit. Wir sind hier und denken, Gott sei dort drüben oder irgendwo weit weg, und um diesen Abstand, diesen trennenden Raum, zu überwinden, meinen wir, Zeit zu brauchen. Aber Gott oder Wirklichkeit ist nicht festgelegt, und auch wir sind es nicht. Es gibt keinen festen Punkt, von dem aus man anfangen und keinen festen Punkt, auf den man sich zubewegen kann. Aus Gründen der psychischen Sicherheit halten wir an der Vorstellung fest, es gebe in jedem von uns einen festen Punkt und die Wirklichkeit stehe ebenfalls fest – das ist jedoch eine Illusion, es ist nicht wahr. Sobald wir Zeit in Anspruch nehmen, um uns innerlich, spirituell zu entwickeln, ist das, was wir tun, nicht länger spirituell, weil Wahrheit nichts Zeitliches ist. Ein Geist, der in das Zeitgebundene verstrickt ist, verlangt Zeit, um die Wirklichkeit zu finden. Wirklichkeit ist aber jenseits von Zeit, sie ist ohne Zeitpunkt. Der Geist muß frei von allem sein, was er angesammelt hat, sowohl bewußt wie unbewußt, und nur dann ist er fähig, herauszufinden, was Wahrheit ist, was Gott ist.

*Frage:* Warum fliegen Vögel fort, wenn ich ihnen nahekomme?

*Krishnamurti:* Wie schön wäre es, wenn die Vögel nicht wegflie-
gen würden, wenn du näher kommst! Wenn du sie berühren
könntest, freundlich zu ihnen sein könntest, wie wunderbar
wäre das! Aber, weißt du, wir Menschen sind grausame Leute.
Wir töten die Vögel, quälen sie, fangen sie in Netzen und stek-
ken sie in Käfige. Denken wir nur an einen hübschen Papagei in
einem Käfig! Jeden Abend ruft er nach seinem Gefährten und
sieht andere Vögel über den weiten Himmel fliegen. Meinst du,
die Vögel fürchten sich nicht, sobald wir näherkommen, wenn
wir ihnen das alles antun? Aber wenn du an einem einsamen Ort
ruhig und sehr still sitzt und wirklich sanft bist, wirst du bald
feststellen, daß die Vögel zu dir kommen; sie schweben ganz in
der Nähe, und du kannst ihre wachen Bewegungen, ihre feinen
Krallen und die ungewöhnliche Festigkeit und Schönheit ihrer
Federn beobachten. Um so etwas zu tun, muß du aber immense
Geduld haben, und das heißt, du mußt sehr viel Liebe mitbrin-
gen, und es darf auch keine Angst da sein. Tiere scheinen die
Angst in uns zu spüren, und das macht ihnen wiederum Angst,
und sie laufen weg. Deshalb ist es sehr wichtig, sich selbst zu
verstehen.

Versuche einmal, sehr still unter einem Baum zu sitzen, aber
nicht nur zwei oder drei Minuten lang, weil sich die Vögel in
solch kurzer Zeit noch nicht an dich gewöhnen würden. Gehe
und sitze jeden Tag still unter demselben Baum, und es wird dir
bald bewußt werden, daß alles um dich herum lebendig ist. Du
siehst die Grashalme im Sonnenschein funkeln, siehst das un-
aufhörliche Hin und Her der kleinen Vögel, das ungewöhnliche
Glänzen einer Schlange oder einen Habicht hoch oben in den
Lüften, der ohne einen Flügelschlag den leichten Wind ge-
nießt. Aber um das alles zu sehen und die Freude, die darin liegt,
zu empfinden, mußt du in dir wirkliche Stille haben.

*Frage:* Was ist der Unterschied zwischen Ihnen und mir?

*Krishnamurti:* Gibt es irgendeinen grundlegenden Unterschied
zwischen uns? Sie mögen helle Haut haben und ich bin vielleicht ziemlich dunkel; Sie mögen sehr klug sein und sehr viel
mehr wissen als ich, oder aber ich lebe in einem Dorf, während
Sie in der ganzen Welt herumreisen und so weiter. Offen-

sichtlich gibt es Unterschiede in Gestalt, Sprache, Wissen, Benehmen, Tradition und Kultur; aber ob wir Brahmanen oder Nichtbrahmanen, ob wir Amerikaner, Russen, Japaner, Chinesen sind oder was immer Sie wollen –, sind wir uns alle nicht sehr ähnlich? Wir alle haben Angst, wir alle wollen Sicherheit, wir alle wollen geliebt werden, wir alle wollen essen und glücklich sein. Aber sehen Sie, die oberflächlichen Unterschiede zerstören die Bewußtheit unserer fundamentalen Gleichartigkeit als Menschen. Diese Gleichartigkeit zu verstehen und von ihr frei zu sein, bringt große Liebe und große Rücksichtnahme hervor. Unglücklicherweise sind die meisten von uns festgelegt auf – und deshalb geteilt durch – die oberflächlichen Unterschiede in Rasse, Kultur und Glaube. Der Glaube ist ein Fluch, er trennt Leute und macht sie zu Gegnern. Nur wenn man allen Glauben, alle Unterschiede und Ähnlichkeiten überschreitet, kann der Geist frei sein und herausfinden, was wahr ist.

*Frage:* Warum wird der Lehrer ärgerlich auf mich, wenn ich rauche?

*Krishnamurti:* Wahrscheinlich hat er dir viele Male das Rauchen untersagt, weil es für kleine Jungen nicht gut ist. Aber du rauchst weiter, weil du den Geschmack magst, also wird er ärgerlich mit dir. Nun, was denkst du selbst? Meinst du, man sollte sich das Rauchen angewöhnen oder irgendeine andere Gewohnheit annehmen, solange man so jung ist? Wenn dein Körper sich in deinem Alter an das Rauchen gewöhnt, bedeutet das, daß du schon versklavt bist; und ist das nicht eine schreckliche Sache? Rauchen mag für ältere Leute in Ordnung sein, aber selbst das ist höchst zweifelhaft. Leider haben sie ihre Entschuldigungen dafür, Sklave von allerlei Gewohnheiten zu sein. Aber du, du bist sehr jung, unreif, jugendlich und noch im Wachstum – warum solltest du dich an irgend etwas gewöhnen oder in irgendeine Gewohnheit verfallen, die dich nur abstumpft? Sobald sich der Geist an etwas gewöhnt, fängt er an, sich im Gleis der Gewohnheit zu bewegen. Er wird deshalb dumpf und ist nicht länger verletztlich; er verliert jene Empfindsamkeit, die notwendig ist, um herauszufinden, was Gott, was Schönheit, was Liebe ist.

*Frage:* Warum jagen Menschen Tiger?

*Krishnamurti:* Weil sie töten wollen aus Lust am Töten. Wir alle tun eine Menge unbedachter Dinge – wie einer Fliege die Flügel ausreißen, um zu sehen, was passiert. Wir klatschen und tratschen und sagen abstoßende Dinge über andere; wir töten, um zu essen, wir töten um des sogenannten Friedens willen, wir töten für unser Land oder für unsere Überzeugungen. Wir haben also einen starken Zug zur Grausamkeit, nicht wahr? Aber wenn man das verstehen und hinter sich lassen kann, dann macht es großen Spaß, einfach zu beobachten, wie ein Tiger vorbeiläuft – wie einige von uns es eines Abends in der Nähe von Bombay erlebten. Ein Freund nahm uns in seinem Auto in den Wald mit, um nach einem Tiger zu suchen, den man dort in der Nähe gesehen hatte. Wir waren auf dem Rückweg und kamen gerade um eine Kurve, als der Tiger plötzlich mitten auf dem Weg stand. Gelb und schwarz, rank und schlank, mit einem langen Schwanz war er wunderschön anzusehen, voller Anmut und Kraft. Wir schalteten die Scheinwerfer aus. Er kam knurrend auf uns zu und strich so dicht an uns vorbei, daß er fast das Auto berührte. Es war ein wunderbarer Augenblick. Wenn man so etwas ohne Gewehr beobachten kann, macht es sehr viel mehr Spaß, und es liegt große Schönheit darin.


*Frage:* Warum sind wir mit Sorgen belastet?

*Krishnamurti:* Wir halten Sorgen für einen unvermeidlichen Teil des Lebens und bauen Philosophien um sie herum. Wir legitimieren Sorgen, und wir sagen, daß Kummer notwendig sei, um Gott zu finden. Ich sage dagegen, daß Kummer besteht, weil der Mensch grausam gegenüber Menschen ist. Auch verstehen wir sehr viele Dinge im Leben nicht, und das führt zu Sorgen – Dinge wie den Tod, die Arbeitslosigkeit, das Elend der Armen. Wir verstehen dies alles nicht, also quält es uns, und je sensibler man ist, desto mehr leidet man. Statt diese Dinge zu verstehen, rechtfertigen wir den Kummer; statt gegen dieses ganze verdorbene System aufzustehen und es zu durchbrechen, passen wir uns ihm nur an. Um von Sorgen frei zu sein, muß man frei sein vor dem Verlangen, anderen schaden zu wollen –

und auch von dem Wunsch, »Gutes« zu tun, weil das sogenannte Gute gleichermaßen Ergebnis unserer Konditionierung
ist.

# Die Einfachheit der Liebe

Ein Mann in der Kleidung des Bettelmönchs kam jeden Morgen, um Blüten von den Bäumen eines nahegelegenen Gartens zu sammeln. Seine Hände und Augen gierten nach den Blüten, und er pflückte jede Blüte innerhalb seiner Reichweite. Offensichtlich wollte er sie irgendeinem toten Bildnis, einem Ding aus Stein opfern. Die Blüten waren liebliche, zarte Gebilde, die sich gerade der Morgensonne öffneten, er aber pflückte sie nicht behutsam, sondern riß sie ab und richtete den Garten böse zu, indem er ihn völlig seiner Blumenpracht beraubte. Sein Gott verlangte viele Blumen – viel Lebendiges für ein totes Bildnis aus Stein.

An einem anderen Tag sah ich einige Jungen Blumen pflücken. Sie wollten die Blumen nicht irgendeinem Gott darbieten; sie unterhielten sich und rissen dabei die Blumen gedankenlos ab und warfen sie fort. Haben Sie schon bemerkt, daß Sie selbst auch so etwas tun? Ich frage mich, warum Sie das tun? Während Sie so spazierengehen, brechen Sie vielleicht einen Zweig ab, streifen seine Blätter ab und lassen ihn fallen. Haben Sie diese gedankenlose Handlung bei sich selbst nicht bemerkt? Erwachsene tun das auch, sie drücken ihre innere Brutalität, diese entsetzliche Mißachtung des Lebendigen, auf ihre Weise darin aus. Sie sprechen über das Nichtschädigen, und doch ist alles, was sie tun, destruktiv. Man kann verstehen, wenn Sie ein oder zwei Blumen pflücken, um sie in Ihr Haar zu stecken oder sie liebevoll jemand zu schenken – aber warum reißen Sie Blumen einfach ab? Die Erwachsenen sind in ihrem Ehrgeiz häßlich, sie schlachten sich in ihren Kriegen gegenseitig ab und korrumpieren sich mit Geld. Sie handeln auf ihre eigene grauenvolle Weise, und offenbar treten die jungen Leute hier wie anderswo auch in ihre Fußstapfen.

Neulich ging ich mit einem der Jungen spazieren, und wir stießen auf einen Stein, der auf der Straße lag. Als ich ihn entfernte, fragte er: »Warum haben Sie das getan?« Worauf weist das hin? Ist das nicht ein Mangel an Achtsamkeit, an Respekt? Sie zeigen Respekt aus Furcht, oder nicht? Sie springen sofort auf, wenn ein Erwachsener in das Zimmer kommt, aber das ist kein Respekt, sondern Angst. Denn wenn Sie wirklich Ehrfurcht empfänden, würden Sie auch keine Blumen zerstören. Sie würden einen Stein von der Straße entfernen. Sie würden die Bäume pflegen und sich mit um den Garten kümmern. Aber ob wir alt oder jung sind, wir haben kein wirkliches Gefühl von Rücksicht. Warum? Vielleicht, weil wir nicht wissen, was Liebe ist.

Verstehen Sie, was einfache Liebe ist? Weder die Komplexität sexueller Liebe, noch die Liebe Gottes, sondern einfach Liebe, Zärtlichkeit, wirkliche Freundlichkeit in unserer ganzen Einstellung zu allen Dingen. Zu Hause bekommen Sie nicht immer diese einfache Liebe, Ihre Eltern sind zu beschäftigt; zu Hause gibt es vielleicht keine wahre Zuneigung, keine Zärtlichkeit, also kommen Sie mit diesem Hintergrund an Unempfindlichkeit hierher und benehmen sich wie jeder andere. Und wie soll man diese Empfindsamkeit hervorbringen? Nicht indem Ihnen verboten wird, Blumen zu pflücken, denn wenn Sie nur durch Verbote zurückgehalten werden, herrscht Furcht. Aber wie kann diese Empfindsamkeit zustande kommen, die Sie wach dafür macht, andere Menschen, Tiere, Blumen nicht zu verletzen?

Interessiert Sie dies alles? Es sollte! Wenn Sie nicht daran interessiert sind, empfindsam zu sein, könnten Sie genausogut tot sein – und die meisten Leute sind das. Obwohl sie ihre drei Mahlzeiten am Tag essen, Arbeit haben, Kinder zeugen, Autos fahren, schöne Kleidung tragen, sind die meisten Leute so gut wie tot.

Wissen Sie, was es bedeutet, empfindsam zu sein? Es bedeutet sicherlich, ein zärtliches Gefühl für etwas zu haben: ein Tier leiden zu sehen und sich darum zu kümmern, einen Stein vom Weg zu nehmen, weil dort viele Menschen barfuß gehen, einen Nagel von der Straße aufzuheben, weil ein Autoreifen platzen könnte. Empfindsam zu sein heißt, mit Menschen, mit Vögeln, mit Blumen, mit Bäumen zu fühlen – nicht, weil sie Ihnen gehören, sondern einfach deshalb, weil Sie für die außergewöhnliche

Schönheit von Dingen wach sind. Und wie kommt es zu dieser Empfindsamkeit?

In Augenblicken tiefer Empfindsamkeit pflücken Sie natürlich keine Blumen; Sie haben den spontanen Wunsch, keine Dinge zu zerstören, Menschen nicht zu verletzen, und das bedeutet, wahre Ehrfurcht zu besitzen, zu lieben. Zu lieben ist die wichtigste Sache im Leben. Aber was meinen wir mit Liebe? Wenn Sie jemand lieben, weil diese Person Sie wiederum liebt, ist das sicher keine Liebe. Zu lieben ist, dieses außerordentliche Gefühl der Zuneigung zu haben, ohne etwas dafür zu erwarten. Sie sind vielleicht sehr klug, Sie mögen alle Prüfungen bestehen, einen Doktortitel bekommen und in eine hohe Stellung aufsteigen, aber wenn Sie diese Empfindsamkeit nicht haben, dieses Gefühl einfacher Liebe, wird Ihr Herz leer sein, und Sie werden für den Rest Ihres Lebens darunter leiden.

Es ist also sehr wichtig, daß das Herz mit diesem Gefühl von Zuneigung erfüllt ist, denn dann werden Sie nichts zerstören, Sie werden nicht skrupellos sein, und es wird keine Kriege mehr geben. Dann werden Sie glückliche Menschen sein; und weil Sie glücklich sind, werden Sie nicht beten, werden Sie Gott nicht *suchen* – denn dieses Glück selbst ist Gott.

Nun, wie kann diese Liebe entstehen? Liebe muß sicherlich mit dem Erzieher, dem Lehrer beginnen. Wenn der Lehrer, außer Sie in Mathematik, Geographie oder Geschichte zu unterrichten, dieses Gefühl von Liebe in seinem Herzen hat und darüber mit Ihnen spricht, wenn er spontan den Stein von der Straße räumt und nicht dem Dienstboten alle schmutzigen Arbeiten überläßt, wenn er bei seinen Gesprächen, bei seiner Arbeit, bei seinem Spiel, beim Essen, ob er nun mit Ihnen zusammen oder für sich allein ist, diese seltsame Empfindung hat und Sie oft darauf hinweist – dann werden auch Sie erkennen, was es heißt zu lieben.

Sie mögen eine reine Haut und ein schönes Gesicht haben. Sie tragen vielleicht einen hübschen Sari oder sind ein guter Sportler, aber ohne Liebe in Ihrem Herzen sind Sie ein häßlicher Mensch, maßlos häßlich; und wenn Sie lieben, strahlt Ihr Gesicht, ob es nun häßlich oder attraktiv ist. Zu lieben ist das Großartigste im Leben. Und es ist sehr wichtig, über Liebe zu sprechen, sie zu spüren, sie zu nähren, sie zu schätzen, sonst ist sie schnell vergangen, denn die Welt ist sehr brutal. Wenn Sie keine Liebe spüren, wenn Sie andere Menschen, Tiere und Blumen nicht liebevoll anschauen, während Sie jung sind, werden Sie später als Erwachsener feststellen, daß Ihr Leben leer ist. Sie werden sehr einsam sein, und die dunklen Schatten der Angst werden Ihnen überallhin folgen. Aber vom Augenblick an, in dem Sie in Ihrem Herzen dieses Außergewöhnliche haben, das Liebe genannt wird, und Sie ihre Tiefe spüren, ihr Entzücken, ihre Ekstase, werden Sie entdecken, daß für Sie die Welt verwandelt ist.

*Frage:* Warum werden immer so viele reiche und wichtige Leute zu Schulanlässen eingeladen?

*Krishnamurti:* Was meinen *Sie?* Hätten Sie es nicht gern, daß Ihr Vater ein bedeutender Mann ist? Sind Sie nicht stolz auf ihn, wenn er Mitglied des Parlaments wird und in den Zeitungen steht? Wenn Sie mit ihm in einem großen Haus leben, oder wenn er nach Europa fährt, zurückkommt und eine Zigarre pafft; sind Sie nicht auch angetan davon?

Sehen Sie, die Reichen und Mächtigen sind für Institutionen sehr nützlich. Die Institutionen schmeicheln ihnen, und sie tun etwas für die Institutionen. So wäscht eine Hand die andere. Aber es fragt sich nicht nur, warum die Schule die wichtigen Leute zu ihren Veranstaltungen einlädt, sondern, warum auch Sie eine wichtige Person sein wollen, oder warum Sie den reichsten, bekanntesten oder ansehnlichsten Mann heiraten wollen. Wollen Sie nicht alle sonstwer sein? Aber wenn Sie solche Wünsche hegen, tragen Sie in sich bereits den Samen der Korruption. Verstehen Sie, was ich sage?

Lassen Sie für einen Augenblick die Frage beiseite, warum die Schule die Reichen einlädt, denn es gibt bei diesen Veranstaltungen auch arme Leute. Aber sitzt irgendeiner von Ihnen bei den armen Leuten, bei den Dorfbewohnern? Und haben Sie etwas anderes Auffälliges bemerkt: welche prominenten Plätze die Bettelmönche einnehmen möchten und wie sie sich vordrängen? Wir alle wollen berühmt und anerkannt sein. Der wahre Brahmane ist der, der von niemand etwas erbittet, nicht aus Stolz, sondern weil er sich selbst ein Licht ist. Aber wir haben das alles verloren.

Kennen Sie die wunderbare Geschichte über Alexander den Großen, als er nach Indien kam? Nachdem er das Land erobert hatte, wollte er den Regenten kennenlernen, der solche Ordnung im Land geschaffen hatte und eine solche Ehrlichkeit und Unbestechlichkeit unter den Leuten hervorgebracht hatte. Als der König ihm erklärte, der Regent sei Brahmane und in sein Dorf zurückgekehrt, bat Alexander diesen zu sich. Der König sandte nach dem Regenten. Der aber wollte nicht kommen, weil es ihm nichts bedeutete, sich vor irgend jemand aufzuspielen. Unglücklicherweise haben wir diese innere Haltung verloren. Da wir in uns selbst leer, langweilig und sorgenvoll erscheinen, sind wir psychische Bettler, die eine Person oder Sache suchen, die sie ernähren, ihnen Hoffnung geben, sie erhalten soll; und deshalb machen wir normale Dinge häßlich.

Es ist in Ordnung, daß ein prominenter Amtsträger kommt, um den Grundstein für ein Gebäude zu legen – was schadet das schon? Was hingegen korrumpiert, ist die innere Haltung dabei. Sie machen nie den Dorfbewohnern einen Besuch, nicht wahr? Nie sprechen sie mit ihnen, fühlen mit ihnen, sehen selbst, wie wenig sie zu essen haben, wie sie endlos Tag für Tag ohne Pause arbeiten. Aber weil ich Ihnen nun einmal gewisse Dinge aufgezeigt habe, sind Sie bereit, andere zu kritisieren. Sitzen Sie nicht herum und kritisieren! Das ist hohl. Gehen Sie lieber los, finden Sie selbst heraus, wie die Lebensbedingungen in den Dörfern sind, und tun Sie dort etwas: Pflanzen Sie einen Baum, sprechen Sie mit den Dorfbewohnern, laden Sie sie ein, spielen Sie mit ihren Kindern. Dann werden Sie feststellen, daß eine andere Art von Gesellschaft entsteht, weil es Liebe im Land gibt. Eine Gesellschaft ohne Liebe ist wie ein Land ohne Flüsse, es ist eine Wüste. Aber wo es Flüsse gibt, ist das Land reich, gibt es Überfluß, gibt es Schönheit. Die meisten von uns wachsen ohne Liebe auf, und deshalb haben wir eine Gesellschaft geschaffen, die grauenvoll ist, wie die Menschen, die in ihr leben.

*Frage:* Sie sagen, Gott sei nicht in seinem Bild, andere sagen aber, er sei doch dort, und wenn wir Glauben in unserem Herzen haben, werde sich seine Kraft manifestieren. Was ist Anbetung in Wahrheit?

*Krishnamurti:* In der Welt gibt es so viele Meinungen wie Leute. Und Sie wissen, was eine Meinung ist. Sie selbst sagen dies, und ein anderer sagt das. Jeder hat eine Meinung, aber Meinung ist nicht Wahrheit. Hören Sie deshalb nicht auf bloße Meinungen. Es spielt dabei keine Rolle, *wessen* Meinung es ist; finden Sie vielmehr selbst heraus, was wahr ist. Meinungen können über Nacht geändert werden, Wahrheit aber kann nicht verändert werden.

Nun wollen Sie selbst herausfinden, ob Gott oder Wahrheit in einem Götterbild sind, nicht wahr? Was ist ein Götterbild? Es ist etwas, das vom Geist entworfen und von der Hand in Holz oder Stein gestaltet wurde. Der Geist projiziert das Bild, und glauben Sie, ein vom Geist projiziertes Bild sei Gott, auch wenn Millionen von Leuten darauf bestehen?

Sie sagen, wenn der Geist Vertrauen in ein Bild setzt, dann wird das Bild dem Geist Kraft verleihen. Offensichtlich schafft der Geist das Bild und bezieht dann Kraft aus seiner eigenen Schöpfung. Das ist es, was der Geist unaufhörlich macht: Bilder zu produzieren und Kraft, Glück und Nutzen aus diesen Bildern zu ziehen, während er leer und innerlich armselig bleibt. Wichtig ist also nicht das Bild oder was Millionen darüber sagen, sondern zu verstehen, wie Ihr eigener Geist arbeitet.

Der Geist macht Götter und löst sie wieder auf, er kann grausam oder freundlich sein. Der Geist hat die Kraft, die außerordentlichsten Dinge zu tun. Er kann sich Meinungen bilden, er kann Illusionen schaffen, er kann Düsenflugzeuge erfinden, die mit ungeheurer Geschwindigkeit fliegen, er kann schöne Brükken bauen, weiträumige Eisenbahnnetze anlegen, Maschinen entwerfen, deren Rechenkapazität menschliche Fähigkeiten übersteigt. Aber der Geist kann keine Wahrheit schaffen. Was er schafft, ist nicht Wahrheit, sondern lediglich Meinung, Urteil. Also ist es wichtig, für sich selbst herauszufinden, was wahr ist.

Um herauszufinden, was wahr ist, muß der Geist ohne jede Bewegung sein, vollkommen still. Diese Stille ist der Akt der Anbetung – nicht Ihr Gang zum Tempel, um Blumen niederzulegen, wobei Sie den Bettler am Weg zur Seite stoßen. Sie wollen die Götter günstig stimmen, weil Sie sich vor ihnen fürchten, aber das ist keine Anbetung. Wenn Sie den Geist verstehen und er vollkommen still ist, nicht still *gemacht* worden ist, dann ist diese Stille ein Akt der Anbetung. Und in dieser Stille entsteht das, was wahr ist, was schön ist, was Gott ist.

*Frage:* Sie haben einmal gesagt, wir sollten still sitzen und die Tätigkeit unseres eigenen Geistes beobachten; aber unsere Gedanken verschwinden, sobald wir anfangen, sie bewußt zu beobachten. Wie können wir unseren eigenen Geist wahrnehmen, wenn der Geist sowohl der Wahrnehmende ist als auch das, was er wahrnimmt?

*Krishnamurti:* Das ist eine sehr komplexe Frage, mit der vieles zusammenhängt. Also gibt es den Wahrnehmenden oder nur die Wahrnehmung? Bitte gehen Sie dem genau nach. Gibt es einen Denker oder nur Denken? Sicherlich existiert der Denker nicht zuerst. Erst ist Denken da, und dann erschafft das Denken den Denker – was bedeutet, daß im Denken eine Spaltung stattgefunden hat. Wenn sich diese Spaltung ereignet, entstehen der Schauende und das Angeschaute, der Wahrnehmende und das Objekt der Wahrnehmung. Wie der Fragesteller sagt, wenn Sie Ihren Geist anschauen, einen Gedanken beobachten, dann verschwindet dieser Gedanke, er löst sich auf. Aber es gibt in der Tat nur Wahrnehmung, nicht einen Wahrnehmenden. Wenn Sie eine Blume ansehen, wenn Sie sie einfach sehen, gibt es in diesem Augenblick eine Wesenheit, die sieht? Oder gibt es nur Sehen? Während Sie die Blume sehen, sagen Sie vielleicht: »Wie hübsch sie ist, ich möchte sie«. Das »Ich« entsteht also unmittelbar nach dem Sehen durch Verlangen, Furcht, Habgier und Ehrgeiz. Letztere sind es, die das »Ich« erschaffen, und das »Ich« existiert nicht ohne sie.

Wenn Sie tiefer in diesen ganzen Fragenkomplex einsteigen, werden Sie entdecken: Wenn der Geist sehr still, vollkommen still ist, wenn es also keine Gedankenbewegungen und deshalb keinen Erfahrenden, keinen Beobachter gibt, dann besitzt gerade diese Stille ihr eigenes kreatives Verstehen. In dieser Stille wird der Geist in etwas anderes verwandelt. Der Geist kann aber diese Stille nicht durch irgendwelche Mittel, durch irgendeine Disziplin, durch irgendeine Übung finden; sie entsteht nicht, indem man in einer Ecke sitzt und sich zu konzentrieren versucht. Diese Stille kommt, wenn Sie die Wege des Geistes verstehen. Es ist der Geist, der das steinerne Bildnis geschaffen hat, das die Leute anbeten; es ist der Geist, der die Bhagavadgita, die organisierten Religionen, die unzähligen Glaubensformen geschaffen hat, und um herauszufinden, was wirklich ist, müssen Sie über die Schöpfungen des Geistes hinausgehen.

*Frage:* Ist der Mensch nur Geist und Gehirn oder mehr als das?

*Krishnamurti:* Wie werden Sie das feststellen? Wenn Sie nur glauben, spekulieren oder das akzeptieren, was Shankara, Buddha oder sonst jemand gesagt hat, forschen Sie nicht, versuchen Sie nicht herauszufinden, was wahr ist.

Sie haben nur ein Instrument, nämlich den Geist, und der Geist ist auch das Gehirn. Deshalb, um die Wahrheit in dieser Sache herauszufinden, müssen Sie die Wege des Geistes verstehen, nicht wahr? Wenn der Geist verkrümmt ist, werden Sie nie geradeaus sehen. Wenn der Geist sehr begrenzt ist, können Sie das Grenzenlose nicht wahrnehmen. Der Geist ist das Instrument der Wahrnehmung. Um wirklich wahrzunehmen, muß der Geist entspannt werden, muß er von jeder Konditionierung, von jeder Angst gereinigt werden. Der Geist muß auch frei von Wissen sein, weil Wissen den Geist ablenkt und Tatsachen verzerrt. Die enorme Fähigkeit des Geistes zu erfinden, sich einzubilden, zu vermuten, auszudenken – muß diese Fähigkeit nicht beiseite gelassen werden, so daß der Geist sehr klar und sehr einfach ist? Denn nur der unschuldige Geist, der Geist, welcher viel erfahren hat und doch frei von Wissen und Erfahrung ist, nur ein solcher Geist kann das entdecken, was mehr ist als Gehirn und Geist. Sonst wird, was Sie entdecken, gefärbt durch die bereits gemachte Erfahrung, und Ihre Erfahrung ist beeinflußt von Ihrer Konditionierung.

*Frage:* Was ist der Unterschied zwischen Bedürfnis und Habgier?

*Krishnamurti:* Wissen Sie das nicht? Sehen Sie nicht, was Sie haben, was Sie brauchen? Und sagt Ihnen nicht eine innere Stimme, wann Sie habgierig sind? Fangen Sie auf der niedrigsten Stufe an, und Sie werden sehen, es ist so. Sie wissen: wenn Sie genug Kleidungsstücke, Schmuck und so weiter haben, müssen Sie darüber nicht philosophieren. Sobald sich aber Bedürfnisse auf das Gebiet der Habgier zubewegen, beginnen Sie zu philosophieren, zu rationalisieren und Ihre Habgier wegzuerklären. Ein gutes Krankenhaus braucht zum Beispiel soundsoviele Betten, einen gewissen Sauberkeitsstandard, bestimmte Antiseptika, dies und jenes. Ein Reisender muß vielleicht ein Auto haben, einen Mantel und so fort. Das sind Bedürfnisse. Sie brauchen ein bestimmtes Wissen und Geschicklichkeit, um Ihr Handwerk auszuüben. Wenn Sie Ingenieur sind, müssen Sie sich bei bestimmten Dingen auskennen. Dieses Wissen aber kann zum Instrument der Habgier werden. Aus Habgier benutzt der Geist die Dinge des Bedarfs als Mittel zur Selbsterhöhung. Es ist ein sehr einfacher Vorgang, wenn Sie ihn beobachten. Wenn Sie sich Ihrer tatsächlichen Bedürfnisse bewußt sind und deshalb sehen, wie Habgier einsetzt, wie der Geist die Gegenstände des Bedarfs zu seiner eigenen Überhöhung benutzt, dann ist es nicht sehr schwierig, zwischen Bedürfnis und Habgier zu unterscheiden.

*Frage:* Wenn Geist und Gehirn eins sind, warum läßt sich dann unser Geist so oft auf Gedanken oder Impulse ein, welche unser Gehirn als häßlich erkennt?

*Krishnamurti:* Was passiert tatsächlich? Wenn eine Nadel Sie am Arm piekt, leiten die Nerven die Sinneswahrnehmung zu Ihrem Gehirn. Das Gehirn übersetzt das als Schmerz. Dann wehrt sich der Geist gegen den Schmerz, und Sie nehmen die Nadel fort oder tun sonst etwas dagegen. Es gibt aber etliche Dinge, bei denen der Geist mitmacht, obwohl er weiß, daß sie häßlich oder dumm sind. Er weiß, wie dumm es eigentlich ist zu rauchen, und doch raucht er weiter. Warum? Weil der Geist die Sinneswahrnehmung des Rauchens mag, und das ist alles. Wenn der Geist sich der Dummheit des Rauchens so scharf bewußt wäre wie eines schmerzhaften Nadelstichs, würde er das Rauchen sofort aufgeben. Aber er möchte das nicht so klar sehen, weil Rauchen zu einer angenehmen Gewohnheit geworden ist. Mit Habgier oder Gewalt ist es dasselbe. Wenn Habgier für Sie genauso schmerzhaft wäre wie ein Nadelstich in den Arm, würden Sie sofort aufhören, habgierig zu sein; Sie würden darüber nicht philosophieren. Und wenn Ihnen die volle Bedeutung von Gewalt wirklich klar wäre, würden Sie keine dikken Bücher über Gewaltlosigkeit schreiben – was einfach Unsinn ist, weil Sie es nicht fühlen, sondern nur davon sprechen. Wenn Sie etwas essen, was bei Ihnen heftige Bauchschmerzen verursacht, essen Sie doch nicht weiter, oder? Sie schieben es sofort zur Seite. Ebenso, wenn Sie einmal erkennen würden, daß Neid und Ehrgeiz giftig, gemein, grausam und so tödlich wie der Biß einer Kobra sind, würden Sie hellwach werden. Aber, sehen Sie, der Geist möchte sich diese Dinge nicht zu genau betrachten; auf diesem Gebiet hat er begründete Interessen, und er weigert sich zuzugeben, daß Ehrgeiz, Neid, Habgier und Lust giftig sind. Deshalb sagt er: »Laßt uns Besitzlosigkeit und Gewaltlosigkeit diskutieren, laßt uns Ideale haben« – und in der Zwischenzeit macht er mit seinen Giften weiter. Finden Sie also selbst heraus, wie korrumpierend, wie zerstörerisch und giftig diese Dinge sind, und Sie werden sie bald fallen lassen. Wenn Sie aber lediglich sagen: »Ich darf nicht« und weitermachen wie zuvor, spielen Sie den Heuchler. Seien Sie das eine oder das andere, heißt oder kalt.

# Das Bedürfnis, allein zu sein

Ist es nicht eine sehr merkwürdige Angelegenheit in dieser Welt, in der es so viel Zerstreuung und Unterhaltung gibt, daß fast jeder Zuschauer ist und nur sehr wenige Spieler sind? Wann immer wir etwas freie Zeit haben, versuchen die meisten von uns, sich auf irgendeine Weise zu amüsieren. Wir nehmen eine Illustrierte, einen Roman oder ein ernstzunehmendes Buch zur Hand. Wenn wir in Amerika leben, stellen wir das Radio oder den Fernseher an oder schwelgen in endlosem Gerede. Wir haben das ständige Bedürfnis, amüsiert zu werden, unterhalten zu werden, von uns selbst abgelenkt zu werden. Wir haben Angst davor, allein zu sein, ohne Partner zu sein, ohne irgendeine Form von Ablenkung zu sein. Sehr wenige von uns gehen einmal durch Wald und Feld, ohne zu sprechen oder zu singen, gehen nur still und beobachten sich selbst und die Dinge um sich herum. Wir tun das fast nie, weil die meisten von uns sehr gelangweilt sind. Wir sind in einer stumpfsinnigen Routine von Lernen oder Lehren, von Hausarbeit oder Berufsarbeit gefangen, so daß wir in unserer freien Zeit auf leichte oder ernste Weise amüsiert werden wollen. Wir lesen oder gehen ins Kino – oder wir wenden uns einer Religion zu, was dasselbe ist. Auch Religion ist zu einer Art Zerstreuung geworden, zu einer sich ernsthaft gebenden Flucht vor Langeweile und Routine.

Ich weiß nicht, ob Sie das alles bemerkt haben. Die meisten Menschen sind ständig mit irgend etwas beschäftigt – mit religiösen Ritualen, mit der Wiederholung bestimmter Worte, mit Sorgen über dies oder das – weil sie sich davor fürchten, mit sich selbst allein zu sein. Versuchen Sie einmal, allein zu sein, ohne irgendeine Form von Ablenkung, und Sie werden sehen, wie schnell Sie von sich selbst wieder fortkommen wollen und vergessen wollen, was Sie sind. Das ist der Grund, weshalb diese enorme professionelle Vergnügungsindustrie, die automatisierte Ablenkung ein solch herausragender Teil unserer soge-

196

nannten Zivilisation ist. Wenn Sie das beobachten, werden Sie feststellen, daß die Leute in der ganzen Welt sich mehr und mehr zerstreuen, sowohl auf intellektuellem wie auf materiellem Gebiet. Die Vervielfältigung von Vergnügungen, die unzähligen Bücher, die veröffentlicht werden, die Zeitungsseiten, die mit Sportereignissen gefüllt werden – das alles sind doch wohl Anzeichen dafür, daß wir ständig amüsiert werden wollen. Da wir innerlich leer, dumpf und mittelmäßig sind, benutzen wir unsere Beziehungen und unsere sozialen Reformen als Mittel, um vor uns selbst zu fliehen. Ich frage mich, ob Sie bemerkt haben, wie einsam die meisten Leute sind? Und um der Einsamkeit zu entfliehen, laufen wir in Tempel, Kirchen oder Moscheen, ziehen wir uns fein an und gehen zu gesellschaftlichen Veranstaltungen, sehen wir fern, hören Radio und so fort.

Wissen Sie, was Einsamkeit bedeutet? Manche von Ihnen mögen mit dem Wort nicht vertraut sein, aber Sie kennen das Gefühl sehr gut. Versuchen Sie einmal, einen Spaziergang allein zu machen, ohne Buch und ohne jemand zu sein, mit dem Sie sich unterhalten können, und Sie werden sehen, wie schnell Sie sich langweilen. Sie kennen das Gefühl gut genug, aber Sie wissen nicht, *warum* es Ihnen langweilig wird, Sie haben das noch nie untersucht. Wenn Sie sich Langeweile ein wenig ansehen, werden Sie feststellen, daß diese durch Einsamkeit verursacht ist. Um der Einsamkeit zu entgehen, möchten wir mit anderen zusammensein, wollen wir unterhalten werden und jede beliebige Ablenkung haben: Gurus, religiöse Zeremonien, Gebete oder die neuesten Romane. Innerlich einsam, werden wir zu bloßen Zuschauern des Lebens; wir können nur dann zu Spielern werden, wenn wir die Einsamkeit verstehen und darüber hinausgehen.

Schließlich heiraten die meisten Leute oder suchen andere soziale Beziehungen, weil sie nicht allein leben können. Nicht, daß man alleine leben muß; aber wenn Sie heiraten, weil Sie geliebt werden wollen oder Ihre Arbeit dazu benutzen, sich selbst zu vergessen, wenn Sie sich langweilen, werden Sie feststellen, daß Ihr ganzes Leben nichts als eine endlose Suche nach Zerstreuung ist. Sehr wenige gehen über diese außerordentliche Angst vor Einsamkeit hinaus. Man *muß* aber darüber hinausgehen, weil der wahre Schatz jenseits von ihr liegt.

Sehen Sie, es gibt einen riesigen Unterschied zwischen Einsamkeit und Alleinsein. Manche der jüngeren Schüler kennen Einsamkeit vielleicht noch nicht, aber die älteren Leute kennen es: das Gefühl, vollständig abgeschnitten zu sein, plötzliche Angst ohne ersichtlichen Grund. Der Geist erkennt diese Angst, wenn er einen Augenblick lang realisiert, daß er sich auf nichts verlassen kann, daß ihm keine Ablenkung das Gefühl einer ihn selbst umschließenden Leere nehmen kann. Das ist Einsamkeit. Aber Alleinsein ist etwas völlig anderes: es ist ein Zustand von Freiheit, der entsteht, nachdem Sie durch die Einsamkeit hindurchgegangen sind und sie verstanden haben. In diesem Zustand des Alleinseins verlassen Sie sich psychisch auf niemand, weil Sie nicht mehr länger Vergnügen, Behaglichkeit oder Befriedigung suchen. Nur dann ist der Geist vollständig allein, und nur ein solcher Geist ist kreativ.

Dies alles gehört zur Erziehung: sich dem Schmerz der Einsamkeit, diesem ungewöhnlichen Gefühl von Leere, das wir alle kennen, zu stellen, und wenn es kommt, nicht zu erschrecken, nicht das Radio anzustellen, sich nicht in Arbeit zu vertiefen, nicht ins Kino zu laufen, sondern das Gefühl anzusehen, hineinzugehen und es zu verstehen. Es gibt keinen Menschen, der diese zitternde Angst nicht gespürt hat oder noch spüren wird. Da wir jede Form von Ablenkung und Befriedigung benutzen, um vor der Angst davonzulaufen – durch Sex, durch Gott, durch Arbeit, durch Alkohol, durch das Schreiben von Gedichten oder durch das Herbeten auswendig gelernter Worte –, verstehen wir diese Angst nie, wenn sie uns überkommt.

Wenn Sie also die Not der Einsamkeit überkommt, stellen Sie sich ihr, schauen Sie sie an, ohne vor ihr wegzulaufen. Wenn Sie weglaufen, werden Sie sie nie verstehen, und sie wird immer an der nächsten Ecke auf Sie warten. Falls Sie jedoch Einsamkeit verstehen und über sie hinausgehen, werden Sie finden, daß es kein Bedürfnis zu fliehen mehr gibt und keinen Drang mehr, befriedigt oder unterhalten zu werden, denn Ihr Geist kennt nun eine Fülle, die nicht korrumpiert und nicht zerstört werden kann.

Das alles ist Teil der Erziehung. Wenn Sie in der Schule die Fächer nur lernen, um Prüfungen zu bestehen, wird Lernen zu einem Weg, um die Einsamkeit zu fliehen. Denken Sie ein wenig darüber nach, und Sie werden sehen. Sprechen Sie mit Ihren Erziehern darüber, und Sie werden bald herausfinden, wie einsam diese sind und wie einsam Sie selbst sind. Jene aber, die innerlich allein sind, deren Geist und Herz vom Schmerz der Einsamkeit frei sind – sie sind wahre Menschen, weil sie selbst entdecken können, was Wirklichkeit ist, sie können empfangen, was zeitlos ist.

*Frage:* Was ist der Unterschied zwischen Bewußtsein und Empfindsamkeit?

*Krishnamurti:* Ich frage mich, ob es einen Unterschied gibt. Wissen Sie, wenn Sie eine Frage stellen, ist es wichtig, daß Sie für sich die Wahrheit in der Angelegenheit herausfinden und nicht einfach akzeptieren, was sonst jemand sagt. Lassen Sie uns also zusammen herausfinden, was es heißt, bewußt zu sein.

Sie sehen einen lieblichen Baum mit Blättern, die nach dem Regen funkeln; Sie sehen das Sonnenlicht auf dem Wasser glänzen und die graufarbenen Federn der Vögel, Sie sehen die Dorfbewohner in die Stadt gehen und schwere Lasten tragen und hören ihr Lachen, Sie hören das Bellen eines Hundes oder ein Kalb nach seiner Mutter rufen. Dies alles ist ein Teil der Bewußtheit, der Bewußtheit von dem, was um Sie herum geschieht, nicht wahr? Ihnen etwas näherliegend: Bemerken Sie Ihr Verhältnis zu Leuten, zu Ideen und zu Dingen; Sie sind sich bewußt, wie Sie das Haus oder die Straße betrachten; Sie beobachten Ihre Reaktionen auf das, was Leute zu Ihnen sagen, und wie Ihr Geist ununterbrochen wertet, urteilt, vergleicht oder verdammt. Das ist alles ein Teil der Bewußtheit, die an der Oberfläche beginnt und sich dann mehr und mehr vertieft; aber für die meisten von uns hört Bewußtheit an einem gewissen Punkt auf. Wir nehmen die Geräusche, die Lieder, die schönen und häßlichen Bilder auf, aber wir sind uns unserer Reaktionen darauf nicht bewußt. Wir sagen: »Das ist schön« oder »Das ist häßlich«, und gehen achtlos weiter; wir untersuchen nicht, was Schönheit und was Häßlichkeit ist. Festzustellen, wie Sie reagieren, immer wacher zu werden für jede Bewegung Ihres eigenen Denkens, zu beobachten, daß Ihr Geist durch den Einfluß Ihrer Eltern, Ihrer Lehrer, Ihrer Rasse und Kultur konditioniert ist – dies alles gehört zur Bewußtheit.

Je tiefer der Geist seine eigenen Denkprozesse ergründet, desto klarer versteht er, daß alle Formen des Denkens konditioniert sind – und deshalb ist der Geist von sich aus sehr still, was nicht heißt, daß er schläft. Im Gegenteil, der Geist ist dann außerordentlich wach und wird nicht länger durch Mantras und die mechanische Wiederholung von Worten eingelullt oder durch Disziplin geformt. Dieser Zustand stiller Wachheit ist auch ein Teil der Bewußtheit; und falls Sie noch tiefer gehen, werden Sie feststellen, daß es zwischen der Person, die bewußt ist, und dem Objekt, dessen sie sich bewußt ist, keine Trennung gibt.

Was bedeutet es nun, empfindsam zu sein? Farbe und Form wahrzunehmen, zu erkennen, was Leute sagen und was Sie darauf antworten, rücksichtsvoll zu sein, Geschmack und gute Manieren zu haben, nicht grob zu sein, niemand aus Unaufmerksamkeit körperlich oder in seinen Gefühlen zu verletzen, etwas Schönes zu sehen und dabei zu verweilen, versuchsweise zuzuhören, ohne gleich alles langweilig zu finden, was gesagt wird, so daß der Geist scharf und präzise wird – alles dies ist Empfindsamkeit, nicht wahr? Gibt es also einen großen Unterschied zwischen Empfindsamkeit und Bewußtheit? Ich denke nein.

Sehen Sie, solange Ihr Geist verdammt, beurteilt, sich Meinungen bildet und Schlüsse zieht, ist er weder bewußt noch empfindsam. Wenn Sie grob zu Leuten sind, wenn Sie Blumen pflücken und fortwerfen, wenn Sie Tiere mißhandeln, wenn Sie Ihren Namen in Möbel ritzen oder ein Stuhlbein zerbrechen, wenn Sie unpünktlich zu den Mahlzeiten kommen oder sich überhaupt schlecht benehmen – dann ist das ein Zeichen mangelnder Empfindsamkeit, nicht wahr? Es zeigt einen Geist, der einer wachen Begegnung nicht fähig ist. Und bestimmt gehört es zur Erziehung, dem Schüler zu helfen, empfindsam zu sein, damit er sich nicht nur anpaßt oder sperrt, sondern wach wird für die gesamte Bewegung des Lebens. Empfindsame Leute leiden vielleicht viel mehr im Leben als unsensible; falls sie ihr Leiden aber verstehen und darüber hinausgehen, werden sie außergewöhnliche Dinge entdecken.

*Frage:* Warum lachen wir, wenn jemand stolpert oder fällt?

*Krishnamurti:* Es ist ein Ausdruck von Unempfindsamkeit, nicht wahr? Es gibt auch so etwas wie Sadismus. Kennen Sie die Bedeutung dieses Wortes? Ein Autor namens Marquis de Sade schrieb einmal ein Buch über einen Mann, der es genoß, Menschen zu verletzen und sie leiden zu sehen. Daher kommt das Wort »Sadismus«, das bedeutet, Vergnügen aus dem Leiden anderer zu ziehen. Für gewisse Leute liegt eine eigenartige Befriedigung darin, andere leiden zu sehen. Beobachten Sie sich selbst und sehen Sie, ob Sie dieses Gefühl haben. Es mag nicht deutlich sein, aber wenn es da ist, werden Sie feststellen, daß Sie lachen müssen, wenn jemand fällt. Sie wollen, daß die da oben heruntergemacht werden; Sie kritisieren; Sie ziehen gedankenlos über andere her. Alles das ist Ausdruck mangelnder Empfindsamkeit und zeigt die Absicht, Leute verletzen zu wollen. Man mag jemand absichtlich und aus Rache verwunden, oder man tut es unbewußt mit einem Wort, mit einer Geste, mit einem Blick – in jedem Fall besteht der Drang, jemand zu verletzen, und es gibt sehr wenige, bei denen diese perverse Form des Vergnügens spurlos verschwindet.

*Frage:* Einer unserer Lehrer sagt, was Sie uns erzählen, sei ganz undurchführbar. Er fragt, wie Sie sechs Jungen und sechs Mädchen bei einem Gehalt von 120 Rupien ausbilden wollen. Was sagen Sie zu dieser Kritik?

*Krishnamurti:* Wenn ich ein Gehalt von nur 120 Rupien hätte, würde ich nicht versuchen, sechs Jungen und sechs Mädchen zu erziehen, das ist das erste. Zweitens: Wenn ich ein Lehrer wäre, würde ich es mit Hingabe sein, es wäre kein Job. Erkennen Sie den Unterschied? Zu unterrichten, gleich auf welcher Ebene, ist kein Beruf, ist nicht einfach ein Job; es ist ein Akt des Sichwidmens. Verstehen Sie die Bedeutung dieses Begriffs »Widmung«? Sich widmen heißt, sich vollständig an etwas hinzugeben, ohne etwas zurückzuverlangen; wie ein Mönch zu sein, wie ein Einsiedler, wie die großen Lehrer und Wissenschaftler – nicht wie jene, die einige wenige Prüfungen bestehen und sich selbst Professoren nennen. Ich spreche über die, die sich dem Unterrichten gewidmet haben, nicht für Geld, sondern weil es ihre Berufung, ihre Liebe ist. Wenn es solche Lehrer gibt, werden sie feststellen, daß man Jungen und Mädchen höchst praktisch in all den Dingen unterrichten kann, über die ich spreche. Aber der Lehrer, der Erzieher, der Professor, für den Unterrichten nur ein Job ist, um seinen Lebensunterhalt zu verdienen – er ist derjenige, der Ihnen sagen wird, daß diese Dinge nicht praktikabel seien.

Was ist schließlich praktisch? Überlegen Sie gründlich. Die Art und Weise, wie wir heute leben, wie wir unterrichten, wie unsere korrupten und kriegslüsternen Regierungen geführt werden – nennen Sie *die* praktisch? Ist Ehrgeiz praktisch, ist Habgier praktisch? Ehrgeiz bringt Wettstreit hervor und ruiniert deshalb die Leute. Eine Gesellschaft, die auf Habgier und Aneignung baut, trägt immer die Tendenz zu Krieg, Konflikt und Leiden in sich – und ist *das* praktisch? Offensichtlich nicht. Das ist es, was ich Ihnen in all diesen verschiedenen Gesprächen zu sagen versuche.

Liebe ist die praktischste Sache der Welt. Zu lieben, freundlich zu sein, nicht habsüchtig zu sein, nicht ehrgeizig zu sein, nicht von Leuten beeinflußt zu werden, sondern selbständig zu denken – dies alles sind sehr praktische Dinge, und sie werden eine praktische, glückliche Gesellschaft hervorbringen. Der Lehrer jedoch, der sich nicht hingibt, der nicht liebt, der vielleicht einen Titel zu seinem Namen setzt, aber sonst nur Informationen liefert, die er aus Büchern hat – er wird Ihnen sagen, daß all dies undurchführbar sei, weil er darüber nicht wirklich nachgedacht hat. Lieben ist praktisch sein – viel praktischer als die absurde Praxis dieses sogenannten Bildungswesens, das Bürger produziert, die gänzlich unfähig sind, auf eigenen Füßen zu stehen und auch nur irgendein Problem selbständig zu durchdenken.

Sehen Sie, auch das ist ein Teil der Bewußtheit: mitzubekommen, daß Sie da drüben in der Ecke vor sich hinkichern, und gleichzeitig mit derselben Ernsthaftigkeit weiterzusprechen.

Die Schwierigkeiten mit den meisten Erwachsenen besteht darin, daß sie das Problem ihres eigenen Lebens nicht gelöst haben, und doch erzählen sie Ihnen: »Ich werde dir sagen, was praktisch ist und was nicht.« Lehren ist die größte Berufung im Leben, obwohl sie zur Zeit am tiefsten verachtet ist; es ist der höchste, der edelste Ruf. Aber der Lehrer muß sich dem vollkommen widmen, er muß sich dem vollständig hingeben, er muß mit Leib und Seele unterrichten, mit seinem ganzen Sein – und aus dieser Hingabe heraus wird Bestimmtes möglich.

*Frage:* Was nützt Erziehung, wenn wir während unserer Ausbildung gleichzeitig vom Komfort der modernen Welt zerstört werden?

*Krishnamurti:* Ich fürchte, Sie benutzen unzutreffende Wörter. Man benötigt ein Mindestmaß an Komfort, oder nicht? Wenn man still in einem Zimmer sitzt, ist es gut, wenn das Zimmer sauber und aufgeräumt ist, obwohl es bis auf eine Matte keinerlei Möbel enthält; es sollte auch eine gute Größe haben und ausreichend große Fenster. Wenn im Zimmer ein Bild hängt, sollte es etwas Schönes zeigen, und wenn eine Blume in einer Vase steht, sollte dabei der Geist der Person zu spüren sein, die sie hineingestellt hat. Man braucht auch gutes Essen und einen ruhigen Schlafplatz. All das gehört zum Komfort, den die moderne Welt bietet. Ist es dieser Komfort, der den sogenannten gebildeten Menschen zerstört? Oder zerstört der sogenannte gebildete Mensch durch seinen Ehrgeiz und seine Gier den geringen Komfort eines jeden Menschen? In den wohlhabenden Ländern macht die moderne Erziehung die Leute zunehmend materialistischer, und deshalb verführt und zerstört Komfort in jeder Form den Geist. Und in den armen Ländern wie in Indien ermutigt die Erziehung Sie nicht, eine radikal neue Art von Kultur zu schaffen; sie hilft Ihnen nicht, revolutionär zu sein – revolutionär nicht in der Art der bombenwerfenden, mörderischen Leute. Solche Leute sind keine Revolutionäre. Ein wahrer Revolutionär ist ein Mensch, der frei ist von jedem Anreiz, frei von Ideologien und den Verstrickungen der Gesellschaft, die ein Ausdruck des kollektiven Willens der vielen sind; und Ihre Erziehung hilft Ihnen nicht dabei, ein solcher Revolutionär zu werden. Im Gegenteil, sie lehrt Sie, sich anzupassen oder nur das bereits Bestehende nachzubessern.

Es ist also Ihre sogenannte Erziehung, die Sie zerstört, nicht der Komfort, den die moderne Welt bietet. Warum sollten Sie nicht Autos und gute Straßen haben? Aber sehen Sie, all die modernen Techniken und Erfindungen werden entweder für den

Krieg benutzt oder nur zum Vergnügen, als ein Mittel zur Flucht vor sich selbst; und so verliert sich der Geist im technischen Gerät. Die moderne Erziehung ist zur Pflege von Geräten geworden, von mechanischen Hilfsmitteln oder von Maschinen, die Ihnen helfen zu kochen, sauber zu machen, zu bügeln, zu rechnen und verschiedene andere wesentliche Dinge zu erledigen, an die Sie deshalb nicht ständig denken müssen. Und Sie sollten diese Geräte haben, aber nicht, um sich in technischen Spielereien zu verlieren, sondern um Ihren Geist zu befreien, um sich etwas total anderem zu widmen.

*Frage:* Ich habe eine sehr dunkle Haut, und die meisten Leute mögen eine hellere Gesichtsfarbe. Wie kann ich ihre Bewunderung gewinnen?

*Krishnamurti:* Ich glaube, es gibt bestimmte Kosmetika, die angeblich Ihre Haut heller machen, aber wird das Ihr Problem lösen? Sie wollen immer noch bewundert und gesellschaftlich anerkannt werden, Sie werden sich immer noch nach Stellung und Ansehen sehnen; und gerade in diesem Wunsch nach Bewunderung, im Kampf um Prominenz steckt immer der Stachel des Kummers. Solange Sie bewundert werden wollen, prominent sein wollen, wird Ihre Erziehung Sie zerstören, weil sie Ihnen hilft, ein bedeutendes Mitglied dieser Gesellschaft zu werden, und weil diese Gesellschaft ziemlich verkommen ist. Wir haben diese zerstörerische Gesellschaft durch unsere Gier, durch unseren Neid, durch unsere Angst aufgebaut, und sie wird nicht dadurch transformiert, daß wir sie ignorieren oder sie eine Illusion nennen. Nur die rechte Art von Erziehung wird Gier, Angst und Erwerbssinn auslöschen, so daß wir eine radikal neue Kultur aufbauen können, eine vollständig andere Welt; und die rechte Art von Erziehung kann es nur geben, wenn der Geist sich selbst wirklich verstehen und von Leiden frei sein will.

# Die Energie des Lebens

Eines unserer schwierigsten Probleme ist, was wir Disziplin nennen; es ist wirklich sehr komplex. Wie Sie wissen, glaubt die Gesellschaft, sie müsse den Bürger kontrollieren oder disziplinieren und seinen Geist nach bestimmten religiösen, sozialen, moralischen und wirtschaftlichen Mustern formen.

Ist nun Disziplin überhaupt notwendig? Hören Sie bitte sorgfältig zu, sagen Sie nicht sofort »ja« oder »nein«. Die meisten von uns haben das Gefühl, besonders solange sie jung sind, daß es keine Disziplin geben sollte, daß uns erlaubt sein sollte, zu tun, was immer wir mögen. Und wir denken, das sei Freiheit. Aber nur zu sagen, wir sollten Disziplin haben oder wir sollten keine Disziplin haben, wir sollten frei sein und so weiter, hat sehr geringe Bedeutung, wenn nicht das ganze Problem der Disziplin verstanden wird.

Der gute Sportler lebt immer diszipliniert, nicht wahr? Seine Freude am Mannschaftsspiel und die bloße Notwendigkeit, fit zu bleiben, lassen ihn früh zu Bett gehen, mit dem Rauchen aufhören, sich richtig ernähren und überhaupt auf die Bedingungen für gute Gesundheit achten. Seine Disziplin ist kein Zwang oder Konflikt, sondern natürliches Ergebnis seiner Freude am Sport.

Vermehrt oder vermindert Disziplin die menschliche Energie? Menschen überall auf der Welt, in jeder Religion, in jedem philosophischen System, zwingen den Geist zur Disziplin, was Kontrolle, Widerstand, Anpassung und Unterdrückung mit sich bringt. Ist das alles notwendig? Wenn Disziplin mehr menschliche Energie hervorbringt, dann ist sie wertvoll, dann ist sie sinnvoll; wenn sie menschliche Energie aber nur unterdrückt, ist sie sehr schädlich, ja zerstörerisch. Wir alle haben Energie, und die Frage ist, ob diese Energie durch Disziplin vital, reich und im Überfluß hervortreten kann oder ob Disziplin zerstört, was wir an Energie haben. Ich denke, dies ist die Kernfrage.

Viele Menschen haben keine große Energie, und die wenige Energie, die sie haben, wird bald durch die Kontrollen, Drohungen und Tabus ihrer jeweiligen Gesellschaft mit ihrer sogenannten Erziehung erstickt oder zerstört; so werden sie zu angepaßten leblosen Bürgern dieser Gesellschaft. Und gibt Disziplin dem Individuum, das schon von Anfang an etwas mehr Energie hat, zusätzliche Energie? Macht sie sein Leben reich und vital?

Wenn Sie sehr jung sind, wie alle hier, sind Sie voller Energie, nicht wahr? Sie möchten spielen, hin und her laufen, reden; Sie können nicht stillsitzen; Sie sind voller Leben. Und was geschieht dann? Während Sie heranwachsen, beginnen Ihre Lehrer, diese Energie einzuschränken, indem sie Ihrer Energie einen Rahmen geben und sie in verschiedene Formen lenken. Und wenn Sie schließlich zu Männern und Frauen geworden sind, wird die wenige noch verbliebene Energie bald von einer Gesellschaft erstickt, die von Ihnen verlangt, ein ordentlicher Bürger zu sein und sich auf bestimmte Weise zu verhalten. Durch die sogenannte Erziehung und den Zwang, den die Gesellschaft ausübt, wird diese Energie, die Sie als junger Mensch im Überfluß haben, allmählich zerstört.

Kann also die Energie, über die Sie gegenwärtig verfügen, durch Disziplin vitaler gemacht werden? Falls Sie nur wenig Energie haben: Kann sie durch Disziplin erhöht werden? Wenn Disziplin das kann, hat sie einen Sinn, aber wenn Disziplin in Wirklichkeit die eigene Energie zerstört, muß man sie offensichtlich vermeiden.

Was ist diese Energie, die wir alle haben? Diese Energie ist Denken, Fühlen; sie ist Interesse, Enthusiasmus, Gier, Leidenschaft, Lust, Ehrgeiz, Haß, Bilder zu malen, Maschinen zu erfinden, Brücken zu bauen, Straßen anzulegen, Felder zu bestellen, Spiele zu spielen, Gedichte zu schreiben, zu singen, zu tanzen, in den Tempel zu gehen, zu beten – dies alles sind Ausdrucksformen von Energie. Aber Energie schafft auch Illusion, Schaden und Elend. Die edelsten und die verderblichsten Qualitäten sind gleichermaßen Ausdruck menschlicher Energie. Aber die Art und Weise, wie wir diese Energie kontrollieren oder disziplinieren, sie in der einen Richtung fließen lassen und in der anderen hemmen, wird ganz der gesellschaftlichen Konvention angeglichen. Der Geist wird so auf das Muster einer bestimmten Kultur festgelegt und seine Energie dadurch nach und nach verschwendet.

Unser Problem ist also, ob diese Energie, über die wir alle bis zu einem gewissen Grad verfügen, vermehrt werden kann, ob sie stärker belebt werden kann – und wenn ja, wozu? Wozu ist Energie gut? Ist Energie da, um Kriege zu führen? Ist sie da, um Düsenflugzeuge und unzählige andere Maschinen zu erfinden, um einem Guru zu folgen, um Prüfungen abzulegen, um Kinder zu haben, um sich über das eine oder andere Problem unaufhörlich Sorgen zu machen? Oder kann Energie auf andere Weise genutzt werden, so daß alle unsere Aktivitäten Sinn bekommen in Verbindung mit etwas, das über sie alle hinausgeht? Wenn der menschliche Geist, der solch erstaunliche Energie besitzt, nicht die Wirklichkeit oder Gott sucht, dann wird mit Sicherheit jede Ausdrucksform seiner Energie Zerstörung und Elend bewirken. Die Wirklichkeit zu suchen erfordert immense Energie; wenn aber der Mensch sie nicht sucht, vergeudet er seine Energie auf eine schadenbringende Weise, und deshalb muß die Gesellschaft ihn kontrollieren. Aber ist es denn möglich, auf der Suche nach Gott oder Wahrheit Energie freizusetzen und, während man erforscht, was wahr ist, ein Bürger zu sein, der die fundamentalen Fragen des Lebens versteht und den die Gesellschaft nicht zerstören kann? Können Sie folgen, oder ist Ihnen das etwas zu komplex?

Sehen Sie, der Mensch ist Energie, und wenn der Mensch nicht Wahrheit sucht, wird diese Energie zerstörerisch. Deshalb kontrolliert und formt die Gesellschaft das Individuum, und das erstickt diese Energie. Das ist es, was bei der Mehrheit der Erwachsenen überall auf der Welt geschehen ist. Und vielleicht haben Sie eine weitere interessante und sehr einfache Tatsache bemerkt: In dem Augenblick, in dem Sie etwas wirklich tun wollen, haben Sie auch die Energie dazu. Was geschieht, wenn Sie unbedingt ein Spiel spielen wollen? Sie haben sofort die Energie dazu, nicht wahr? Und genau diese Energie wird sich selbst regeln, so daß Sie keine äußere Disziplin brauchen. Auf der Suche nach Wirklichkeit schafft sich Energie ihre eigene Disziplin. Der Mensch, der Realität sucht, wird spontan zum rechten Bürger, allerdings nicht nach den Vorstellungen einer bestimmten Gesellschaft oder Regierung.

Also müssen Studenten und Lehrer zusammenarbeiten, um die Freisetzung dieser gewaltigen Energie zu bewirken, durch die Realität, Gott oder Wahrheit zu finden ist. Bei Ihrer Suche nach Wahrheit wird Disziplin entstehen, und dann werden Sie ein wahrhafter Mensch, ein vollständiges Individuum, und nicht nur ein Hindu oder ein Parsi sein, der durch seine spezifische Gesellschaft und Kultur festgelegt ist. Falls die Schule dem Schüler hilft, seine Energie bei der Suche nach Wahrheit zu wecken, statt sie – wie es jetzt geschieht – herabzusetzen, werden Sie feststellen, daß Disziplin etwas ganz anderes bedeutet.

Warum wird Ihnen zu Hause, in der Klasse und im Wohnheim immer gesagt, was Sie tun sollen und was nicht? Sicher ist das so, weil Ihre Eltern und Lehrer wie der Rest der Gesellschaft noch nicht wahrgenommen haben, daß der Mensch nur aus einem Grund existiert, um nämlich die Wirklichkeit oder Gott zu finden. Verstünde dies auch nur eine kleine Gruppe von Erziehern und widmete sie ihre ganze Aufmerksamkeit dieser Suche, dann würde sie eine neue Art von Erziehung und eine ganz und gar andere Gesellschaft schaffen.

Bemerken Sie nicht, wie wenig Energie die meisten Leute um Sie herum haben, einschließlich Ihrer Eltern und Lehrer? Sie sterben langsam, selbst wenn ihr Körper noch nicht alt ist. Warum? Weil sie von der Gesellschaft in die Unterwerfung hineingeprügelt worden sind. Sehen Sie, ohne den tiefen Grund für diese Energie zu verstehen, der in der Befreiung dieser außergewöhnlichen mit »Geist« bezeichneten Sache liegt, mit seiner Fähigkeit, Atomunterseeboote und Düsenflugzeuge zu schaffen, die erstaunlichste Poesie und Prosa zu schreiben, die Welt so schön zu machen und auch zu zerstören – ohne den tiefen Grund für diese Energie zu verstehen, der darin liegt, Wahrheit oder Gott zu finden, wird diese zerstörerisch. Und dann sagt die Gesellschaft: »Wir müssen die Energie des Individuums formen und kontrollieren.«

Mir scheint also, es ist Aufgabe der Erziehung, zu bewirken, daß Energie für das Trachten nach Güte, Wahrheit oder Gott freigesetzt wird, was wiederum das Individuum zu einem wahren Menschen und deshalb zur rechten Art von Bürgern macht. Aber bloße Disziplin, ohne dies alles ganz zu begreifen, hat keinen Sinn; sie ist dann etwas höchst Zerstörerisches. Jeder von Ihnen wird von der Gesellschaft einfach geschluckt, sobald er die Schule verläßt und in die Welt hinausgeht, wenn er nicht so erzogen ist, daß er voller Lebendigkeit, Intelligenz und überschäumender Energie daran geht, herauszufinden, was wahr ist. Sie werden erstickt, zerstört, elend und unglücklich für den Rest Ihres Lebens. So wie ein Fluß sich die Ufer schafft, die ihn halten, so schafft sich jene Energie, die Wahrheit sucht, ihre eigene Disziplin, die niemand das Geringste auferlegt. Und wie der Fluß zum Meer findet, so findet diese Energie ihre eigene Freiheit.

*Frage:* Wie sind die Briten eigentlich dazu gekommen, Indien zu beherrschen?

*Krishnamurti:* Wissen Sie, die Leute, die mehr Energie, mehr Vitalität, mehr Fähigkeiten und mehr Mut haben, bringen ihren weniger energiereichen Nachbarn entweder Not oder Wohlstand. Einst explodierte Indien, es sprang etwas auf ganz Asien über: Die Menschen Indiens waren erfüllt von schöpferischem Eifer und brachten Religion nach China, Japan, Indonesien und Burma. Andere Nationen betrieben Handel, was auch nötig gewesen sein mag, aber seine üblen Folgen hatte – aber so geht es im Leben. Das Merkwürdige daran ist, daß diejenigen, die Wahrheit oder Gott suchen, viel energiegeladener sind. Sie setzen außergewöhnliche Energie frei, nicht nur in sich selbst, sondern in anderen. Sie sind die wahren Revolutionäre, nicht die Kommunisten, die Sozialisten oder die bloßen Reformer. Eroberer und Herrscher kommen und gehen, aber das menschliche Problem bleibt immer dasselbe. Wir alle wollen dominieren, uns unterwerfen oder uns auflehnen; der Mensch aber, der Wahrheit sucht, ist frei von allen Gesellschaften und allen Kulturen.

*Frage:* Selbst während der Ausübung der Meditation scheint man nicht fähig zu sein, wahrzunehmen, was wirklich ist. Wollen Sie uns also bitte sagen, was wahr ist?

*Krishnamurti:* Wir wollen jetzt für einen Moment die Frage nach dem, was wahr ist, verlassen und zuerst betrachten, was Meditation ist. Für mich ist Meditation etwas völlig anderes, als was Ihre Bücher und Ihre Gurus Sie gelehrt haben. Meditation ist, was beim Verstehen Ihres eigenen Geistes vor sich geht. Ohne das Verstehen Ihres eigenen Denkens, ohne Selbsterkenntnis hat alles, was Sie auch denken mögen, sehr geringe Bedeutung. Ohne das Fundament der Selbsterkenntnis führt Denken zu Unheil. Jeder Gedanke hat eine Bedeutung, und da der Geist die Fähigkeit hat, diese Bedeutung zu erkennen – nicht nur die von ein oder zwei Gedanken, sondern von jedem auftauchenden Gedanken – ist die Konzentration auf bestimmte Ideen, Bilder, Worte – was im allgemeinen Meditation genannt wird – eine Form der Selbsthypnose.

Ob Sie also stillsitzen, sprechen oder spielen, sind Sie sich der Bedeutung jedes Gedankens, jeder Reaktion, die Sie haben, bewußt? Versuchen Sie es, und Sie werden sehen, wie schwierig es ist, jeder Bewegung Ihrer eigenen Gedanken gewahr zu sein, weil sich Gedanken so schnell nacheinander ansammeln und übereinanderschieben. Falls Sie aber jeden Gedanken untersuchen wollen, falls Sie wirklich seinen Gehalt erkennen wollen, werden Sie feststellen, daß sich Ihre Gedanken verlangsamen und Sie ihnen zuschauen können. Diese Verlangsamung des Denkens und die Prüfung eines jeden Gedankens ist der Vorgang der Meditation; und falls Sie da hineingehen, werden Sie finden, daß Ihr Geist – der jetzt noch ein großer Speicher ruheloser, miteinander streitender Gedanken ist – infolge des Bewußtwerdens eines jeden Gedankens sehr still wird, vollkommen still. Dann gibt es keinen Drang, keinen Zwang, keine Angst in irgendeiner Form; und in dieser Stille ersteht das, was wahr ist. Es gibt kein »Du«, das Wahrheit erfährt, sondern mit der Stille des Geistes kehrt Wahrheit ein. Im Augenblick, in dem es ein »Du« gibt, gibt es den, der erfährt; aber der, der erfährt, wird nur vom Gedanken erzeugt. Ohne Denken gibt es ihn nicht.

*Frage:* Wenn wir einen Fehler machen, und uns jemand darauf hinweist, warum begehen wir denselben Irrtum wieder?

*Krishnamurti:* Was meinen Sie, warum pflücken Sie denn

Blumen oder reißen Pflanzen aus oder zerstören Möbel oder werfen Papier umher, obwohl ich sicher bin, man hat Ihnen ein Dutzend Mal gesagt, daß Sie das nicht tun sollten? Hören Sie sorgsam zu, und Sie werden es begreifen. Wenn Sie so etwas tun, befinden Sie sich in einem Zustand der Gedankenlosigkeit, nicht wahr? Sie sind nicht bewußt, Sie denken nicht, Ihr Geist hat sich schlafen gelegt, und so tun Sie Dinge, die offensichtlich dumm sind. Solange Sie nicht völlig bewußt, nicht vollständig *anwesend* sind, ist es sinnlos, Sie bloß zu ermahnen, bestimmte Dinge nicht zu tun. Wenn ein Erzieher Ihnen aber helfen kann, rücksichtsvoll zu sein, wirklich bewußt zu sein, voller Entzükken die Bäume, die Vögel, den Fluß, den ungewöhnlichen Reichtum der Erde zu betrachten, dann wird ein einziger Hinweis genügen, weil Sie dann sensibel und lebendig gegenüber allem sind, was um Sie herum und in Ihnen selbst geschieht.

Unglücklicherweise ist Ihre Sensibilität zerstört, weil Ihnen von Geburt an bis zum Tode fortwährend erzählt wird, dies zu tun und das zu lassen. Eltern, Lehrer, Gesellschaft, Religion, Priester und auch Ihr eigener Ehrgeiz, Ihre Habsucht und Ihr Neid – sie alle sagen: »Tu dies und lasse das!« Ohne alle diese Gebote und Verbote zu leben und doch empfindsam zu sein – so daß Ihre Freundlichkeit spontan ist, Sie keine Leute verletzen, kein Papier fortwerfen oder achtlos an einem Stein auf der Straße vorbeigehen, ohne ihn zur Seite zu räumen – das erfordert große Aufmerksamkeit. Und der Sinn der Erziehung liegt sicherlich nicht bloß darin, Ihren Namen durch einen Titel zu verlängern, sondern diesen Sinn für Aufmerksamkeit in Ihnen zu wecken, damit Sie empfindsam, wach, achtsam und freundlich sind.

*Frage:* Was ist Leben, und wie können wir glücklich sein?

*Krishnamurti:* Eine sehr gute Frage von einem kleinen Jungen. Was ist Leben? Wenn du einen Geschäftsmann fragst, wird er dir erzählen, beim Leben gehe es ums Verkaufen und Geld verdienen, weil er von morgens bis abends so lebt. Der ehrgeizige Mensch wird dir sagen, das Leben sei ein Kampf, um etwas zu erreichen und zu vollbringen. Für den Menschen, der in hoher und einflußreicher Stellung ist, der an der Spitze einer Organisation oder eines Landes steht, ist Leben volle Aktivität, die er bestimmt. Und für den Arbeiter, besonders in diesem Land, ist Leben endlose Arbeit, ohne einen Tag des Ausruhens, bedeutet Leben, schmutzig, elend und ohne die notwendige Nahrung zu sein.

Kann der Mensch nun in all diesem Kampf, diesem Hunger und in dieser Not glücklich sein? Offensichtlich nicht. Was also tut er? Er stellt nichts in Frage, er untersucht nicht, was Leben ist, sondern philosophiert über Glück. Er spricht über Brüderlichkeit, während er andere ausbeutet. Er erfindet das höhere Selbst, die Super-Seele, irgend etwas, das ihn schließlich doch noch auf immer glücklich machen wird. Glück entsteht aber nicht, wenn man es sucht; es ist ein Nebenprodukt. Es entsteht, wo es Güte gibt, wo es Liebe gibt, wenn es keinen Ehrgeiz gibt, wenn der Geist sich still dem zuwendet, was wahr ist.

*Frage:* Warum kämpfen wir untereinander?

*Krishnamurti:* Ich glaube, daß auch die älteren Leute diese Frage stellen, nicht wahr? Warum kämpfen wir? Amerika ist gegen Rußland, China steht gegen den Westen. Warum? Wir reden über den Frieden und bereiten den Krieg vor. Warum? Weil ich denke, daß die Mehrheit der Menschen es liebt, zu konkurrieren, zu kämpfen – das ist die schlichte Tatsache, sonst würden wir es ja beenden. Im Kampf besteht ein verstärktes Gefühl, lebendig zu sein, das ist auch eine Tatsache. Wir meinen, Kampf in jeglicher Form sei notwendig, um uns am Leben zu erhalten; aber Sie sehen, diese Art von Leben ist sehr zerstörerisch. Es gibt eine Art, ohne Kampf zu leben. Es ist wie die Lilie, die Blume, die wächst; sie kämpft nicht, sie *ist.* Das Sein der Dinge liegt in ihrer Güte. Aber wir werden nicht dazu erzogen. Wir sind erzogen zu konkurrieren, zu kämpfen, Soldaten, Rechtsanwälte, Polizisten, Professoren, Rektoren, Geschäftsleute zu sein, immer auf dem Kamm der Welle zu reiten. Wir alle wollen Erfolg. Es gibt viele, welche äußerlich den Eindruck von Demut erwecken, aber nur jene sind glücklich, die innerlich wirklich demütig sind, und sie sind es, die nicht kämpfen.

*Frage:* Warum mißbraucht der Geist andere Menschen und sogar sich selbst?

*Krishnamurti:* Was meinen wir mit Mißbrauch? Ein Geist, der ehrgeizig, habgierig und neidisch ist, ein Geist, der mit Glaube und Tradition belastet ist, ein Geist, der skrupellos ist und Leute ausbeutet – ein solcher Geist richtet mit seinen Handlungen offensichtlich Unheil an und bringt eine Gesellschaft hervor, die voller Konflikte ist. Solange der Geist sich nicht selbst versteht, können seine Handlungen nicht anders als zerstörerisch sein, solange der Geist keine Selbsterkenntnis hat, muß er Feindseligkeit hegen. Deshalb ist es wesentlich, daß Sie sich selbst erkennen und nicht nur aus Büchern lernen. Kein Buch kann Ihnen Selbsterkenntnis beibringen. Ein Buch mag Ihnen Informationen über Selbsterkenntnis vermitteln, aber das ist nicht dasselbe, wie sich selbst in Aktion zu erkennen. Wenn der Geist sich selbst im Spiegel der Beziehung sieht, entsteht aus dieser Wahrnehmung Selbsterkenntnis. Und ohne Selbsterkenntnis können wir dieses Durcheinander nicht aufräumen, dieses schreckliche Elend, das wir über die Welt gebracht haben.

*Frage:* Ist der Geist, der Erfolg sucht, von dem verschieden, der Wahrheit sucht?

*Krishnamurti:* Es ist derselbe Geist, ob er Erfolg oder Wahrheit sucht, aber solange der Geist Erfolge anstrebt, kann er nicht herausfinden, was wahr ist. Wahrheit zu verstehen heißt, die Wahrheit im Falschen zu sehen und als wahr zu erkennen, was wahr ist.

# Ohne Anstrengung leben

Haben Sie sich je gefragt, warum Leute alle Lebensfreude zu verlieren scheinen, wenn sie älter werden? Gegenwärtig sind die meisten von Ihnen, die jung sind, ziemlich glücklich. Sie haben Ihre kleinen Probleme; es gibt Prüfungen, die Ihnen zu schaffen machen; aber trotz dieser Schwierigkeiten haben Sie an Ihrem Leben doch Freude, nicht wahr? Sie gehen spontan und leicht auf das Leben ein; Sie haben einen unbeschwerten und glücklichen Blick für Dinge. Und wie kommt es, daß wir diese freudige Ankündigung von etwas, das jenseits ist, das von größter Bedeutung ist, zu verlieren scheinen, wenn wir älter werden? Warum werden soviele von uns, wenn wir älter und sozusagen reifer werden, trübe, unempfänglich für Freude, für Schönheit, für den weiten Himmel und die wunderbare Erde?

Wissen Sie, wenn man sich diese Frage selbst stellt, tauchen im Geist viele Erklärungen auf. Wir sind ganz mit uns selbst beschäftigt, ist eine Erklärung. Wir bemühen uns, jemand zu werden, eine bestimmte Position einzunehmen und zu behalten; wir haben Kinder und sind auch sonst verantwortlich, und wir müssen Geld verdienen. Wir sind von all diesen Äußerlichkeiten bald niedergedrückt und verlieren so die Lebensfreude. Schauen Sie in ältere Gesichter um sich herum, sehen Sie, wie traurig die meisten von ihnen sind, wie sorgenvoll, ja krank, wie in sich zurückgezogen, unnahbar und manchmal neurotisch und ohne ein Lächeln sie sind. Fragen Sie sich nicht selbst, warum? Und selbst, wenn wir nach dem »Warum« fragen, scheinen die meisten von uns mit bloßen Erklärungen zufrieden zu sein.

Gestern abend sah ich ein Boot unter vollen Segeln den Fluß aufwärts fahren, vom Westwind getrieben. Es war ein großes Boot, das schwer mit Feuerholz für die Stadt beladen war. Die Sonne ging gerade unter, und dieses Boot vor dem Himmel war erstaunlich schön. Der Bootsmann steuerte es nur, es machte keine Mühe, denn der Wind tat die ganze Arbeit. Falls, auf ähnliche Weise, jeder von uns das Problem von Anstrengung und Konflikt verstehen könnte, dann, denke ich, würden wir in der Lage sein, mühelos, glücklich, mit einem Lächeln auf unserem Gesicht zu leben.

Ich denke, es ist das Abmühen, das uns zerstört, diese Anstrengung, in der wir nahezu jeden Augenblick unseres Lebens verbringen. Wenn Sie die älteren Leute um sich herum beobachten, werden Sie sehen, für die meisten von ihnen ist das Leben eine Kette von Kämpfen: gegen sich selbst, gegen ihre Frauen oder Männer, gegen ihre Nachbarn, gegen die Gesellschaft; und dieser endlose Hader zerstreut die Energie. Der Mensch, der fröhlich, der wirklich glücklich ist, ist nicht Gefangener seiner Bemühungen. Ohne Mühe zu leben heißt nicht, daß Sie stagnieren, daß Sie dumpf und dumm sind; im Gegenteil. Es ist nur der Weise, der außergewöhnlich Intelligente, der wirklich frei von Mühen und Anstrengungen ist.

Aber wissen Sie, wenn wir von Mühelosigkeit hören, wollen wir so sein; wir wollen einen Zustand erreichen, in dem wir keinen Streit und keinen Konflikt haben; also machen wir uns das zum Ziel, zum Ideal, und streben es an – und sobald wir das tun, haben wir die Lebensfreude verloren. Erneut sind wir Gefangene unserer Bemühung und Anstrengung. Das Ziel der Anstrengung ändert sich, aber jede Anstrengung ist im wesentlichen die gleiche. Jemand strengt sich vielleicht an, um soziale Reformen herbeizuführen oder Gott zu finden oder er bemüht sich um ein besseres Verhältnis zu Frau oder Mann oder zum Nachbarn, ein anderer mag am Ufer des Ganges sitzen, einem Guru zu Füßen liegen, und so fort. Alles das ist Bemühung, Anstrengung. Wesentlich ist also nicht das Ziel der Anstrengung, sondern das Verstehen der Anstrengung selbst.

Ist es dem Geist nun möglich, sich nicht nur gelegentlich eines Augenblicks, der ohne Anstrengung ist, bewußt zu sein, sondern zu jeder Zeit vollkommen frei von Anstrengung zu sein, damit er einen Zustand der Freude entdeckt, in welchem es keinen Sinn für Höherrangiges und Minderwertiges gibt?

Unsere Schwierigkeit besteht darin, daß sich der Geist minderwertig fühlt und sich deshalb anstrengt, etwas zu sein oder zu werden oder die Widersprüche zwischen seinen verschiedenen Wünschen zu überbrücken. Wir wollen aber nicht Erklärungen dafür geben, warum der Geist voller Konflikte ist. Jeder denkende Mensch weiß, warum wir uns nach außen hin und auch im Inneren anstrengen. Unser Neid, unsere Habgier, unser Ehrgeiz und unser Konkurrenzkampf führen zu unbarmherziger Effizienz – und sind offensichtlich die Faktoren, die unseren Anstrengungen zugrunde liegen, ob in dieser Welt oder in der kommenden. Wir brauchen also keine psychologischen Bücher zu studieren, um zu erkennen, warum wir kämpfen; es ist vielmehr wichtig, herauszufinden, ob der Geist vollkommen frei von Anstrengung sein kann.

Schließlich ergibt sich aus unseren Anstrengungen ein Widerspruch zwischen dem, was wir sind und dem, was wir sein *sollten* oder sein *möchten*. Kann man nun, ohne Erklärungen abzugeben, den ganzen Vorgang der angestrengten Auseinandersetzung verstehen, damit er beendet wird? Kann der Geist frei von Anstrengung sein, wie das Boot, das mit dem Wind segelt? Sicherlich ist das die entscheidende Frage, und nicht die, wie wir einen Zustand erreichen können, in dem es keine Anstrengungen gibt. Bereits die Bemühung, einen solchen Zustand zu erreichen, ist Anstrengung, und deshalb wird dieser Zustand nie erreicht. Falls Sie dagegen von Augenblick zu Augenblick beobachten, wie der Geist sich in den ewigen Anstrengungen verfängt – falls Sie einfach das Faktum beobachten, ohne es ändern zu wollen, ohne dem Geist einen bestimmten Zustand aufzwingen zu wollen, den Sie Frieden nennen – werden Sie feststellen, daß der Geist spontan aufhört, sich anzustrengen; und in diesem Zustand kann er enorm lernen. Lernen ist dann nicht einfach der Vorgang der Informationsspeicherung, sondern eine Entdeckung jener außergewöhnlichen Reichtümer, welche den Horizont des Geistes übersteigen – und der Geist, der diese Entdeckung macht, hat Freude.

Beobachten Sie sich selbst und Sie werden sehen, wie angestrengt Sie von morgens bis abends sind, und wie Ihre Energie in dieser Anstrengung verschwendet wird. Wenn Sie nur erklären, warum Sie sich anstrengen, verlieren Sie sich in Erklärungen und der Kampf geht weiter; falls Sie allerdings Ihren Geist sehr still beobachten, ohne etwas zu erklären, falls Sie einfach den Geist seinen eignen Kampf wahrnehmen lassen, werden Sie bald finden, daß sich ein Zustand frei von aller Anstrengung aber von erstaunlicher Wachsamkeit ergibt. In diesem Zustand der Wachsamkeit gibt es keinen Sinn für das Höherrangige und das Minderwertige, es gibt keinen wichtigen Mann oder kleinen Mann, es gibt keinen Guru. All diese Absurditäten sind vorbei, weil der Geist voll erwacht ist, und der voll erwachte Geist ist freudig.

*Frage:* Ich möchte etwas Bestimmtes tun, und obwohl ich es wiederholt versucht habe, bin ich erfolglos geblieben. Sollte ich mein Bestreben aufgeben, oder sollte ich in diesen Bemühungen beharrlich bleiben?

*Krishnamurti:* Erfolgreich sein heißt erreichen, irgendwo hingelangen und wir beten Erfolg an, nicht wahr? Wenn ein armer Junge heranwächst und Multimillionär wird, oder ein gewöhnlicher Student wird Premierminister, dann bekommt er Beifall und man hält viel von ihm, also will jeder Junge und jedes Mädchen in der einen oder anderen Weise erfolgreich sein.

Gibt es nun so etwas wie Erfolg, oder ist das nur eine Idee, die der Mensch verfolgt? Denn in dem Augenblick, in dem Sie etwas erreichen, gibt es schon wieder einen vor Ihnen liegenden Punkt, den Sie erst noch erreichen müssen. Solange Sie Erfolg in irgendeiner Richtung anstreben, haben Sie zwangsläufig Streitigkeiten und Konflikte, oder nicht? Selbst, wenn Sie angekommen sind, gibt es für Sie keine Ruhepause, weil Sie immer noch höher hinaus wollen, Sie wollen mehr haben. Verstehen Sie? Das Streben nach Erfolg ist das Verlangen nach »mehr«, und ein Geist, der ständig nach »mehr« verlangt, ist kein intelligenter Geist; im Gegenteil, es ist ein mittelmäßiger, stupider Geist, weil sein Verlangen nach »mehr« eine ständige Anstrengung im Rahmen des Musters bedeutet, das die Gesellschaft für ihn bereit hat.

Was ist schließlich Zufriedenheit und was ist Unzufriedenheit? Unzufriedenheit ist das Streben nach dem »Mehr«, und Zufriedenheit ist die Beendigung dieser Anstrengung; Sie können aber nicht zur Zufriedenheit gelangen, ohne den gesamten Vorgang des »Mehr« zu verstehen und warum der Geist danach verlangt.

Wenn Sie zum Beispiel bei einem Examen durchfallen, müssen Sie es wiederholen, nicht wahr? Prüfungen sind ohnehin etwas höchst Unglückliches, weil sie nichts Wesentliches besagen, sie offenbaren nicht den wahren Wert Ihrer Intelligenz. Ein Examen zu bestehen ist hauptsächlich eine Frage des Gedächtnisses oder vielleicht auch eine Glückssache; aber Sie sind bestrebt, Ihre Prüfung zu bestehen, und wenn Sie dabei keinen Erfolg haben, bleiben Sie weiter dran. Bei den meisten von uns ist das auch im Alltagsleben so. Wir strengen uns für etwas an, und wir haben nie innegehalten, um zu untersuchen, ob das, hinter dem wir her sind, die Anstrengung überhaupt wert ist. Wir haben uns nie selbst gefragt, ob sich die Mühe lohnt, also haben wir bisher nicht entdeckt, daß sie sich nicht lohnt, und haben uns nicht der Meinung unserer Eltern, der Gesellschaft, aller Meister und Gurus widersetzt. Nur, wenn wir die ganze Bedeutung des »Mehr« verstanden haben, hören wir auf in Kategorien von Versagen und Erfolg zu denken.

Sehen Sie, wir fürchten uns so sehr zu versagen und Fehler zu machen, nicht nur bei Prüfungen, sondern auch im Leben. Einen Fehler zu machen, wird als schrecklich betrachtet, weil wir dafür kritisiert werden, und uns jemand beschimpfen wird. Aber warum sollten Sie schließlich nicht einen Fehler machen? Machen nicht alle Leute auf der Welt Fehler? Und würde die Welt aufhören, in diesem schrecklichen Durcheinander zu sein, falls Sie niemals einen Fehler machten? Wenn Sie sich fürchten, einen Fehler zu machen, werden Sie niemals lernen. Die älteren Leute machen laufend Fehler, aber sie wollen nicht, daß *Sie* Fehler machen, und ersticken damit Ihre Initiative. Warum? Weil sie befürchten, wenn Sie alles beobachten und in Frage stellen, wenn Sie experimentieren und Fehler machen, werden Sie selbständig etwas herausfinden und sich von der Autorität der Eltern, der Gesellschaft und der Tradition lossagen. Deshalb wird das Ideal des Erfolgs hochgehalten, damit Sie ihm folgen; und Erfolg, so werden Sie feststellen, wird immer nach der Höhe des Ansehens definiert. Selbst der Heilige mit seinen sogenannten spirituellen Errungenschaften muß respektabel werden, sonst findet er keine Anerkennung und keine Anhänger.

Wir denken also immer in Begriffen von Erfolg, in Begriffen von »mehr«; und das »Mehr« wird von der angesehenen Gesellschaftsschicht bewertet. Mit anderen Worten, die Gesellschaft hat sehr sorgfältig ein bestimmtes Muster etabliert, nach dem man Sie zu einem Erfolg erklärt oder als Versager abstempelt. Wenn Sie aber etwas aus ganzen Herzen tun, dann kümmert Sie Erfolg und Versagen nicht. Keine intelligente Person kümmert sich darum. Aber unglücklicherweise gibt es nur sehr wenige intelligente Leute, und niemand spricht mit Ihnen über dies alles. Eine intelligente Person sorgt sich einzig darum, die Tatsachen zu sehen und das Problem zu verstehen – was nicht heißt, in Begriffen von Erfolg oder Versagen zu denken. Nur wenn wir nicht wirklich lieben, was wir tun, denken wir in solchen Begriffen.

*Frage:* Warum sind wir von Grund auf selbstsüchtig? Wir können unser Bestes versuchen, in unserem Verhalten selbstlos zu sein, wenn aber unsere eigenen Interessen berührt werden, sind wir egozentrisch und gleichgültig gegenüber den Interessen anderer.

*Krishnamurti:* Ich denke, es ist wichtig, sich weder selbstsüchtig noch selbstlos zu nennen, weil Worte einen außerordentlichen Einfluß auf den Geist haben. Nenne einen Menschen selbstsüchtig, und er ist verloren; nenne ihn Professor, und etwas in Ihrem Verhältnis zu ihm verändert sich; nenne ihn Mahatma, und augenblicklich hat er einen Heiligenschein um sich. Beobachten Sie Ihre eigenen Reaktionen und Sie werden sehen, daß Wörter wie »Rechtsanwalt«, »Geschäftsmann«, »Gouverneur«, »Diener«, »Liebe«, »Gott« eine seltsame Wirkung sowohl auf Ihre Nerven wie auf Ihren Geist haben. Das Wort, welches eine bestimmte Funktion bezeichnet, ruft das Gefühl von Status hervor. Zuerst müssen wir uns also von dieser unbewußten Gewohnheit freimachen, bestimmte Gefühle mit bestimmten Worten zu verbinden, nicht wahr? Ihr Geist wurde so konditioniert, daß er denkt, der Begriff »selbstsüchtig« bezeichnet etwas sehr Unrechtes, etwas Unspirituelles, und wenn Sie den Begriff auf etwas anwenden, wird es von Ihrem Geist sofort verurteilt. Wenn Sie also die Frage stellen: »Warum sind wir von Grund auf selbstsüchtig«, kommt das bereits einer Verurteilung gleich.

Es ist sehr wichtig, sich bewußt zu sein, daß bestimmte Worte in Ihnen eine nervliche, emotionale oder intellektuelle Reaktion der Zustimmung oder Verurteilung auslösen. Wenn Sie sich selbst zum Beispiel als eifersüchtige Person bezeichnen, haben Sie damit sofort jede weitere Untersuchung blockiert, Sie haben aufgehört, in das ganze Problem der Eifersucht weiter einzudringen. Ähnlich gibt es viele Leute, die sagen, daß sie für die Brüderlichkeit arbeiten, und doch ist alles, was sie tun, gegen die Brüderlichkeit. Sie erkennen diese Tatsache aber nicht, weil das Wort »Brüderlichkeit« für Sie große Bedeutung hat und sie von ihr bereits überzeugt sind; sie fragen nicht weiter und werden so niemals herausfinden, was Tatsache ist, ungeachtet der neurologischen oder emotionalen Reaktion, welche dieses Wort hervorruft.

Das ist also das erste: zu experimentieren und herauszufinden, ob Sie Tatsachen sehen können, ohne die verurteilende oder lobende Empfindung, die mit manchen Worten verbunden sind. Falls Sie die Tatsachen ohne Gefühle der Verurteilung oder Zustimmung anschauen können, werden Sie feststellen, daß es im Vorgang des Sehens selbst zu einer Auflösung all der Barrieren kommt, welche der Geist zwischen sich und den Fakten errichtet hat.

Beobachten Sie einfach, wie Sie einem Menschen begegnen, den die Leute einen bedeutenden Mann nennen. Die Worte »bedeutender Mann« haben Sie beeinflußt; die Zeitungen, die Bücher, seine Anhänger, sie alle sagen, daß er ein wichtiger Mann ist, und Ihr Geist hat das akzeptiert. Oder Sie nehmen einen entgegengesetzten Standpunkt ein und sagen: »Wie dumm; er ist *kein* bedeutender Mann.« Falls Sie aber Ihren Geist von allen Einflüssen lösen können und einfach nur die Tatsachen ansehen, werden Sie finden, daß Ihre Art der Betrachtung völlig anders ist. In der gleichen Weise beeinflußt das Wort »Dorfbewohner« mit seinen Assoziationen von Armut, Dreck, Schmutz, oder was es sonst ist, ihr Denken. Wenn aber der Geist von Einflüssen frei ist, wenn er weder verurteilt noch zustimmt, sondern lediglich beobachtet, dann ist er nicht in sich selbst vertieft und das Problem der Selbstsucht, die selbstlos zu sein versucht, gibt es nicht mehr.

*Frage:* Wie kommt es, daß das Individuum von der Geburt bis zum Tod immer geliebt werden möchte, und daß es, wenn es diese Liebe nicht erhält, nicht so gelassen und voller Selbstvertrauen ist wie seine Mitmenschen?

*Krishnamurti:* Meinen Sie, daß seine Mitmenschen voller Vertrauen sind? Sie mögen herumstolzieren, sie mögen das vortäuschen, Sie werden aber finden, daß hinter der Vorspiegelung von Selbstvertrauen die meisten Leute leer, dumpf und mittelmäßig sind, daß sie überhaupt kein echtes Vertrauen besitzen. Und warum wollen wir geliebt werden? Wollen Sie nicht von Ihren Eltern, von Ihren Lehrern, von Ihren Freunden geliebt werden? Und wenn Sie erwachsen sind, wollen Sie von Ihrer Frau geliebt werden, von Ihrem Mann, von Ihren Kindern – oder von Ihrem Guru. Warum besteht diese immerwährende Sehnsucht danach, geliebt zu werden? Hören Sie aufmerksam hin. Sie wollen geliebt werden, weil Sie nicht lieben; aber vom Augenblick an, in dem Sie lieben, ist es damit vorbei, und Sie fragen nicht mehr weiter nach, ob jemand Sie liebt oder nicht. Solange Sie verlangen, geliebt zu werden, ist in Ihnen keine Liebe; und wenn Sie keine Liebe spüren, sind Sie häßlich und roh, warum sollten Sie also geliebt werden? Ohne Liebe sind Sie etwas Totes; und wenn das Tote nach Liebe fragt, bleibt es immer noch tot. Falls Ihr Herz jedoch voller Liebe ist, verlangen Sie nie, geliebt zu werden; Sie setzen nie Ihre Bettlerschale vor sich hin, damit jemand sie fülle. Nur der Leere bittet darum, gefüllt zu werden, und ein leeres Herz kann niemals gefüllt werden, indem man Gurus nachläuft oder Liebe auf hundert andere Weisen sucht.

*Frage:* Warum stehlen erwachsene Leute?

*Krishnamurti:* Stehlen Sie nicht auch manchmal? Haben Sie nie von einem kleinen Jungen gehört, der gestohlen hat, was er von einem anderen Jungen haben wollte? Es ist genau dasselbe unser ganzes Leben lang, ob wir jung oder alt sind, nur stellen es die älteren Leute geschickter an mit einer Menge wohltönender Worte; sie wollen Reichtum, Macht, Position, und sie drücken ein Auge zu, schmieden Pläne und geben sich philosophisch, um es zu bekommen. Sie stehlen, es wird aber nicht Stehlen genannt, es wird mit einem respektvollen Wort bezeichnet. Und warum stehlen wir? In erster Linie, weil die Gesellschaft, so wie sie derzeit beschaffen ist, vielen Leuten das Lebensnotwendige vorenthält; gewisse Teile der Bevölkerung haben nicht genügend Nahrung, Kleidung und Behausung, also tun sie etwas dagegen. Es gibt auch solche, die stehlen nicht, weil sie unzureichende Nahrung haben, sondern weil sie das sind, was man asozial nennen. Für sie ist Stehlen ein Spiel geworden, eine Form der aufregenden Unterhaltung – was bedeutet, daß sie keine richtige Erziehung haben. Wahre Erziehung heißt, die Bedeutung des Lebens zu verstehen, nicht nur pauken, um Prüfungen zu bestehen. Es gibt Diebstahl auch auf einer höheren Ebene: das Stehlen von anderer Leute Ideen, den Diebstahl von Wissen. Wenn wir hinter dem »Mehr« in irgendeiner Form her sind, ist es offensichtlich, daß wir stehlen.

Warum bitten wir immer um etwas, warum betteln, verlangen, stehlen wir? Weil in uns selbst nichts ist: innerlich, psychisch sind wir wie ein leeres Faß. Weil wir leer sind, versuchen wir uns zu füllen, nicht nur, indem wir stehlen, sondern auch, indem wir andere imitieren. Imitation ist eine Form von Diebstahl: Sie sind nichts, aber es ist jemand, also wollen Sie einen Teil von seinem Glanz abbekommen, indem Sie ihn kopieren. Diese Korruption zieht sich durch das ganze menschliche Leben, und sehr wenige sind frei davon. Es ist also wichtig herauszufinden, ob die innere Leere überhaupt gefüllt werden kann. Solange der Geist noch selbst nach Erfüllung sucht, wird er immer leer sein. Wenn sich der Geist nicht mehr weiter darum kümmert, seine eigene Leere zu erfüllen, nur dann hört die Leere zu bestehen auf.

# Der Geist ist nicht alles

Wissen Sie, es ist so schön, einfach sehr still zu sein, mit Würde gerade zu sitzen, im Gleichgewicht – und das ist genauso wichtig, wie diese blattlosen Bäume anzuschauen. Haben Sie bemerkt, wie lieblich diese Bäume vor dem blassen Blau des Morgenhimmels sind? Die kahlen Äste eines Baumes enthüllen seine Schönheit; und Bäume haben auch im Frühling, im Sommer und im Herbst eine besondere Schönheit. Ihre Schönheit wandelt sich mit den Jahreszeiten, und das zu beachten ist genauso wichtig wie die Betrachtung unserer Lebensweise.

Ob wir in Rußland leben, in Amerika oder in Indien – wir sind alle Menschen; als Menschen haben wir gemeinsame Probleme und es ist absurd, uns als Hindus, Amerikaner, Russen, Chinesen und so weiter zu betrachten. Es gibt politische, geographische, rassische und wirtschaftliche Spaltungen, aber die Trennungen zu betonen bringt nur Widerstreit und Haß hervor. Amerikaner sind vielleicht zur Zeit am wohlhabendsten, was heißt, daß sie mehr Spielzeug, mehr Radios, mehr Fernseher und mehr von allem haben, einschließlich eines Überflusses an Nahrungsmitteln, während es in diesem Land soviel Hunger, Dreck, Überbevölkerung und Arbeitslosigkeit gibt. Aber wo auch immer wir leben, wir sind alle Menschen, und als Menschen schaffen wir unsere eigenen menschlichen Probleme, und es ist sehr wichtig zu verstehen, daß wir, wenn wir uns als Hindus, Amerikaner oder Engländer oder als weiß, braun, schwarz oder gelb begreifen, unnötige Barrieren zwischen uns schaffen.

Eine unserer größten Schwierigkeiten ist, daß die moderne Erziehung überall auf der Welt sich hauptsächlich damit befaßt, uns zu reinen Technikern zu machen. Wir lernen, wie man Düsenflugzeuge entwirft, wie man geteerte Straßen baut, wie man Autos baut oder das neueste Atomunterseeboot steuert, und inmitten all dieser Technologie vergessen wir, daß wir Menschen sind. In Amerika befreit die Automation mehr und mehr Leute von langen Arbeitsstunden, was sie auch bald in diesem Land tun wird, und dann werden wir das enorme Problem haben, wie wir unsere Zeit nutzen. Riesige Fabriken, die jetzt Tausende beschäftigen, werden dann wahrscheinlich von wenigen Technikern betrieben. Und was wird aus all den anderen Menschen, die dort bislang gearbeitet und die nun soviel Zeit zu ihrer Verfügung haben? Bis Erziehung nicht dieses und andere menschliche Probleme mit in Rechnung stellt, wird unser Leben sehr leer sein.

Unser Leben ist jetzt sehr leer, oder nicht? Sie mögen einen Collegeabschluß haben, vielleicht heiraten Sie und sind wohlhabend, Sie mögen recht clever sein, über viel Informationen verfügen, die neuesten Bücher kennen – aber solange Sie Ihr Herz mit den Dingen des Geistes anfüllen, muß Ihr Leben zwangsläufig leer und häßlich sein, und es wird nur sehr wenig Sinn haben. Schönheit und Sinn im Leben gibt es nur, wenn das Herz von den Dingen des Geistes gereinigt wird.

Sie sehen, all das ist unser eigenes Problem, kein spekulatives Problem, das uns eigentlich nichts angeht. Falls wir als Menschen nicht wissen, wie wir uns um die Erde und die Dinge der Erde kümmern müssen, wenn wir unsere Kinder nicht zu lieben wissen und uns nur um uns selbst kümmern, um unser persönliches oder nationales Fortkommen und unseren Erfolg, werden wir die Welt zu einem schrecklichen Ort machen, und wir sind ja schon dabei, das zu tun. Ein Land mag sehr reich werden, aber seine Reichtümer sind Gift, solange es ein anderes Land gibt, das hungert. Wir sind eine Menschheit, die Erde ist unser, damit wir sie miteinander teilen und voller liebevoller Zuwendung Nahrung, Kleidung und Behausung für uns alle herstellen.

Die Aufgabe der Erziehung liegt also nicht nur darin, Sie darauf vorzubereiten, einige Prüfungen zu bestehen, sondern Ihnen dabei zu helfen, dies ganze Problem des Lebens zu verstehen – und das schließt ein: Sex, einen Lebensunterhalt zu verdienen, zu lachen, Initiative zu haben, ernsthaft zu sein und tief zu denken. Es ist auch unser Problem, herauszufinden, was Gott ist, denn das ist das wichtigste Fundament unseres Lebens. Ein Haus kann nicht lange ohne ein richtiges Fundament stehen, und all die ausgefuchsten Erfindungen des Menschen werden sinnlos sein, wenn wir nicht danach suchen, was Gott oder Wahrheit ist.

Der Erzieher muß fähig sein, Ihnen zu helfen, dies zu verstehen, denn Sie müssen in der Kindheit anfangen, nicht erst wenn Sie sechzig sind. Sie werden Gott mit sechzig niemals finden, denn die meisten Leute sind in diesem Alter ausgebrannt, fertig. Sie müssen beginnen, wenn Sie sehr jung sind, weil Sie dann die richtige Grundlage legen können, so daß Ihr Haus alle Stürme übersteht, mit denen die Menschen übereinander herfallen. Dann können Sie glücklich leben, weil Ihr Glück von nichts abhängig ist; es hängt nicht ab von Saris und Juwelen, von Autos und Radios, davon, ob irgend jemand Sie liebt oder zurückweist. Sie sind glücklich nicht, weil Sie etwas besitzen, sondern weil Ihr Leben Sinn in sich selbst hat. Dieser Sinn aber wird nur entdeckt, wenn Sie Realität von Augenblick zu Augenblick suchen – und Realität ist in allem, sie wird nicht in der Kirche, im Tempel, in der Moschee oder in einem Ritual gefunden.

Um Realität zu suchen, müssen wir wissen, wie wir den Staub von Jahrhunderten beseitigen, der sich darauf abgelagert hat und bitte glauben Sie mir, daß die Suche nach Realität die wahre Erziehung ist. Jeder clevere Mensch kann Bücher lesen und Information ansammeln, eine Stellung erreichen und andere ausbeuten, aber das ist nicht Erziehung. Das Studium gewisser Fächer ist lediglich ein sehr kleiner Teil der Erziehung, aber es gibt einen weiten Lebensbereich, für den Sie überhaupt nicht ausgebildet worden sind und zu dem wir nicht den rechten Zugang haben.

Herauszufinden, wie man auf das Leben zugeht, so daß unser Alltagsleben, unsere Radios, Autos und Flugzeuge einen Sinn in Beziehung zu dem erlangen, was sie alle einschließt und über sie hinausgeht – *das* ist Bildung. Mit anderen Worten, Erziehung muß mit Religion anfangen. Aber Religion hat nichts mit dem Priester, mit der Kirche, mit irgendeinem Dogma oder Glauben zu tun. Religion ist, ohne Motiv zu lieben, großzügig zu sein, gut zu sein, denn nur dann sind wir wahre Menschen; aber Güte, Großzügigkeit oder Liebe entstehen nicht, wenn wir nicht nach der Wirklichkeit suchen.

Unglücklicherweise wird dies gesamte weite Feld des Lebens durch das sogenannte Bildungswesen von heute ignoriert. Sie sind ständig mit Büchern beschäftigt, die sehr wenig Bedeutung haben, und mit Prüfungen, die noch weniger Sinn machen. Sie mögen Ihnen einen Job verschaffen, und das hat einen gewissen Sinn. Aber in Kürze werden viele Fabriken fast gänzlich von Maschinen betrieben werden, und deshalb müssen wir jetzt damit beginnen, uns darin zu bilden, wie wir unsere Freizeit richtig nutzen – nicht im Streben nach Idealen, sondern um die weiten Bereiche unserer Existenz zu entdecken und zu verstehen, die uns bislang unbewußt und unbekannt sind. Der Geist, mit seinen scharfsinnigen Argumenten, ist nicht alles. Es gibt etwas Weites und Unermeßliches jenseits des Geistes, eine Lieblichkeit, die der Geist nicht verstehen kann. In dieser immensen Weite ist eine Ekstase, eine Herrlichkeit; und das zu leben, das zu erfahren ist das Ziel der Erziehung. Wenn Sie diese Art von Erziehung nicht haben, werden Sie, wenn Sie in die Welt hinausgehen, diese schreckliche Unordnung weiterführen, die durch vergangene Generationen geschaffen wurde.

Nun, Lehrer und Schüler, denken Sie über all das nach. Beschweren Sie sich nicht, sondern legen Sie sich ins Zeug und helfen Sie, eine Institution zu schaffen, in der recht verstandene Religion untersucht, geliebt, erarbeitet und gelebt wird. Dann stellen Sie fest, daß Leben erstaunlich reich wird – sehr viel reicher als alle Bankkonten der Welt.

*Frage:* Wie hat der Mensch soviel Wissen erlangt? Wie hat er sich materiell entwickelt? Woher bezieht er solche riesigen Energien?

*Krishnamurti:* »Wie hat der Mensch soviel Wissen erlangt?« Das ist ziemlich einfach. Sie wissen etwas und geben es an Ihre Kinder weiter; diese fügen dem etwas mehr hinzu und geben es wiederum an *ihre* Kinder weiter, und so fort durch alle Zeitalter hindurch. Wir sammeln Wissen nach und nach. Unsere Urgroßväter wußten nichts von Düsenflugzeugen und den elektronischen Wundern der heutigen Zeit, aber Neugier, Notwendigkeit, Krieg, Angst und Habgier haben all dieses Wissen allmählich hervorgebracht.

Nun hat Wissen etwas Eigenartiges. Sie mögen sehr viel wissen, große Vorräte an Information sammeln; ein Geist aber, der von Wissen umwölkt und mit Information überlastet ist, ist unfähig zu entdecken. Er benutzt vielleicht eine Entdeckung, die durch Wissen und Technik gemacht wurde, aber die Entdeckung selbst ist etwas Ursprüngliches, das plötzlich unabhängig vom Wissen über den Geist hereinbricht – und es ist diese Explosion des Entdeckens, die wesentlich ist. Die meisten Leute, besonders in diesem Land, sind so erstickt unter Wissen, Tradition, Meinung, Furcht vor dem, was ihre Eltern oder Nachbarn sagen werden, daß sie kein Vertrauen haben. Sie sind wie tot – und das ist es, was die Last des Wissen beim Geist bewirkt. Wissen ist nützlich, aber ohne etwas anderes ist es auch höchst zerstörerisch, und das zeigen die Ereignisse in der Welt heutzutage deutlich.

Sehen Sie sich an, was in der Welt geschieht. Es gibt all diese wundervollen Erfindungen: Radar, das den Anflug eines Flugzeugs entdeckt, während es noch viele Kilometer entfernt ist, U-Boote, die rund um die Welt fahren können, ohne ein einziges Mal aufzutauchen, das Wunder, daß man von Bombay nach Benares oder New York sprechen kann und so weiter. All dies ist das Ergebnis von Wissen. Aber etwas anderes fehlt, und deshalb wird Wissen mißbraucht; es gibt Krieg, Zerstörung, Not, und zahllose Millionen von Menschen bleiben hungrig. Sie haben nur eine Mahlzeit am Tag, oder sogar weniger – und Sie wissen gar nichts davon. Sie kennen nur Ihre Bücher und Ihre eigenen kleinen Probleme und Vergnügungen in einer bestimmten Ecke von Benares, Dehli oder Bombay. Sie sehen, wir haben vielleicht Wissen, aber ohne das andere Etwas, durch das der Mensch lebt und in dem Freude, Herrlichkeit, Ekstase ist, werden wir uns selbst zerstören.

Materiell ist es das gleiche: der Mensch hat sich in einem fortschreitenden Maß materiell entwickelt. Und woher bezieht er solche enormen Energien? Die großen Erfinder, die Forscher und Entdecker auf jedem Gebiet müssen enorme Energien gehabt haben, aber die meisten von uns haben sehr wenig Energie, nicht wahr? In unserer Jugend spielen wir, haben wir Spaß, wir tanzen und singen, aber wenn wir erwachsen werden, wird die Energie bald zerstört. Haben Sie das bemerkt? Wir werden zu erschöpften Hausfrauen, oder wir gehen Tag für Tag endlose Stunden lang in ein Büro, Monat für Monat, nur, um den Lebensunterhalt zu verdienen – also haben wir natürlich wenig oder keine Energie. Hätten wir Energie, würden wir vielleicht diese verkommene Gesellschaft zerstören, wir würden vielleicht höchst beunruhigende Dinge tun. Deshalb achtet die Gesellschaft darauf, daß wir keine Energie haben, sie erdrückt uns langsam durch »Erziehung«, durch Tradition, durch sogenannte Religion und Kultur. Sie sehen, die Funktion der wahren Erziehung ist, unsere Energie zu wecken und sie explodieren zu lassen, sie beständig, stark und leidenschaftlich zu machen, aber auch spontan zurückzuhalten und für die Entdeckung der Realität einzusetzen. Dann wird diese Energie gewaltig, grenzenlos, und sie verursacht kein weiteres Leid, sondern wird selbst zum Schöpfer einer neuen Gesellschaft.

Hören Sie auf das, was ich sage, wischen Sie es nicht beiseite, weil es wirklich wesentlich ist. Stimmen Sie nicht einfach zu oder lehnen einfach ab, sondern stellen Sie für sich selbst fest, ob Wahrheit in dem ist, was gesagt wurde. Seien Sie nicht lau und gleichgültig: seien Sie entweder heiß oder kalt. Falls Sie die Wahrheit in all dem sehen und sich wirklich dafür begeistern, wird diese Hitze, diese Energie wachsen und eine neue Gesellschaft hervorbringen. Sie wird sich nicht zerstreuen durch bloße Auflehnung innerhalb der jetzigen Gesellschaft, was nur ein Dekorieren der Gefängnismauern wäre.

Unser Problem, besonders im Bildungswesen, besteht also darin, wie wir jegliche Energie, die wir haben, bewahren und ihr mehr Lebendigkeit geben können, größere Explosivkraft. Das bedarf eines großen Maßes an Verständnis, weil die Lehrer meist sehr wenig Energie haben; sie werden durch reine Information erdrückt und ertrinken in ihren eigenen Problemen, und können deshalb den Schülern und Studenten nicht helfen, diese kreative Energie zu wecken. Das ist der Grund, warum das Verstehen dieser Dinge genauso Sache der Lehrer wie der Schüler ist.

*Frage:* Warum werden meine Eltern ärgerlich, wenn ich sage, daß ich einer anderen Religion folgen möchte?

*Krishnamurti:* Zuerst einmal sind sie ihrer eigenen Religion verhaftet, sie denken, sie sei die beste, wenn nicht gar die einzige

Religion in der Welt, also wollen sie natürlich, daß Sie ihr auch folgen. Weiterhin wollen Sie, daß Sie ihrer bestimmten Denkweise, ihrer Gruppe, ihrer Rasse, ihrer Klasse angehören. Dies sind einige der Gründe. Und außerdem, wissen Sie, würden Sie zu einer Belästigung, einem Problem für die Familie, wenn Sie einer anderen Religion folgten.

Was aber ist passiert, selbst wenn Sie eine organisierte Religion verlassen haben, um einer anderen zu folgen? Haben Sie sich nicht einfach in ein anderes Gefängnis begeben? Wissen Sie, solange der Geist an einem Glauben festhält, ist er in einem Gefängnis. Wenn Sie als Hindu geboren wurden und zum Christen werden, sind Ihre Eltern vielleicht böse, aber das ist unwesentlich. Wichtig ist vielmehr zu sehen, daß Sie, wenn Sie sich einer anderen Religion anschließen, nur neue Dogmen statt alter angenommen haben. Sie sind vielleicht ein bißchen aktiver, ein bißchen mehr dies oder das, aber Sie sind immer noch im Gefängnis von Glaube und Dogma.

Wechseln Sie also nicht die Religion, denn das bedeutet lediglich, innerhalb des Gefängnisses zu rebellieren, sondern brechen Sie durch die Gefängnismauern und finden Sie selbst heraus, was Gott ist, was Wahrheit ist. *Das* hat Sinn und wird Ihnen enorme Vitalität und Energie verleihen. Aber nur von einem Gefängnis zum anderen zu gehen und darüber zu streiten, welches Gefängnis besser ist – das ist Kinderkram.

Aus dem Glaubensgefängnis auszubrechen erfordert einen reifen Geist, einen nachdenklichen Geist, einen Geist, der das Wesen des Gefängnisses selbst wahrnimmt und nicht ein Gefängnis mit einem anderen vergleicht. Um etwas zu verstehen, können Sie es nicht mit etwas anderem vergleichen. Verstehen kommt nicht durch Vergleich zustande, sondern nur, wenn Sie die Angelegenheit selbst untersuchen. Wenn Sie die Natur der organisierten Religion untersuchen, werden Sie feststellen, daß alle Religionen dem Wesen nach gleich sind, ob es sich um Hinduismus, Buddhismus, Islam oder Christentum handelt – oder um Kommunismus, der eine weitere Form der Religion ist, die neueste. Im Moment, in dem Sie das Gefängnis verstehen, – was bedeutet, all die Konsequenzen von Glauben, Ritualen und Priestern wahrzunehmen – werden Sie nie mehr irgendeiner Religion angehören. Denn nur der Mensch, der frei von Glauben ist, kann das entdecken, was jenseits von allem Glauben liegt, das, was unermeßlich ist.

*Frage:* Welches ist der richtige Weg, um den Charakter zu bilden?

*Krishnamurti:* Charakter zu haben bedeutet sicherlich, fähig zu sein, dem Falschen zu widerstehen und am Wahren festzuhalten. Den Charakter zu bilden ist schwierig, weil es für die meisten von uns wichtiger ist, was im Buch steht, was vom Lehrer, von den Eltern, von der Regierung gesagt wird, als was wir selbst denken. Selbständig zu denken, herauszufinden, was wahr ist und dafür einzutreten, ohne beeinflußt zu werden, gleich, ob das Leben Leid oder Glück bringt, das ist es, was den Charakter bildet.

Nehmen wir zum Beispiel an, Sie glauben nicht an den Krieg, nicht weil irgendein Reformer oder religiöser Lehrer das gesagt hat, sondern weil Sie das selbst zu Ende gedacht haben. Sie haben es untersucht, sind der Frage nachgegangen, haben darüber meditiert, und für Sie ist alles Töten falsch, ob es Töten für Nahrung, aus Haß oder Töten aus sogenannter Vaterlandsliebe ist. Wenn Sie das nun intensiv fühlen und dabei bleiben trotz aller Widerstände, gleich, ob Sie ins Gefängnis gehen oder dafür erschossen werden, wie es in manchen Ländern geschieht, dann werden Sie Charakter haben. Dann hat Charakter einen ganz anderen Sinn, ist es nicht der Charakter, den die Gesellschaft kultiviert.

Aber sehen Sie, wir werden in dieser Richtung nicht ermutigt; und weder der Erzieher noch der Student hat die Vitalität, die Energie, es zu Ende zu denken und zu sehen, was wahr ist und daran festzuhalten und alles Falsche loszulassen. Wenn Sie das aber tun können, dann werden Sie nicht irgendeinem politischen oder religiösen Führer folgen, weil Sie sich *selbst* ein Licht sein werden. Und die Entdeckung und Kultivierung jenes Lichts, nicht nur während Ihrer Jugendzeit, sondern während des ganzen Lebens, ist Bildung.

*Frage:* Wie steht Alter dem Erkennen Gottes im Wege?

230

*Krishnamurti:* Was ist Alter? Ist es die Anzahl der Jahre, die Sie gelebt haben? Das ist Teil des Alters; Sie wurden in diesem und jenem Jahr geboren, und nun sind Sie fünfzehn, vierzig oder sechzig Jahre alt. Ihr Körper wird alt – und auch der Geist, wenn er mit all den Erfahrungen, Nöten und Mühen des Lebens belastet ist, und ein solcher Geist kann Wahrheit niemals entdecken. Der Geist kann nur entdecken, wenn er jung, frisch und unschuldig ist; aber Unschuld ist keine Sache des Alters. Nicht nur das Kind ist unschuldig – vielleicht ist es das nicht – sondern jener Geist, der fähig ist zu erfahren, ohne die Ablagerungen von Erfahrungen anzusammeln. Der Geist muß erfahren, das ist unvermeidbar. Er muß auf alles reagieren – auf den Fluß, das tote Tier, den toten Körper, der weggetragen wird, um verbrannt zu werden, auf die armen Dorfbewohner, die ihre Lasten entlang der Straße tragen, auf die Qualen und Leiden des Lebens – sonst ist er schon tot. Aber der Geist muß in der Lage sein zu reagieren, ohne von der Erfahrung festgehalten zu werden. Es ist die Tradition, die Anhäufung von Erfahrung, der Staub der Erinnerung, die den Geist alt machen. Jener Geist, der jeden Tag den Erinnerungen von gestern stirbt, allen Freuden und Sorgen der Vergangenheit – ein solcher Geist ist frisch und unschuldig, er hat kein Alter. Und ohne diese Unschuld, ob Sie nun zehn oder sechzig sind, werden Sie Gott nicht finden.

# Gott suchen

Eines der vielen Probleme, denen wir alle gegenüberstehen, und besonders jene, die jetzt erzogen werden und bald hinausgehen und sich der Welt stellen müssen, ist diese Frage der Reform. Verschiedene Gruppen von Leuten – die Sozialisten, die Kommunisten und Reformer jeglicher Art – bemühen sich darum, gewisse Veränderungen in der Welt zu bewirken, Veränderungen, die offensichtlich notwendig sind. Obwohl es in manchen Ländern einen beträchtlichen Grad an Wohlstand gibt, gibt es noch überall in der Welt Hunger, verhungernde Menschen, und Millionen von Menschen haben ungenügende Kleidung und keinen geeigneten Schlafplatz. Und wie soll eine grundlegende Reform stattfinden, ohne mehr Chaos zu schaffen, mehr Leid und weitere Auseinandersetzungen? Das ist das wahre Problem, nicht wahr? Wenn man ein bißchen in der Geschichte liest und gegenwärtige politische Trends beobachtet, wird es offenbar, daß das, was wir Reform nennen, wie wünschenswert und notwendig auch immer, stets neue Formen von Verwirrung und Konflikt mit sich bringt; und um weiterem Elend zu begegnen, werden mehr Gesetze, mehr Kontrollen und Gegenkontrollen nötig. Reform schafft neue Unordnung, und um diese zu beseitigen, wird weitere Unordnung produziert, und so dreht sich der Teufelskreis weiter. Dem sehen wir uns gegenüber, und es ist ein Ablauf, der kein Ende zu haben scheint.

Wie kann man nun diesen Teufelskreis durchbrechen? Natürlich ist Reform notwendig, ist aber Reform möglich, ohne weitere Konfusion zu schaffen? Das scheint mir eine der grundlegenden Fragen zu sein, um die sich jede denkende Person kümmern muß. Die Frage ist nicht, welche Art von Reform notwendig ist, oder auf welcher Ebene, sondern ob irgendeine Reform überhaupt möglich ist, ohne weitere Probleme mit sich zu bringen, welche erneut eine Reform notwendig machen. Und was muß man tun, um diesen endlosen Vorgang zu durchbrechen? Sicherlich ist es die Aufgabe der Erziehung in einer kleinen Schule so gut wie an einer großen Universität, dieses Problem anzupacken, nicht abstrakt, nicht theoretisch, nicht nur, indem man darüber philosophiert oder Bücher schreibt, sondern vielmehr dadurch, daß man sich ihm wirklich stellt und herausfindet, wie man es lösen kann. Der Mensch ist in diesem Teufelskreis der Reform gefangen, die immerzu weitere Reformen braucht, und wenn dieser Teufelskreis nicht durchbrochen wird, können unsere Probleme nicht gelöst werden.

Was für eine Art von Bildung, was für eine Art von Denken ist also notwendig, um diesen Teufelskreis aufzubrechen? Welche Handlungsweise wird der Zunahme von Problemen in allen unseren Aktivitäten ein Ende setzen? Gibt es irgendeine Bewegung im Denken gleich in welcher Richtung, die den Menschen von dieser Lebensweise befreien kann, von dieser Reformbemühung, die immer weitere Reformen nötig macht? Mit anderen Worten, gibt es eine Aktion, die nicht aus einer Reaktion hervorgeht?

Ich denke, daß es eine Lebensweise gibt, in der dieser Reformvorgang, der neues Leid schafft, nicht existiert, und diesen Weg kann man religiös nennen. Die wirklich religiöse Person kümmert sich nicht um Reformen, sie bemüht sich nicht darum, nur eine Veränderung in der Sozialordnung zu bewirken. Im Gegenteil, sie sucht, was wahr ist, und diese Suche selbst hat eine verändernde Wirkung auf die Gesellschaft. Deshalb muß sich Bildung und Erziehung prinzipiell damit beschäftigen, dem Lernenden zu helfen, Wahrheit oder Gott zu suchen, und darf ihn nicht nur darauf vorbereiten, sich dem Muster einer Gesellschaft anzupassen.

Ich denke, es ist sehr wichtig, dies zu verstehen, während wir jung sind. Denn wenn wir älter werden, und beginnen unsere kleinen Vergnügungen und Ablenkungen, unser sexuelles Verlangen und unseren kleinlichen Ehrgeiz hinter uns zu lassen, werden wir uns der immensen Probleme deutlicher bewußt, denen die Welt ausgesetzt ist. Und dann wollen wir etwas gegen die Probleme unternehmen, wir wollen irgendeine Art von Verbesserung erreichen. Wenn wir nun aber nicht tief religiös sind, werden wir nur mehr Verwirrung stiften, mehr Leiden schaffen;

und Religion hat nichts mit Priestern, Kirchen, Dogmen oder organisiertem Glauben zu tun. Diese Dinge sind in keiner Weise Religion, sie sind lediglich gesellschaftliche Übereinkünfte, um uns in einem bestimmten Denk- und Handlungsmuster festzuhalten. Es sind Mittel, um unsere Leichtgläubigkeit, Hoffnung und Furcht auszubeuten. Religion ist die Suche nach dem, was Wahrheit ist, was Gott ist, und diese Suche erfordert enorme Energie, weite Intelligenz, subtiles Denken. In gerade dieser Suche nach dem Unermeßlichen liegt die rechte soziale Handlungsweise, nicht in der sogenannten Reform einer bestimmten Gesellschaft.

Um herauszufinden, was Wahrheit ist, muß es große Liebe und tiefe Bewußtheit in den Beziehungen des Menschen zu allen Dingen geben – was bedeutet, daß man sich nicht um den eigenen Fortschritt und die eigenen Errungenschaften kümmert. Die Suche nach Wahrheit ist wahre Religion, und der Mensch, der Wahrheit sucht, ist der einzig religiöse Mensch. Ein solcher Mensch ist wegen seiner Liebe außerhalb der Gesellschaft, und seine Einwirkung auf die Gesellschaft ist deshalb völlig verschieden von der eines Menschen, der zur Gesellschaft gehört und sich um Reform bemüht. Der Reformer kann niemals eine neue Kultur schaffen. Was notwendig ist, ist die Suche des wahrhaft religiösen Menschen, weil diese Suche ihre eigene Kultur hervorbringt, und sie ist unsere einzige Hoffnung. Sehen Sie, die Suche nach Wahrheit verleiht dem Geist eine explosive Kreativität, die wahre Revolution ist, denn in dieser Suche ist der Geist nicht vergiftet durch die Erlasse und Sanktionen der Gesellschaft. Von all dem befreit, ist der religiöse Mensch in der Lage, herauszufinden, was wahr ist; und die Entdeckung, *was* wahr ist, von Augenblick zu Augenblick, schafft eine neue Kultur.

Deshalb ist es für Sie sehr wichtig, die richtige Art von Erziehung zu haben. Dazu muß der Erzieher selbst richtig erzogen sein, so daß er Unterrichten nicht nur als ein Mittel betrachtet, um den Lebensunterhalt zu verdienen, sondern fähig sein wird, dem Lernenden zu helfen, alle Dogmen hinter sich zu lassen und nicht in irgendeiner Religion oder einem Glauben gehalten zu werden. Die Leute, die auf der Grundlage religiöser Autorität zusammenkommen, oder um bestimmte Ideale anzustreben, sind alle mit sozialer Reform befaßt, was nur wie das Schmükken von Gefängnismauern ist. Nur der wahrhaft religiöse Mensch ist wirklich revolutionär; und es ist die Aufgabe der Erziehung, jedem von uns zu helfen, im wahren Sinne des Wortes religiös zu sein, denn nur in dieser Richtung liegt unsere Rettung.

*Frage:* Ich möchte Sozialarbeit leisten, aber ich weiß nicht, wo ich beginnen soll.

*Krishnamurti:* Ich meine, es ist sehr wichtig herauszufinden, nicht wie man beginnt, sondern warum Sie überhaupt Sozialarbeit leisten wollen. Warum wollen Sie Sozialarbeit tun? Weil Sie Leiden in der Welt sehen – Hunger, Krankheit, Ausbeutung, die brutale Gleichgültigkeit von großem Reichtum direkt neben grauenhafter Armut, die Feindschaft zwischen Mensch und Mensch? Ist das der Grund? Wollen Sie Sozialarbeit tun, weil in Ihrem Herzen Liebe ist und Sie sich deshalb nicht um Ihre eigene Erfüllung kümmern? Oder ist Sozialarbeit ein Mittel, um vor sich selbst zu fliehen? Verstehen Sie? Zum Beispiel sehen Sie all die häßlichen Dinge rund um orthodox arrangierte Heiraten, also sagen Sie: »Ich werde niemals heiraten«, und Sie werfen sich stattdessen auf die Sozialarbeit. Oder vielleicht haben Ihre Eltern Sie dazu gedrängt, oder Sie haben ein Ideal. Wenn es ein Mittel zur Flucht ist, oder wenn Sie lediglich einem Ideal folgen, das von der Gesellschaft, von einem Führer oder einem Priester oder von Ihnen selbst etabliert worden ist, dann wird jegliche Sozialarbeit, die Sie vielleicht tun, nur weiteres Leid schaffen. Falls Sie aber Liebe in Ihrem Herzen haben, falls Sie Wahrheit suchen und deshalb eine wirklich religiöse Person sind, falls Sie nicht mehr ehrgeizig sind, nicht länger Erfolg suchen, und Ihre Tugend nicht zu gesellschaftlichem Ansehen führt – dann wird Ihr eigenes Leben helfen, eine totale Veränderung der Gesellschaft zu bewirken.

Ich denke, es ist sehr wichtig, dies zu verstehen. Wenn wir jung sind, wie es die meisten von Ihnen sind, möchten wir etwas unternehmen, und Sozialarbeit liegt in der Luft: Bücher berichten davon, die Zeitungen machen dafür Propaganda, es gibt Schulen zur Ausbildung von Sozialarbeitern und so weiter. Aber sehen Sie, ohne Selbsterkenntnis, ohne sich selbst und Ihre Beziehungen zu verstehen, wird jede Sozialarbeit, die Sie tun, sich zu Asche in Ihrem Mund verwandeln.

Der glückliche Mensch, nicht der Idealist oder der unglückliche Eskapist ist revolutionär; und der glückliche Mensch ist nicht der, der großen Besitz hat. Der glückliche Mensch ist der wirklich religiöse Mensch, und sein eignes Leben ist Sozialarbeit. Aber wenn Sie nur zu einem der unzähligen Sozialarbeiter werden, wird Ihr Herz leer sein. Sie mögen Ihr Geld fortgeben, oder andere Menschen davon überzeugen, ihr Geld zu spenden, und Sie mögen wunderbare Reformen bewirken – aber solange Ihr Herz leer und Ihr Geist voller Theorien ist, wird Ihr Leben dumpf, mühevoll und ohne Freude sein. Verstehen Sie sich also zuerst selbst, und aus dieser Selbsterkenntnis wird die rechte Art des Handelns entstehen.

*Frage:* Warum ist der Mensch so herzlos?

*Krishnamurti:* Das ist ziemlich einfach, nicht wahr? Wenn sich Erziehung darauf beschränkt, Wissen zu vermitteln und den Lernenden auf die Arbeit vorzubereiten, wenn sie nur Ideale hochhält und ihn lehrt, sich nur um seinen eigenen Erfolg zu kümmern, wird der Mensch selbstverständlich herzlos. Sehen Sie, die meisten von uns haben keine Liebe in ihrem Herzen. Wir blicken nie zu den Sternen auf oder erfreuen uns am leise rauschenden Gewässer, wir betrachten nie den Tanz des Mondlichts auf einem fließenden Strom oder beobachten den Flug eines Vogels. Wir tragen kein Lied in unserem Herzen, wir sind immerzu beschäftigt, unser Geist ist voller Absichten und Ideale, die Menschheit zu retten; wir bekunden Bruderschaft, aber sogar unser Blick leugnet das. Deshalb ist es wichtig, die richtige Art von Erziehung zu haben, solange man jung ist, und unser Geist und unsere Herzen offen, empfindsam und intensiv sind. Aber diese Intensität, diese Energie, dieses explosive Verstehen wird zerstört, wenn wir Angst haben, und die meisten von uns haben Angst. Wir fürchten unsere Eltern, unsere Lehrer, den Priester, die Regierung, den Boß, wir haben vor uns selbst Angst. So wird das Leben zu einer Sache der Angst, der Dunkelheit, und deswegen ist der Mensch herzlos.

*Frage:* Kann man unterlassen, was man mag, und doch den Weg zur Freiheit finden?

*Krishnamurti:* Wissen Sie, es gehört zu den schwierigsten Dingen, herauszufinden, was wir tun wollen, nicht nur in unserer Jugend, sondern während des ganzen Lebens. Und wenn Sie nicht selbst feststellen, was Sie mit Ihrem ganzen Sein wirklich tun wollen, werden Sie damit enden, daß Sie etwas tun, was Sie nicht wirklich interessiert, und dann wird Ihr Leben unglücklich sein, und in Ihrem Leid werden Sie Zerstreuung in Kinos, im Trinken, im Lesen zahlloser Bücher suchen, in irgendeiner Art von Sozialreform und so fort. Kann Ihnen also der Erzieher herausfinden helfen, was Sie Ihr ganzes Leben hindurch tun wollen, gleich, was Ihre Eltern und die Gesellschaft von Ihnen erwarten? Das ist die wahre Frage, oder nicht? Denn wenn Sie einmal entdecken, was Sie aus ganzem Herzen tun möchten, dann sind Sie ein freier Mensch; dann haben Sie Fähigkeit, Vertrauen und Initiative. Wenn Sie aber, ohne zu wissen, was Sie wirklich tun wollen, Rechtsanwalt, Politiker, dies oder das werden, dann wird es kein Glück für Sie geben, denn gerade dieser Beruf wird zum Instrument, Sie selbst und andere zu zerstören.

Sie müssen selbst herausfinden, was Sie zu tun lieben. Denken Sie nicht in der Kategorie einer Berufswahl, die Sie in die Gesellschaft einfügt, weil Sie auf diese Weise niemals das entdecken werden, was Sie liebend gerne tun möchten. Wenn Sie eine Vorliebe für etwas haben, wird die Wahl kein Problem sein. Wenn Sie lieben – und Sie lassen Liebe tun, was sie will – gibt es rechtes Handeln, weil Liebe niemals Erfolg sucht, sie verfängt sich nicht in Imitation; aber wenn Sie Ihr Leben an etwas geben, was Sie nicht lieben, werden Sie nie frei sein.

Aber lediglich das zu tun, was Ihnen gerade gefällt, ist nicht, das zu tun, was Sie liebend gerne tun. Herauszufinden was Sie wirklich zu tun lieben, erfordert ein hohes Maß an Durchblick und Einsicht. Fangen Sie nicht damit an, in Begriffen zu denken wie: den Lebensunterhalt verdienen; wenn Sie entdecken, was Sie zu tun lieben, dann werden Sie Mittel für den Lebensunterhalt haben.

*Frage:* Stimmt es, daß nur der Reine wirklich furchtlos sein kann?

*Krishnamurti:* Haben Sie keine Ideale von Reinheit, Keuschheit, Brüderlichkeit, Gewaltlosigkeit und so fort, weil diese ohne Bedeutung sind. *Versuchen* Sie nicht, mutig zu sein, weil das nur eine Reaktion auf Angst wäre. Furchtlos zu sein bedarf enormer Einsicht, ein Verständnis für den gesamten Prozeß von Angst und ihre Ursache.

Sehen Sie, es gibt Furcht solange, wie Sie sicher sein wollen – sicher in Ihrer Ehe, sicher bei Ihrer Arbeit, in Ihrer Position, in Ihrer Verantwortung, sicher in Ihren Ideen, in Ihrem Glauben, sicher in Ihrem Verhältnis zur Welt oder in Ihrer Beziehung zu Gott. Im Augenblick, in dem der Geist Sicherheit sucht oder irgendeine Befriedigung auf irgendeiner Ebene, muß es Angst geben – und es kommt darauf an, sich dieses Vorgangs bewußt zu sein und ihn zu verstehen. Es ist keine Frage sogenannter Reinheit. Der Geist, der wach, aufmerksam und frei von Angst ist, ist ein unschuldiger Geist – und nur der unschuldige Geist kann Wirklichkeit, Wahrheit oder Gott verstehen.

Unglücklicherweise haben Ideale in diesem Land und anderswo außergewöhnliche Bedeutung, und das Ideal besteht darin, was sein *sollte:* Ich sollte gewaltlos sein, ich sollte gut sein, und so fort. Das Ideal, das, das sein *sollte,* ist immer irgendwo weit entfernt, und deshalb *ist* es nie. Ideale sind ein Fluch, weil sie Sie daran hindern, direkt, einfach und wahrhaftig zu denken, wenn Sie Tatsachen gegenüberstehen. Das Ideal, was, was sein *sollte,* ist eine Ausflucht vor dem, was *ist.* Das, was *ist,* ist die Tatsache, daß Sie Angst haben – Angst davor, was Ihre Eltern sagen werden, was Leute denken werden, Angst vor der Gesellschaft, Angst vor Krankheit und Tod. Und falls Sie sich dem stellen, was *ist,* es ansehen, sich darauf einlassen, obwohl es Ihnen Leiden bringt, und es verstehen, dann werden Sie feststellen, daß Ihr Geist außergewöhnlich einfach und klar wird; und in genau dieser Klarheit liegt das Aufhören der Furcht. Unglücklicherweise sind wir in all den philosophischen Absurditäten der Ideale gebildet, die lediglich eine Verzögerung sind – sie haben überhaupt keinen eigenen Wert.

Sie haben zum Beispiel das Ideal der Gewaltlosigkeit, aber

sind Sie gewaltlos? Warum also nicht die eigene Gewalt ansehen, warum nicht anschauen, was Sie sind? Falls Sie Ihre eigene
Gier, Ihren Ehrgeiz, Ihre Vergnügungen und Zerstreuungen
beobachten und all das zu verstehen beginnen, stellen Sie fest,
das *Zeit* als ein Mittel des Fortschritts, als ein Mittel, das Ideal
zu erreichen, am Ende ist. Sehen Sie, der Geist erfindet Zeit,
um in ihr etwas zu erreichen, und ist deshalb niemals ruhig, niemals still. Ein ruhiger Geist ist unschuldig und frisch, obwohl er
tausend Jahre Erfahrung haben mag, und deshalb ist er fähig,
die Schwierigkeiten seiner eigenen Existenz zu lösen.

*Frage:* Der Mensch ist das Opfer seiner eigenen Wünsche, welche viele Probleme schaffen. Wie kann er einen Zustand der
Wunschlosigkeit hervorbringen?

*Krishnamurti:* Zu wünschen, einen Zustand der Wunschlosigkeit zu erreichen, ist nur ein Trick des Geistes. Wenn der
Geist bemerkt, daß Verlangen Leid schafft, und er davor fliehen
möchte, projiziert der Geist das Ideal der Wunschlosigkeit und
fragt dann: »Wie kann ich dieses Ideal erreichen?« Und was geschieht dann? Um wunschlos zu sein, unterdrücken Sie Ihr Verlangen, oder nicht? Sie nehmen das Verlangen zurück, Sie versuchen, es zu töten, und dann denken Sie, Sie haben einen Zustand von Wunschlosigkeit erreicht – was alles falsch ist.

Was ist Verlangen? Es ist Energie, nicht wahr? Und vom Augenblick an, in dem Sie Ihre Energie zurücknehmen, haben Sie
sich selbst stumpf gemacht, leblos. Das ist es, was in Indien geschehen ist. All die sogenannten religiösen Männer haben ihr
Verlangen zurückgenommen; es gibt sehr wenige, die nachdenken und frei sind. Es ist also nicht wichtig, Ihr Verlangen zu-
rückzunehmen, sondern Energie und die rechte Ausrichtung
von Energie zu verstehen.

Wissen Sie, wenn Sie jung sind, haben Sie überschießende
Energie – Energie, die Sie wünschen läßt, über die Hügel zu
springen, nach den Sternen zu greifen. Dann greift die Gesellschaft ein und fordert von Ihnen, diese Energie innerhalb der
Gefängnismauern zu halten, welche sie »Ansehen« nennt.
Durch Erziehung, durch jede Form von Sanktion und Kontrolle, wird die Energie allmählich zermalmt. Sie brauchen aber

*mehr* Energie, nicht weniger, weil Sie ohne immense Energie niemals herausfinden werden, was wahr ist. Das Problem ist also nicht, wie man Energie beschränkt, sondern wie man sie erhält und vermehrt, wie man sie unabhängig und beständig macht – aber nicht auf Anordnung irgendeines Glaubens oder der Gesellschaft – so daß die Energie die Bewegung zur Wahrheit, zu Gott hin wird. Dann hat Energie eine ganz andere Bedeutung. Wie ein Kiesel, in einen ruhigen See geworfen, immer weitere Kreise zieht, so schafft die auf das Wahre gerichtete Energie die Wellen einer neuen Kultur. Und, Energie ist unbegrenzt, unermeßlich, und diese Energie ist Gott.

# Register der Fragen

## Die Aufgabe der Erziehung

- Wenn jeder einzelne revoltieren würde, glauben Sie nicht, daß es dann Chaos in der Welt gäbe?
- Sich aufzulehnen, zu lernen, zu lieben – sind dies drei getrennte Vorgänge, oder gehören sie zusammen?
- Es stimmt, daß die Gesellschaft auf Besitzergreifung und Ehrgeiz beruht; aber wenn wir keinen Ehrgeiz hätten, würden wir nicht verkommen?
- In Indien wird das Bildungswesen, wie in den meisten anderen Ländern, von der Regierung kontrolliert. Ist es unter solchen Umständen möglich, ein Experiment auszuführen, wie Sie es beschreiben?

## Das Problem Freiheit

- Was ist Intelligenz?
- Kann der rohe Geist empfindsam werden?
- Wie kann das Kind ohne die Hilfe seiner Eltern und Lehrer herausfinden, was es ist?
- Die Kinder sagen mir, daß sie in den Dörfern einige seltsame Erscheinungen wie Besessenheit gesehen haben, und auch, daß sie sich vor Gespenstern und Geistern fürchten. Sie fragen auch nach dem Tod. Was soll man darauf antworten?

## Freiheit und Liebe

- Wie entsteht Verlangen, und wie kann ich es loswerden?
- Wie können wir von Abhängigkeit frei sein, solange wir in der Gesellschaft leben?

- Warum kämpfen Menschen?
- Was ist Eifersucht?
- Warum bin ich nie mit irgend etwas zufrieden?
- Warum müssen wir lesen?
- Was ist Schüchternheit?

## Zuhören

- Ist nicht die Anbetung Gottes wahre Religion?

## Schöpferische Unzufriedenheit

- Unzufriedenheit verhindert klares Denken. Wie können wir dieses Hindernis überwinden?
- Was ist Selbsterkenntnis, und wie können wir sie erlangen?
- Was ist die Seele?

## Die Ganzheit des Lebens

- Warum wollen wir berühmt sein?
- Als Sie jung waren, schrieben Sie ein Buch, in dem Sie sagten: »Dies sind nicht meine Worte, es sind die Worte meines Meisters.« Wie kommt es, daß Sie nun darauf bestehen, daß wir für uns selbst denken sollen? Und wer war Ihr Meister?
- Warum ist der Mensch stolz?
- Als Kinder wird uns gesagt, was schön ist und was häßlich ist, mit dem Ergebnis, daß wir durch das ganze Leben gehen und wiederholen: »Das ist schön, das ist häßlich.« Wie soll man erkennen, was wahre Schönheit und was Häßlichkeit ist?
- Entschuldigen Sie bitte, aber Sie haben nicht gesagt, wer Ihr Meister war.

## Ehrgeiz

- Warum fühlen Sie sich schüchtern?

- Wie können wir die Wahrheit in unserem Alltagsleben erfahren?
- Helfen uns nicht Bildnisse, Meister und Heilige dabei, richtig zu meditieren?
- Was sind die Pflichten eines Schülers oder Studenten?
- Was ist der Unterschied zwischen Respekt und Liebe?

### Geordnetes Denken

- Was ist Zorn und warum wird man zornig?
- Warum lieben wir unsere Mütter so sehr?
- Ich bin voller Haß. Würden Sie mich bitte lehren zu lieben?
- Was ist Lebensglück?
- Was ist wahres Leben?

### Ein offener Geist

- Warum wollen wir im Luxus leben?
- Kann es Frieden in unserem Leben geben, solange wir uns noch mit unserer Umgebung auseinandersetzen?
- Sind Sie glücklich oder nicht?
- Warum weinen wir, und was ist Kummer?
- Wie können wir ohne Konflikte ganz werden?

### Innere Schönheit

- Überlebt die Seele nach dem Tod?
- Wenn wir krank werden, warum machen sich unsere Eltern Sorgen, und warum sorgen sie sich um uns?
- Sollten die Tempel allen zum Gebet offenstehen?
- Welche Rolle spielt Disziplin in unserem Leben?
- Gerade eben, als Sie über den Tempel sprachen, nannten Sie das Symbol Gottes nur einen Schatten. Wir können den Schatten eines Menschen nicht sehen ohne den realen Menschen, der ihn wirft.
- Prüfungen mögen unnötig sein für den reichen Jungen oder

243

das reiche Mädchen, deren Zukunft gesichert ist. Sind sie aber nicht eine Notwendigkeit für arme Studenten, die darauf vorbereitet sein müssen, ihren Lebensunterhalt zu verdienen? Und sind ihre Bedürfnisse weniger dringlich, besonders wenn wir die Gesellschaft so nehmen, wie sie ist?
– Werden Reiche jemals bereit sein, viel von ihrem Besitz zugunsten der Armen aufzugeben?

## Anpassung und Auflehnung

– Wie haben Sie all das gelernt, worüber Sie sprechen, und wie können wir dazu kommen, es zu verstehen?
– Sollten wir uns über jemand eine Meinung bilden oder nicht?
– Was ist Fühlen und wie fühlen wir?
– Was ist der Unterschied zwischen der indischen und der amerikanischen Kultur?
– Was halten Sie von Indern?

## Das Vertrauen der Unschuld

– Sir, warum wollen wir einen Gefährten haben?
– Ist es Ihr Hobby, Vorträge zu halten? Werden Sie dessen nicht überdrüssig? Warum machen Sie das?
– Wenn ich eine Person liebe und sie ärgerlich wird, warum ist ihr Ärger so heftig?
– Wie kann sich der Geist über seine Behinderungen erheben?
– Warum hat Gott so viele Männer und Frauen auf der Welt geschaffen?

## Gleichheit und Freiheit

– Warum machen uns Sport und Spiele Spaß und nicht unsere Lehrfächer?
– Sie haben gesagt, wenn man etwas als falsch erkennt, dann verschwindet das Falsche. Täglich sehe ich, wie falsch das Rauchen ist, aber es läßt nicht nach.

– Warum fürchten wir uns, wenn manche aus der älteren Generation ernst sind? Und was macht sie so ernst?
– Was ist Schicksal?

## Selbstdisziplin

– Warum hassen wir die Armen?
– Sie sprechen über Wahrheit, Güte und Integration, was mit einschließt, daß es auf der anderen Seite Unwahrheit, Bosheit und Zerfall gibt. Wie also kann man wahr, gut und integriert sein ohne Disziplin?
– Was ist Macht?
– Warum streben wir nach Ruhm?

## Zusammenarbeiten und Teilen

– Wie können wir unsere mentalen sorgenvollen Gedanken loswerden, wenn wir die Situationen nicht vermeiden können, die sie verursachen?
– Wie können wir uns selbst erkennen?
– Können wir uns selbst erkennen ohne einen Menschen, der uns inspiriert?
– Wie ist es mit all den inneren Widersprüchen möglich, daß Sein und Handeln übereinstimmen?
– Sollten wir, um das tun zu können, was wir lieben, unsere Pflichten gegenüber unseren Eltern vergessen?
– So sehr ich Ingenieur sein möchte; falls mein Vater dagegen ist und mir nicht hilft, wie kann ich da Ingenieurwesen studieren?

## Sich geistig erneuern

– Wie können wir das verwirklichen, was Sie uns sagen?
– Warum werden unsere Wünsche niemals ganz erfüllt? Warum gibt es immer Hindernisse, die uns daran hindern, alles genau so zu machen, wie wir wollen?

– Ich merke, daß ich schwer von Begriff bin. Andere sagen aber, daß ich intelligent sei. Was sollte für mich gelten: das, was ich merke, oder das, was andere sagen?
– Warum sind wir ungezogen?
– Ich bin daran gewöhnt, Tee zu trinken. Ein Lehrer sagt, es sei eine schlechte Angewohnheit, und ein anderer sagt, es sei in Ordnung.

## Der Strom des Lebens

– Was läßt uns den Tod fürchten?
– Es heißt, in jedem von uns ist Wahrheit unveränderlich und zeitlos; aber wie kann in uns Wahrheit sein, da unser Leben doch vergänglich ist?
– Kann ich zu einer Vorstellung von Vollkommenheit gelangen?
– Warum wollen wir Rache nehmen, indem wir den verletzen, der uns verletzt hat?
– Mir macht es Spaß, andere zu ärgern, aber ich selbst werde ärgerlich, wenn ich aufgezogen werde.
– Worin besteht die Aufgabe des Menschen?
– Warum beten wir Gott an?

## Der aufmerksame Geist

– Nach dem Treffen gestern sahen wir, wie Sie zwei von den armen Bauernkindern beobachteten, die am Straßenrand spielten. Wir würden gern wissen, welche Gefühle in Ihnen aufstiegen, während Sie ihnen zusahen?
– Wie kann der Geist mehreren Dingen zur selben Zeit zuhören?
– Warum wollen wir so gern faul sein?
– Sie sagen, wir sollten uns gegen die Gesellschaft auflehnen, und gleichzeitig sagen Sie, wir sollten keinen Ehrgeiz haben. Ist nicht der Wunsch, die Gesellschaft zu verbessern, ehrgeizig?
– Warum hasse ich mich, wenn ich nicht lerne?

– Selbst wenn wir eine neue Gesellschaft schaffen, indem wir gegen die jetzige revoltieren, ist die Gestaltung einer neuen Gesellschaft nicht nur eine andere Form von Ehrgeiz?

## Wissen und Tradition

– Wird sich ein ungezogener Junge durch Strafe oder durch Liebe ändern?
– Wie kann man intelligent werden?
– Ich bin ein Muslim. Wenn ich nicht täglich den Traditionen meiner Religion folge, drohen meine Eltern, mich aus dem Haus zu werfen. Was soll ich tun?
– Sie sagen uns, daß es beim Aufmerksamsein keinen Widerstand geben sollte. Wie kann das sein?
– Warum sind wir daran interessiert, Fragen zu stellen?

## Religiös sein heißt
## aufgeschlossen sein für Wirklichkeit

– Wenn ich in der Kindheit einen bestimmten Ehrgeiz habe, wird er sich dann erfüllen, wenn ich erwachsen bin?
– Ist es im gegenwärtigen Gesellschaftssystem nicht sehr schwierig, das in die Tat umzusetzen, worüber Sie sprechen?
– Was meinen Sie mit einem totalen Wandel, und wie kann er im eigenen Wesen verwirklicht werden?
– Sir, was ist Selbsterweiterung?
– Warum ist der Reiche stolz?
– Warum sind wir immer in dem »Ich« und dem »Mein« gefangen, und warum bringen wir in unseren Treffen mit Ihnen immer wieder die Probleme zur Sprache, die dieser geistige Zustand hervorbringt?
– Warum machen sich Frauen schick?

## Der Sinn des Lernens

- Warum vergessen wir so leicht das, was uns zu lernen schwerfällt?
- Was bedeutet das Wort »Fortschritt«?
- Warum fliegen Vögel fort, wenn ich ihnen nahe komme?
- Was ist der Unterschied zwischen Ihnen und mir?
- Warum wird der Lehrer ärgerlich auf mich, wenn ich rauche?
- Warum jagen Menschen Tiger?
- Warum sind wir mit Sorgen belastet?


## Die Einfachheit der Liebe

- Warum werden immer so viele reiche und wichtige Leute zu Schulanlässen eingeladen?
- Sie sagen, Gott sei nicht in seinem Bild, andere sagen aber, er sei doch dort, und wenn wir Glauben in unserem Herzen haben, werde sich seine Kraft manifestieren. Was ist die Anbetung in Wahrheit?
- Sie haben einmal gesagt, wir sollten still sitzen und die Tätigkeit unseres eigenen Geistes beobachten; aber unsere Gedanken verschwinden, sobald wir anfangen, sie bewußt zu beobachten. Wie können wir unseren eigenen Geist wahrnehmen, wenn der Geist sowohl der Wahrnehmende ist als auch das, was er wahrnimmt?
- Ist der Mensch nur Geist und Gehirn oder mehr als das?
- Was ist der Unterschied zwischen Bedürfnis und Habgier?
- Wenn Geist und Gehirn eins sind, warum läßt sich dann unser Geist so oft auf Gedanken oder Impulse ein, welche unser Gehirn als häßlich erkennt?


## Das Bedürfnis, allein zu sein

- Was ist der Unterschied zwischen Bewußtsein und Empfindsamkeit?
- Warum lachen wir, wenn jemand stolpert oder fällt?
- Einer unserer Lehrer sagt, was Sie uns erzählen, sei ganz un-

durchführbar. Er fragt, wie Sie sechs Jungen und sechs Mädchen bei einem Gehalt von 120 Rupien ausbilden wollen. Was sagen Sie zu dieser Kritik?

– Was nützt Erziehung, wenn wir, während unserer Ausbildung, gleichzeitig vom Komfort der modernen Welt zerstört werden?

– Ich habe eine sehr dunkle Haut, und die meisten Leute mögen eine hellere Gesichtsfarbe. Wie kann ich ihre Bewunderung gewinnen?


## Die Energie des Lebens

– Wie sind die Briten eigentlich dazu gekommen, Indien zu beherrschen?

– Selbst während der Ausübung der Meditation scheint man nicht fähig zu sein, wahrzunehmen, was wirklich ist. Wollen Sie uns also bitte sagen, was wahr ist?

– Wenn wir einen Fehler machen, und uns jemand darauf hinweist, warum begehen wir denselben Irrtum wieder?

– Was ist Leben, und wie können wir glücklich sein?

– Warum kämpfen wir untereinander?

– Warum mißbraucht der Geist andere Menschen und sogar sich selbst?

– Ist der Geist, der Erfolg sucht, von dem verschieden, der Wahrheit sucht?


## Ohne Anstrengung leben

– Ich möchte etwas Bestimmtes tun, und obwohl ich es wiederholt versucht habe, bin ich erfolglos geblieben. Sollte ich mein Bestreben aufgeben, oder sollte ich in diesen Bemühungen beharrlich bleiben?

– Warum sind wir von Grund auf selbstsüchtig? Wir können unser Bestes versuchen, in unserem Verhalten selbstlos zu sein, wenn aber unsere eigenen Interessen berührt werden, sind wir egozentrisch und gleichgültig gegenüber den Interessen anderer.

- Wie kommt es, daß das Individuum von der Geburt bis zum Tod immer geliebt werden möchte, und daß es, wenn es diese Liebe nicht erhält, nicht so gelassen ist und voller Selbstvertrauen wie seine Mitmenschen?
- Warum stehlen erwachsene Leute?

## Der Geist ist nicht alles

- Wie hat der Mensch soviel Wissen erlangt? Wie hat er sich materiell entwickelt? Woher bezieht er solche riesigen Energien?
- Warum werden meine Eltern ärgerlich, wenn ich sage, daß ich einer anderen Religion folgen möchte?
- Welches ist der richtige Weg, um den Charakter zu bilden?
- Wie steht Alter dem Erkennen Gottes im Wege?

## Gott suchen

- Ich möchte Sozialarbeit leisten, aber ich weiß nicht, wo ich beginnen soll.
- Warum ist der Mensch so herzlos?
- Kann man unterlassen, was man mag, und doch den Weg zur Freiheit finden?
- Stimmt es, daß nur der Reine wirklich furchtlos sein kann?
- Der Mensch ist das Opfer seiner eigenen Wünsche, welche viele Probleme schaffen. Wie kann er einen Zustand der Wunschlosigkeit hervorbringen?